明治時期香港的日本人

東瀛遺珠：近代香港的日本人紀錄

梁英杰　高　翔　樊敏麗　譯

趙雨樂　鍾寶賢　李澤恩　編註

1

責任編輯　李　斌
書籍設計　孫素玲

書　　　名	明治時期香港的日本人
編　　　註	趙雨樂　鍾寶賢　李澤恩
譯　　　者	梁英杰　高　翔　樊敏麗
日文審訂	張利軍　王　琪
出　　　版	三聯書店（香港）有限公司
	香港北角英皇道 499 號北角工業大廈 20 樓
	Joint Publishing (H.K.) Co., Ltd.
	20/F., North Point Industrial Building,
	499 King's Road, North Point, Hong Kong
香港發行	香港聯合書刊物流有限公司
	香港新界大埔汀麗路 36 號 3 字樓
印　　　刷	美雅印刷製本有限公司
	香港九龍觀塘榮業街 6 號 4 樓 A 室
版　　　次	2016 年 8 月香港第一版第一次印刷
規　　　格	特 16 開（150 × 230 mm）400 面
國際書號	ISBN 978-962-04-3453-2

© 2016 Joint Publishing (H.K.) Co., Ltd.

Published & Printed in Hong Kong

序言

　　十九世紀中葉的亞太地區，正經歷風起雲湧的政治變革，西力東漸下的中國，率先喪失了香港的領土，令此地逐漸朝英國殖民地的管治方式發展，漸漸晉身為亞洲先進的行列。日人對這塊土地從來不感到陌生，蓋英人如何通過戰爭從清政府掠奪此地，足以為幕末明治國中之士引為鑒戒，於是致力謀求富強之路。惟循文明學習的交流角度，香港得力於英人建設，又地處東瀛至華南、東南亞必經的交通樞紐，促成港日兩地人文活動的開展。

　　像這樣的相交網絡不是朝夕建立而成，自草創發展至成形階段，它需要時間和經驗的沈澱。作為近代東方進入世界秩序的一部分，日本開始強調國際外交原則，與殖民地香港的法治精神互相契合。例如對西方逐步確立的領事權限，本國在港領事館官員應有的政圈活動，以及對本國僑民的關顧等等，構成日本海外派駐領事的工作重點。本叢書篇首的《明治時期香港的日本人》即為日本領事紀錄當地事情與國民的文本，反映了領事工作由簡而繁的整個過程。日本領事與中國官僚、香港政要的各類官方交往，儼然是東亞外交史的一個縮影。

　　早期港日之間第二種交往的特徵，見諸東亞經濟的互動。明治政府為設立完善的銀元本位，既委任活躍於中國貿易的英人協助調查真假銀元，又引入香港鑄幣局機器及技術人員，漸而擴展至發鈔銀行的申請。日人在港的各項經濟研調，說明日本視香港為成熟的資本市場，尤可提供該國商企的海外據點。這種美麗的經濟幻想，因著強大的英資控制，最終未見在明治前期得到充分開展。然而，在往後的歲月裡，香港的金融、港口建設，以至商企規模、行業結構，均留下了

詳細的數據,反映日人對香港經濟命脈的洞悉。

第三種港日認識的關係,建基於本國對外的軍事佈置,形成獨特的紀錄觀察。眾所周知,明治日本強軍政策,不斷強化內部的國家主義,於鄰國亦漸而開展積極的大陸政策。海軍的建置是明治維新引以為傲的時代產物,在還未與清廷爆發甲午戰爭之前,它已經在出兵台灣和征韓問題上,首先看到制控大局的端倪,也就是盡速鍛煉本國海軍,了解對手駐在港口的船艦情勢。十九世紀下半葉,日本軍艦軍官過港訪問頻繁,應該理解為日本在東亞的海上戰略,故而對鯉魚門炮台的佈雷、英國皇家戰艦型號等事物,特具筆錄的興趣。

作為文本研究,本書提供的不但是近代日本外交的直觀,而且在其時日人在港的所見所聞中,不少均涉及十九世紀香港開埠以降的新貌。這些現地紀錄,有別於過往殖民地政府的英文史料,側重上層管治政策的宣傳。同時,也有別於晚清的中文史料,往往將香港事情歸結於沈重的國族主義,缺少對在地居民的描畫。它代表著第三隻眼睛,判斷香港在中英之間所以持續發展的原理,以另類的史料彌補香港本土為人忽略的歷史角落。諸如街道的稱呼、風災的善後、海域的救援,均為活潑的社區題材,將之視作早期香港的全紀錄,並不為過,從中可與中英相關資料互相比對,得出不一樣的視野。

2012年的夏天,中日關係因釣魚島問題再次陷入冰點,不少本應是雙方學術文化層面分析的外交議題,轉瞬間成為了不能觸碰的政治敏感地帶。在本書編註者中,李澤恩的研習課題是活潑多元的,從香港史的領域出發,細緻如殖民地的郵票信箱,大至三年零八個月的日英攻防戰,均不斷提供他深耕的歷史素材,在整理史料之餘,開始注目於戰時日治台灣政府存留的香港紀錄。我因在大學教授香港史和日本研究有年,對這些資料的價值早有觸及,但由於是日文資料,往往只能列為另類參考,與學習者的關係仍為生疏,殊感可惜。於是又

找來同行好友香港浸會大學歷史系鍾寶賢教授，共同商議分卷編集的可能，並著手譯文及註釋的事宜。

作為殖民地部的日人調查，香港自十九世紀至二十世紀中葉的記載別具意義的。它源於領事館人員的在港紀錄，逐步擴充至日本僑胞的居住活動，早期記載十分平實，擺脫了英文資料那種殖民地的述事意識。隨著日本明治維新的引擎開動，日人資金的流動、軍政要人的走訪，自然觸及對香港金融、港口等制度的各種關注。復由戰爭的部署與佔領，由大正至昭和時期，日人對本港各項企業及民生建設，可謂瞭如指掌。從時局的推移上，略可順序組成一系列的香港觀察叢書：第一冊《明治初年香港日本人》（記明治六年至二十二年間事，1937 年出版）；第二冊的《香港工業》（大正四年，1915 年）、《香港事情概要》（大正五年，1916 年）、《香港金融機關》（大正九年，1920 年）、《香港要覽》（大正十一年，1922 年）；第三冊的《香港的港勢和貿易》（大正十一年，1922 年）；第四冊的《香港水道調查報告書》，（昭和十七年，1942 年）；第五冊的《軍政下的香港》（昭和十七年，1942 年）；第六冊的《香港事情‧南洋民族文化史》（昭和十七年，1942 年）、《香港事情概要》（昭和十七年，1942 年）、《最近的香港事情》（昭和十八年，1943 年）。

在漫長的學術編書構想之中，本叢書最後命名為《東瀛遺珠：近代日本人的香港紀錄》，大家均認為文化分析應具備先行的角色，而且希望儘可能以平常心看待亞洲地緣互動的事象。例如《明治時期香港的日本人》，是本人唸大學的時代已愛讀的日文史料，內中看見日本僑民海外謀生的辛酸事跡。由明治而大正，大正而昭和時期，赴港日人仍然重視本地的經營環境，諸如銀行資料、香港產業、港口設置等等，無一不可以與其他中英文一手原文中找到相關對照，形成耳目一新的新史料。這些日人寫香港的書籍，到底有多少本子，至今俱無

定論，蓋內中分屬於領事館、殖民地部、軍部抑或個人名義書寫，形式多變，內容不拘一格。尚幸日治時期台灣總督府圖書館保存了相關資料，現由國立台灣圖書館繼承藏品，我們今天不用大費周章到日本編採，也可略窺全豹，留下香港寶貴的歷史檔案。

要處理浩繁的港日史料，史學界仍然有很多不同方法，彼此得以互相參詳照應。就在本叢書緊鑼密鼓籌備之際，並找得京都大學經濟學部畢業的梁英杰先生統籌第一卷中文翻譯事宜，喜聞吾友東京大學博士李培德兄也聯同濱下武志教授編纂了純日文的類似叢書，題為《近代亞洲的都市和日本：香港都市案內集成》，所收書目互有異同，分別在 2013 年和 2014 年，由東京的書局出版了第一套（1—6 卷）和第二套（7—13 卷）。全書出版價格可觀，而日文又非一般香港人所能理解，更催促了本書付梓的決心。在梁君的極積籌劃下，本書的第一、二冊分別由廣東外語外貿大學高翔教授、樊敏麗教授譯出，如期在兩年內付稿。香港方面，則由本人和浸會大學歷史系鍾寶賢教授、李澤恩先生為本書多方解讀，提供詳細的註釋。

叢書編譯事業至為勞神，在此衷心感激香港三聯書店出版二部經理梁偉基博士，沒有他的精心策劃，本書難以用現時易讀易解的方式展示。作為學術的讀物，本書有其相對專業的歷史人物、地名以及事件須要學習。然而，作為本地受眾應可讀懂的歷史書，仍該賦予本書一種親切感。香港三聯書店總編輯侯明女士的意見十分適切，提議在紛繁的歷史事象當中，本書宜製作表例，將通用的中英日文的官名、人名及機構都列於互相參照的平台上，凡此大大增加了本書的可讀性，筆者在此特別鳴謝。

趙 雨 樂

謹識於香港公開大學人文社會科學院

2016 年 4 月 5 日

凡例

1. 本書根據一系列近代香港關係的日本書籍進行中文翻譯和註解，成書意念上，以香港及中國讀者作首要對象。譯文務求以精準的句譯方法為主，同時考慮中日之間的行文差異，個別句子為求通俗易明，仍會參酌漢語語境，稍作適當的意譯，力求信、達、雅兼備的譯文效果。

2. 本書翻譯的人名、地方、官職，常涉及日本人通用，卻非該國以外地區常用的名詞。例如「清國」即「清朝」，「覺書」就是我們所指的「備忘錄」，「總統」或「鎮台」都是意指駐港的「總督」，「虛無黨」譯作「無政府主義者」比較明晰。為避免對此等日本漢字的誤解，中文譯本仍採納香港慣用的名物方式，至於部分英譯而來的日文片假名，則直接括以英語。個別中英日職名之間的翻譯區別，謹附對照表於書後，以供參考。

3. 文獻是時代的產物，離不開特定時期的用語，從文本的建構主義觀察行文者的書寫意識，未嘗不發人深省，反照歷史的原型。故此，本書並不刻意迴避明治以後日本對外擴張的精神面貌。例如從「皇國」（「我國」）和「支那」，可主觀反映它對中國的優越感，又如黃種、白種、有色人種等民族界別，均具強烈的歧視和排他性。此類發乎日本政界的獨特表述，展露其時的國家行為，均儘量於中譯本內予以保留。

4. 近代日本以天皇年號紀年，由明治到大正、昭和，時而與西曆的時間觀念並行。為使讀者掌握人事發生的確實年代，本書在

只有日本年號記事的情形下，會加入西方年份為提示。至於人物生卒，概以西曆為主，原文之中偶有日本年號與西曆兩者出入之處，則考究史事的正確年代，加以修正。

5. 在翻譯過程中，由於涉及中國和香港兩套不同的稱呼，加上日人書寫容有前後誤差，例如「李先得」和「李仙得」、「砵典乍」和「砵甸乍」、「軒尼斯」和「軒尼詩」、「荷理活道」和「荷李活道」等等，本書一律以後者的香港習慣說法為準則，俾令讀者大眾感覺地道易明。

6. 書中人物豐富，述事錯綜，活動浩繁，凡編者認為須加說明之處，皆另闢註解文字於後。或考證史實的真偽，或深究人脈和制度，或聯繫前因與後果，方便讀者延伸學習，繼續學術查考。

7. 為行文之便，編者或直接在原文段落中加上「編者按」的字眼。此等按語，代表編者、譯者和註者的統一看法，在無意改動原書敘文的情況下，標示閱讀時應該注意的地方，當中並不涉及政治理念前設，凡此在這裡略作說明。

中 英 日 文 詞 彙 對 照 表

日本漢語	中文	英文
支那	中國	China
支那舢舨	中國小船（戎船）	Chinese Sanpan
南支	南中國	South China
米國	美國	United Sates of America
獨逸	德國	Germany
露國、露西亞	俄國	Russia
佛國、佛蘭西	法國	France
丁抹、抹	丹麥	Denmark
和蘭、蘭	荷蘭	Holland
諾威	挪威	Norway
伊太利	意大利	Italy
澳地利國	奧地利	Austria
濠州	澳洲	Australia
比律賓	菲律賓	Philippines
新嘉坡	新加坡	Singapore
盤古	曼谷	Bangkok
屯門澳	青山灣	Castle Peak Bay
鉢典乍街	砵甸乍街	Pottinger Street
銅羅灣	銅鑼灣	Causeway Bay
上町	上市	Upper Bazaar
下町	下市	Lower Bazaar

日本漢語	中文	英文
九龍埠頭倉庫會社	九龍倉	The Hong Kong and Kowloon Wharf and Godown Company
薄扶林水源地	薄扶林水塘	Pok Fu Lam Reservoir
香上銀行	香港上海匯豐銀行	Hong Kong and Shanghai Bank
三菱會社	三菱公司	Mitsubishi Company
英國亞細亞東部艦隊	英國遠東艦隊	The China Station of British Royal Navy
總督代理	代總督	Acting Governor
太政大臣	首相	Chancellor of the State
外務卿、外務大輔	外交部長	Minister of Foreign Affairs
書記官	秘書	Secretary
海軍省	海軍部	Ministry of the Navy
海軍卿	海軍大臣	Minister of the Navy
陸軍省	陸軍部	Ministry of the Army
陸軍卿	陸軍大臣	Minister of the Army
大藏省	財政部	Ministry of Finance
大藏大輔	財政部長	Minister of Finance
工部卿	工業部長	Minister of Industry
大將	上將	General
中將	中將	Lieutenant General
少將	少將	Major General
大佐	上校	Colonel
中佐	中校	Lieutenant General
少佐	少校	Major General
大尉	上尉	Captain
中尉	中尉	First Lieutenant
少尉	少尉	Second Lieutenant

目錄

第一章　明治六年篇　001

一、香港日本領事館的開設　002

二、領事館的所在位置　004

三、林副領事的回國、病逝以及之後的樋野書記官的到任　005

四、樋野書記官的歸國申請和委託外國人領事館事務問題　006

五、當時在香港居住的日本人　006

六、當時的香港情況回顧　008

第二章　明治七年篇　011

一、「春日艦」的入港　012

二、佐賀之亂和江藤新平的順道來港　015

三、書記官的歸國請求和委託外國人領事館事務問題　016

四、安藤副領事和小林書記官的到任　017

五、領事館租入契約的更新　018

六、征伐台灣的開始　019

七、九月二十二日的大暴風雨　023

八、「日進艦」的遇難　024

第三章　明治八年篇　025

一、領事館的轉移　026

二、安藤副領事的兩廣總督訪問和暫時歸國　027

三、僑居的日本人　028

四、我國海軍士官搭乘英國軍艦　029

五、大島圭介的暹羅派遣　031

第四章　明治九年篇　033

一、三名琉球人的菲律賓漂流記　034

二、領事館人員的變動　036

三、堅尼地總督調職　037

四、日本貿易銀幣開始流通　039

五、旅居海外及外國船上日僑的窘狀　042

六、當時香港的景況　043

第五章　明治十年篇　045

一、六名琉球人被英國船隻救助　046

二、安藤升職為領事並拜訪兩廣總督　047

三、澳門略史　048

四、永野由松、渡邊角太郎下船事件　057

五、日本貿易銀幣開始流通、三井物產香港分店計劃成立、駿浦號歇業　058

六、雜事一束　062

第六章　明治十一年篇　067

一、我國貿易銀幣開始流通——三井物產香港分店開設　068

二、帝國軍艦「清輝號」入港　073

三、玉井福松遇險　075

四、法國世博會代表團及鮫島公使訪港　076

五、湯川少尉之死　079

六、鯉魚門海峽的水雷試驗　081

七、領事館館員的變動　082

八、領事館的遷移　083

九、廣業商會香港分店的開設　084

第七章　明治十二年篇　089

一、軍艦「清輝號」在歸國途中泊港　090

二、加藤金次郎白河乘夜船下港　091

三、香港總督軒尼詩的訪日　097

四、帝國軍艦「日進號」及「筑波號」的入港　098

五、領事館員的變動　099

六、我國貿易銀幣開始流通 101

七、支那人胡璇澤在新加坡被任命為副領事 102

八、格蘭特將軍的過港和禮炮事件 103

九、三菱汽船會社香港分店開設和香港航綫啟航 107

第八章 明治十三年篇 109

一、帝國軍艦「比叡號」的入港 110

二、三井物產公司及廣業商會各香港分店的商貿量 111

三、新加坡副領事館的閉館 117

四、九月二十三日的暴風雨 119

五、駐廣東的相良中尉及島村少尉 120

六、安藤領事拜訪兩廣總督張樹聲 121

七、領事館員的變動 125

八、廈門領事館的閉館 125

九、香港的日本僑民 126

十、我國貿易銀幣作為香港法定貨幣未被認可，以失敗告終 131

第九章 明治十四年篇 133

一、有栖川宮威仁親王殿下的過港 134

二、夏威夷國王的過港 135

三、英國兩皇孫的訪港 137

四、三井物產公司及廣業商會各香港分店商貿額的提高 138

五、領事館員的變動 143

六、寺尾助太郎及同行四人的遭難 145

第十章 明治十五年篇 147

一、三井物產公司香港分店的關閉 148

二、伊藤博文參議的過港 149

三、帝國軍艦「筑波號」的入港 151

四、澳洲悉尼的日本名譽領事設置之議 152

五、有栖川宮殿下的過港 153

六、軒尼詩總督的退任和寶雲新總督的任命 156

七、山竹果和紅毛丹移植小笠原島計劃 158

八、閑院宮載仁親王殿下的過港 159

九、廣業商會香港分店的關閉　160

第十一章　明治十六年篇　165

一、伊藤博文參議歸國途中在香港停留　166
二、安藤領事的歸國　166
三、新任香港總督寶雲的到任　168
四、香港市場上的我國物產　169
五、町田代理領事的到任　174

第十二章　明治十七年篇　177

一、町田代理領事的兩廣總督及其他訪問　178
二、町田代理領事其後的廣東之行　184
三、大山陸軍卿等軍事視察團的來港　186
四、三菱汽船會社終止香港航綫　189
五、寶雲總督的訪日　190
六、英國汽船「西藏號」對日本人的救助　193
七、帝國軍艦「天城」及「扶桑」的入港　194
八、明治十七年在香港停留的船舶　197
九、領事館員的變動　199

第十三章　明治十八年篇　201

一、澳門狀態一覽　202
二、法國的安南攻略與香港　204
三、領事館員的變動　206
四、日本輸入的章魚中毒問題　207
五、日本人橫手梅次郎的墓　208
六、香港政廳相關的事件　209
七、寶雲總督的離任　209
八、伏見宮貞愛親王殿下的到港　210

第十四章　明治十九年篇　213

一、明治十九年六月在港的日本人　214
二、日本人墓地　226
三、帝國軍艦「清輝」的入港　230
四、陸軍中將谷千城以及品川公使一行訪港　231

五、陸軍司令官金馬倫少將訪問日本 233

六、南領事赴菲律賓調察 234

七、領事館員的變動 238

第十五章　明治二十年篇　239

一、帝國軍艦「畎傍」的失蹤 240

二、外務省留學生和語言學生赴港留學 259

三、日本棉布在香港和菲律賓的市場開拓 260

第十六章　明治二十一年篇　275

一、廣東領事館設立經過 276

二、香港的日本僑民 278

三、南領事緝捕偽造貨幣的犯人事件 284

四、南領事的歸國和鈴木領事的到任 290

第十七章　明治二十二年篇　293

一、香港的日本僑民 294

二、鈴木領事對國人發展的意見 299

三、領事館的遷移 304

四、領事館員的變動及其他 305

五、之後的駐香港日本領事館 306

六、濃美大地震中來自香港的募捐款 312

七、香港的支那領事館設置問題 317

八、再次採用日本圓銀作為香港法定貨幣問題 321

九、香港娼妓制度和日本娘子軍 323

續篇　329

結語　352

附錄　353

第一章

明治六年篇

一、香港日本領事館的開設

據外務省年鑑的資料顯示，香港日本領事館開設於明治六年（1873年）四月二十日，距今（昭和十年，1935年）已六十二年了。

首任領事官是副領事林道三郎，他被授予副領事委任狀的時間是明治六年三月二十日，但實際被任命為副領事則大約在明治五年底或明治六年一月。

這一點可以由明治六年一月三十一日林副領事致外務大臣的信件裡已經使用副領事這一官銜推測而知。

林副領事原任神奈川縣權典事一職。明治五年二月，居住在橫濱的英國人吉爾曼（Gilman）所僱傭的支那人鮑彥卿以七兩白銀買取了神奈川縣久良岐郡根岸村村民久三郎之女康，並將康帶至支那。有關此事，林副領事展開了調查取證，並致力於將康帶回日本。由此可以推測，林副領事早於明治五年底或明治六年初就已進入外務省工作，之後不久即被任命為副領事。

香港領事館開設之時的管轄區域除香港外，還包括廣東（編者按：此處廣東，即指廣州）、汕頭、瓊州。因此上述的副領事委任狀也分為兩份，即英國領地內的駐港領事官與支那領土內上文所述三駐港領事官的委任狀。且後者的委任狀裡清楚地記載著所負責事項內關於領事裁判權的事項。[1]

1　領事之設，在西方是源遠流長的政治習慣，其精神在維持平衡的外交監督，儘量確保國民於別國受到等同本國的法律對待。舉凡甲國允許乙國在其領土內有裁判權，即意表乙國於甲國亦應享如是地位，以體現雙方的權利和義務，兩國乃於對等的關係下展開。從十二世紀開始，歐陸人民貿易於地中海東南，普遍訂定此類特殊協議，容許外國人在其地犯法者不受所在地國家

明治六年三月二十二日，代理外務大臣上野將林副領事被任命於香港就職一事告知予駐東京英國臨時代理公使阿爾基·沃森（R.G. Walsou）。沃森公使在林副領事赴港就任之時便向當時香港總督堅尼地（現在的堅尼地道即以這位總督的名字命名的）遞交了介紹信。

　　林副領事從日本出發以及到香港就任的確切日期都不得而知，就暫且推測他於四月五日出發，四月十二日就任。

　　關於這點，翻閱了當時所有的香港報紙都未曾提及。唯一可以推測的是，林副領事似乎在赴港就任後，曾於四月十五、十六日前後拜訪過堅尼地總督，並接連拜訪了各國領事及其在香港的軍艦。四月十七日上午林副領事訪問了美國軍艦，並接受了七發禮炮，此事在報紙上有相關的報導。這可能也是關於林副領事的首條新聞。

　　另外，林副領事是與尾崎（逸足）書記官一道來港赴任。這一點後文將有闡述。

法律之支配，從而交付其本國官廳處理，漸有公選裁判官說領事，俾審判各商人間的訴訟。十五世紀歐洲諸國，相繼仿領事裁判制，如意大利設領事於倫敦司裁判，英國亦設領事於荷蘭、瑞典司裁判，至近代推演於亞洲的殖民地。中國對領事的理解，始自鴉片戰爭與列強簽定的不平等條約，《南京條約》訂立之後，道光二十三年（1843 年）七月中英簽訂通商章程，又陸續與美（1844 年）、法（1844 年）、義（1844 年）、瑞（1847 年）立約，均將「領事裁判權」列明於條款之內，構成外國商民在華的權利保障。關於晚清政府漸次意識到領事裁判權設立的重要性，以及列強相對的領事外交，參閱趙雨樂：〈晚清省港地緣政治的觀察側面 —— 從議設香港領事的風波說起〉，收於氏著《國家建構與地域關懷 —— 近現代中國知識人的文化視野》（香港：中華書局，2013 年版），頁 1—20。

二、領事館的所在位置

　　香港領事館就這樣在林副領事的努力下於明治六年四月二十日開館了。但開館當時的情景則不得而知了。關於領事館的地址，從明治六年七月十一日簽署的租期一年的租賃合同推斷，自明治六年五月一日起領事館在名為ヴエルブ的地方租借了一處房子，[2] 由此則可以推測出四月二十日開館當天，領事館已經開始於ヴエルブ的某棟房子裡了。總之，我國在香港最初的領事館地址就處於此，這是毋庸置疑的。根據上文提到的契約書，房屋的所有者是理查德·佛列安·豪維克（Richard Fillion Hovick），租金為每月 122 元。此外，這份契約裡註有「可以作領事館辦公及住宅所用」等字樣，加之此後發生的事情可以得知，這棟房屋裡既作為領事館辦公場所，也作為官舍。遺憾的是，至今還不知道這個地方位於何處。如後文所述，領事館於明治八年遷移，據說之前的房屋多有不便之處。由此看來，它很有可能是某個與山為伴的地方。且開館後，除了由林副領事與尾崎書記官負責諸事務外，另還僱傭了英國人邁克

2　ヴエルブ究指為香港何地，至目前為止未有確切說法，惟從香港早期街道建置觀之，多以英國殖民官員命名，其日語發音與紀念港督 Sir Robert Peel 的卑利街接近。十九世紀四五十年代，卑利街一帶主要由洋人聚居，發展至七十年代，華人及其他亞洲族群逐漸遷入，在較貧乏的經濟生活下建立居所，毗鄰山坡，故日本領事館初設於此，是為了方便照應附近的日人。事實上，據明治十九年（1886 年）日本駐港領事館的初步調查，在港日本人多居於中環，如皇后大道、擺花街、卑利街、荷李活道、史丹利街、閣麟街、威靈頓街、砵甸乍街、嘉咸街諸處，以後逐漸擴散至灣仔、銅鑼灣一帶。其領事館的設置，當充分考慮日人聚集的原居地點。從記述的地理環境亦知，該處近山坡，出入有所不便，遂於明治八年（1875 年）萌生遷館的建議。

多尼爾（Macdonnell）來負責英文書信等事項。此外，當時領事館似乎還配備有一輛馬車。

三、林副領事的回國、病逝以及之後的樋野書記官的到任

林副領事在港就任僅三個月，就於七月十六日因商議政務的需要，提出了回國申請。這份申請書於八月九日得到批准。林副領事在職僅三個月就申請回國，這跟前述鮑彥卿事件的處置頗有關聯。[3] 在此不詳談鮑彥卿事件，但當時它在法律方面具有解釋不一致的情況。總之，林副領事就這樣於九月十二日搭乘由香港始發的美國輪船，踏上回國的路途。他於十九日到達橫濱，卻於二十三日突然病發身亡。這其中的原委也不為人所知。

此後，外務省於九月二十六日任命了一等品銜的樋野順一為一等書記官，作為林副領事的後任到香港供職。樋野書記官赴港上任，當時是在臨時出差三個月的協議下到任的，可是根據以下的事情推斷，他到任後不到三個月就回國了。

3　鮑彥卿事件，乃指發生在同治十一年（1872年）年由華工海難引發的一場日本外交風波。事緣一艘掛著秘魯國旗的「馬厘亞老士號」（Maria Luz），滿載被拐華工230多人從澳門駛往秘魯，在日本附近遇風，桅杆受損，請求泊於橫濱修理。滯留在橫濱期間，被關押在船內的華工有人伺機跳水自殺，被駐日英軍艦救起。數日後又發生同類事件，引起英國駐日本代理公使的注意，遂聯合美國駐日本代理公使與日本政府交涉，並利用領事裁判權施壓。日本神奈川縣法庭最終判決該船船長必須釋放所有被拐華工，由專程來日本接收的清國官員率領，乘船返回上海歸國，除一人病死之外，229人全部獲救。事件之曝光，有賴日本橫濱的中華會館及香山鮑彥卿等人落力宣傳，又協助出版《夜半鐘聲》一刊物揭露真相，因而知名。

四、樋野書記官的歸國申請和委託外國人領事館事務問題

樋野書記官於十月二日到任香港後尾崎書記官很快回國了，於是只剩樋野書記官一個人來。當時他是在臨時出差三個月的協議之下到任的，而之後不久健康狀況出現了問題。他在十一月初就提出回國，可是外務省無法在短期內找到替代人選。外務省讓他再等一等，可是他的身體狀況似乎逐漸惡化，所以他一再要求派遣繼任者赴任並准許他回國，同時他還提議一旦找不到人選，可以將領事館事務委託給外國人。外務省認為把領事館事務交託給外國人是很重大的事情，不能批准，從而拒絕了樋野書記官的申請。可另一方面，樋野書記官終歸是歸心似箭，外務省也如後文所述，不得不在明治七年批准了由外國人託管領事館事務。

五、當時在香港居住的日本人

有關香港領事館設立時在港日本人的狀況，沒有足夠的資料可以查找，可是從一些前後的綫索來看，在香港的日本人是極為少數的，在那裡擁有商舖的只有下述的「駿浦號」一家。

作為有關當時在港日本人的參考資料，包含明治六年十二月底由前述「駿浦號」以及上海的叫做上野彌平的人向領事館提交的同年度銷售報告書，另外其他資料裡也發現了一位名為大野義秀的人的居留事實。

「駿浦號」在香港中環大街五十四號，就位於現在中華百貨公司東鄰兩三家左右的位置，英文的商號是 Sun Po & Company，那

一帶是非常繁華和引人注目的地方。

這個「駿浦號」是橫濱本町一丁目駿府屋貞太郎商店的分店，明治五年十月開始在香港開設的。大石半次郎和松村作太郎被派駐這個分店並居留了下來。

另外，以下是由「駿浦號」提交的銷售報告書的內容。

銷售紀錄

一月至同年十二月
一、洋銀一萬零九百九十元
上述為漆器、化妝品小百貨的銷售收入金額是也。

以上
明治六年十二月三十日

從以上資料可以看出，這家「駿浦號」是經營漆器、化妝品小百貨的。

在上海居住的長崎縣人上野彌平也提交了以下和上述一樣的銷售紀錄。

一、洋銀兩千元　肥前有田陶器銷售金額
一、洋銀一千二百元　外國商品購入金額
上述為在香港的買賣金額是也。

以上
十二月三十日
居住上海的長崎商人　上野彌平

由此可見，上野彌平當時居住在上海，為了銷售陶器和買進外國商品而來到了香港出差。

我們不知道大野義秀是何許人也，但可以猜到他是由海軍省

派遣來的。當時為什麼海軍省會派人來香港呢？因為當時最精銳的「龍驤號」和「筑波號」兩艘戰艦當中，「龍驤號」是在香港仔的船塢建造的，[4] 而從該戰艦於明治六年初完工的時間上來看，可以推測出大野義秀在香港滯留是與造船有關。另外，在林副領事最初來到香港的那一天 —— 明治六年四月十二日，正是這艘軍艦搭載了副島外務大臣進入了上海。副島外務大臣以祝賀同治皇帝登基和交涉有關台灣的琉球漂流居民虐殺事件為目的，經過上海前往北京。

總而言之，當時居住在香港的日本人可以理解為只有「駿浦號」一處。

六、當時的香港情況回顧

明治六年（1873 年），自香港島被割讓（1842 年）給英國之後已經是第 31 年了，而距離舊九龍被割讓（1860 年）僅僅過了

---

4 香港在英國殖民管治之下，自 1860 年代開始，其造船技術已位於亞洲前列位置。文中所指香港仔的船塢，應為黃埔船塢有限公司（Hong Kong and Whampoa Dock）在該處的旱塢，現址為香港仔中心。1863 年 7 月 1 日，由怡和洋行、鐵行輪船公司、德忌利士洋行等幾家船東正式創辦黃埔船塢，因收購了廣州黃埔的柯拜船塢和修理廠，故有是名，及後又購入在港島香港仔新建的旱塢，1870 年，黃埔船塢與紅磡的聯合船塢公司合併為香港最大的船塢公司，幾乎壟斷廣州黃埔及港九的造船事業，由機械技術至船隻出廠噸位，均與日本齊名。明治政府本國製作軍艦之餘，為加速海軍建置，也把部分訂單發到英、德等海外廠商。龍驤艦是鐵脅木殼結構，由熊本藩於 1870 年向英國訂造，1871 年 6 月獻給天皇海軍；長 64.5 米，寬 12.5 米，排水量 2,571 噸；臥式蒸汽主機直接驅動，出力 800 匹馬力，速率 8 節。艦上裝備 Krupp 八吋炮八門。香港協助製成「龍驤」，同時說明香港造船事業之發達。

13 年。當時的舊九龍是還沒開發、人煙稀少的地方。僅在半島的尖端部分，即現在的天星碼頭附近完成了填海工程（1867 年），而在建築物方面，則只有九龍碼頭倉庫公司（1871 年）的舊建築物而已。

在香港島一側形成街市的區域是從西角到中環之間的部分，[5] 而靠山的地帶就沒有什麼房屋了。在中環一帶，現在的德輔道是沿海的道路，面山而立從左起始路上的主要建築物分別是：香港上海匯豐銀行（1865 年設立），大會堂（1869 年 11 月落成），香港酒店（1867 年 7 月開業），郵電局（1865 年設立），在香港酒店和郵電局之間的鐘樓（1862 年建成，這個鐘現被安裝在九龍停車場的鐘樓裡），中央市場（1858 年建成）等。比起香港被割讓時的總人口兩千，僅僅經過了 31 年，香港總人口就已發展到支那人約十二萬，支那人以外約七千。

另外，當時已經鋪設了自來水管（薄扶林水塘於 1863 年建成），而且也已經開始使用煤氣（1864 年開始使用），由此看來這些西歐文明的先進事物在進入支那和我國之前，早已經被香港引進了。

5　西角（West Point）乃指西環（Sai Wan），本為海角一隅。自 1857 年香港維多利亞城的行政區劃中，有四環（西環、上環、中環、下環）和九約的分段，各段均有維多利亞城界碑（Boundary Stone）標示。西環專指英文西角一帶，而華人多習稱為西環。西角一處，在 1845 年香港地圖內清楚記明，其位置在皇后大道與薄扶林道交界對出，即今日西區警署，是西半香港島最北的一個地方。

第二章

明治七年篇

一、「春日艦」的入港

　　翌年明治七年，帝國軍艦「春日艦」一月初在上海巡航，經過數日停泊後，於一月十一日出港，經由寧波、廈門，於一月末到達香港。

　　「春日艦」的乘務員的名單如下：

　　井上少佐，高木中尉，窪田中尉，岡部中尉，野村少尉，倉滿少尉，家村少尉，淺田少尉，隈本少尉，白濱少尉，大輪機員，山下大軍醫，町田中會計員，□□少軍醫，八田少會計員，大山準尉，花田準尉，仁禮準尉，下士二十七人，海兵十八人，水兵並船夫共五十四人，伙夫二十人。

　　除了上述名單以外，以下也是在船上服務的人員。

　　海軍　仁禮少丞，稅所大秘書，海軍士官，新納少尉，海軍省十等士官，水野遵（支那航海中乘務）

　　陸軍的相良少尉（負責調查諸港地理狀況的乘務），僱傭的英國人詹姆士（負責海上諸港指導工作的乘務），也就是說乘務人員自井上艦長以下共一百四十三人。

　　上述的名冊因為只有姓，而名沒有被載入，所以這些人物很難逐一推斷，但文中提及的艦長井上少佐應該就是指井上良馨。[1]井

1　此一推斷是十分正確的，也反映井上良馨與「春日艦」的關係密切。1862 年因欲儘速剿滅太平天國，清廷的總理衙門要求江蘇巡撫薛煥、兩廣總督勞崇光等購買軍艦，勞崇光與代理海關總稅務司赫德商議，計劃購入三艘中型軍艦、四艘小型軍艦，欲由此展開清國近代海軍事業。春日艦即本

上少佐此後還搭乘「清輝號」等艦船訪問了香港。

　　「春日艦」在赴港之前於廈門入港時，發生了這樣一件事情。在廈門入港的時候，艦上沒有僱傭專業的領航就直接入港了。不久便出現了一艘插著英國國旗的支那船隻向軍艦靠近，細一看，停靠在軍艦旁邊的小船上有個英國人，他向軍艦提出了登艦的請求。軍艦最終同意他上船，並向他詢問了一些信息，那個英国人稱自己是代理港務長的身份。因為在寧波入港的時候也有同樣的事情發生，所以軍艦上的人想這次大概也一樣，就准許他上船了。這個英國人一直非常熱心仔細地指路。軍艦上的人都非常高興遇見這麼一個熱心的人，大家感謝他的好意，甚至邀請他參加宴會以表謝意，之後就讓他回去了。

　　事情發生數日後，在「春日艦」即將離開廈門之前，這個英國人拿著一張紙條來到艦上索取紙條上寫明的領航費。軍艦上的人非常吃驚，向英國人聲明：此次意外事件中，您完全沒有說明要做

為當中的「江蘇艦」，清海軍部門已指派英國皇家海軍上校謝拉德・阿思本（Sherard Osborn）擔任艦隊司令，但由於李泰國與阿思本全權主理所購軍艦及清國一切新式輪船等十三條合同要索太高，清暫緩其事，此後阿思本艦隊諸艦先後為印度、日本、埃及所買，停泊在長崎港的「江蘇艦」就是薩摩藩在 1867 年以十六萬兩白銀購入的一例。翌年，明治維新志士紛起，「春日艦」在薩摩藩對付榎本武揚為指揮的幕府海軍「開揚號」一役大派用場，其時井上良馨為「春日艦」的二等士官，船上還有東鄉平八郎、伊東祐亨等兵官，此三者均為日後赫赫有名的海軍元帥。1871 年 7 月井上良馨由海軍中尉升為海軍大尉，1872 年 10 月為海軍少佐，翌月為「春日艦」艦長，至 1874 年 10 月才免此職，轉為「雲揚艦」艦長。文中「春日艦」到港的時間，應該就是配合著琉球問題，繼 1871 年 11 月琉球船「太平山」在台南觸礁沉沒，五十四名登陸船員被原住民殺害後，日本在 1873 年 11 月開始前往清國沿海進行偵察行動。隨行的還有日後為日本海軍軍令部長和首任台灣總督的陸軍少佐樺山資紀，於 1874 年 3 月抵達打狗（現今高雄），肇啟了侵台的序幕。

領航人的意圖，若是領航人我們不可能准許您上船，是您自稱代理港務長我們才同意了您登艦的請求。因此，在寧波時我們沒有付錢，此次在廈門也沒有付錢的道理。

軍艦以此斷然拒絕了英國人提出的支付請求，而後出港，駛赴香港。

英國人並未就此罷休，直接通過廈門海關向香港領事館提出前文所述的支付請求。書記官向井上艦長詢問了事情的始末，軍艦方面斷然拒絕了其支付要求。這個問題爭論了一年有餘，直到翌年，即明治八年六月，領事館在陸續聽取雙方的意見後，才明白雙方存在著誤解。因為不算什麼大事，最終決定支付領航費用。到此，這件事才得已解決。

由此進入香港後，「春日艦」停留了大約十天，一月十一日去往廣州，同月十六日從廣州到澳門，又於二十五日從廣州開往汕頭。 於此期間及其後的行程，井上艦長和仁禮少丞於四月三日在廈門聯名寫給樋野辦事員的書信中有明確記載如下：

此後，軍艦回到汕頭、澎湖島，又從那裡出發駛向基隆，原本計劃隨後回國，然而海上形勢還不穩，所以於上個月三十一號又從澎湖島回到香港等候。

在香港停泊期間，又發生了這樣一件事情：有個叫渡邊貞吉的於前一年十二月從其供職的英國船上下來後，住進船員宿舍。自然是家支那旅館。之後他每天都去外國輪船找工作，但無論如何都沒有人僱傭他。最終他身無分文，連住宿費也付不起了。旅館在催繳費用未果後，他同老闆之間開始發生爭執。貞吉正苦惱之時，恰逢軍艦來到香港。貞吉告知事情始末，通過領事館表達了想要搭乘

軍艦回國的願望。經領事館告知後，軍艦迅速斟酌了此事，允許其搭乘軍艦回國。軍艦方還幫他償還了拖欠旅館老闆的九元五十分的欠款。貞吉安然無恙地回國了。

二、佐賀之亂和江藤新平的順道來港

由於「征韓論」引起朝野沸騰，[2] 已經容不下異議的西鄉隆盛、板垣退助、江藤新平分別回到鹿兒島、土佐、佐賀。特別是江藤新平於明治七年二月發動了佐賀之亂。佐賀之亂不久就被平定下來，據說江藤新平流亡到了海外，所以各領事館接到了探查其行蹤的命令。為了調查他的行蹤，內務省五等士官北代正丞，大藏省七等士官河北俊弼，和另外兩人從長崎乘船出發，去往上海。三月十六日到達香港。雖然進行了調查取證，但江藤新平的行蹤難覓，於是繼

2　日本的「征韓論」是圍繞武力征服朝鮮半島的國內論調，豐臣秀吉政權翦滅戰國群雄，逐步控制全國，在文祿元年（1592 年）至慶長三年（1598 年）年間，已計劃入侵朝鮮。明廷因宗藩關係軍援朝鮮，與侵朝日軍對峙，其後明朝與朝鮮的聯軍在陸上和海上擊敗日本，日本因秀吉之死而撤兵。江戶後期的國學及水戶學，也時常提倡《古事記》、《日本書紀》的記述，認為古代日本擁有朝鮮半島的支配權，並擴展尊王攘夷的政治主張。從幕末至明治初期，正當部分明治領袖以巖倉使節團出訪歐美，留守政府的西鄉隆盛、板垣退助、江藤新平、後藤像二郎、副島種臣等人，主張以武力迫使朝鮮半島開國。1873 年 9 月，歸國巖倉使節團的大久保利通、巖倉具視及木戶孝允，以時機尚早為由反對。兩派意見相持不下，遂發生明治六年政變，西鄉、板垣等征韓派一同下野，他們成為 1874 年的佐賀之亂至 1877 年的西南戰爭等士族不滿及自由民權運動的導火線。佐賀之亂，由大久保利通親自領兵平定，江藤新平被處死刑；明治政府又派山縣有朋擔任征討參軍，投入六萬兵力對付據於熊本城的西鄉隆盛及其逾四萬的鹿兒島戰士，雙方幾度激戰，西鄉最終切腹自殺。

續前往內地尋找。

三、書記官的歸國請求和委託外國人領事館事務問題

據明治六年篇所述，因樋野書記官歸心似箭，多次提出回國的請求，因此外務省的田邊外務四等士官於明治七年三月通過非官方渠道回應，以外務省目前的狀況是無論如何也找不到後繼者的。但是另一方面，樋野的歸國要求很急切，也不能不答應，因此最終承諾把館務委託給外國人，在香港尋找合適的人選予以推薦。

樋野書記官基於此遞交了推薦美國領事貝雷（編者按：美國駐香港領事，David H. Bailey）的申請。其後外務省正式決定把館務委託給外國人。但是因為事關重大，不能輕易決定，因此關於外國人館務委託的這個問題一直都沒見到正式的決定。

期間，五月二十七日，七等士官安藤太郎被認命為副領事在香港任職。樋野書記官等安藤副領事一到任，就於七月二十六日從香港出發踏上了回國的旅途。當時，向外國人委託館務問題還未決定，又恰逢台灣問題愈演愈烈。[3] 伴隨著這個問題，香港土地的重要

3　明治七年的台灣問題，可謂琉球事件的一個延伸。事緣於 1871 年 12月，琉球漁民共 66 人漂流到台灣，誤入山地，遭排灣族牡丹社原住民（時稱作「生蕃」）所殺，只餘下 12 個生還者。十七世紀以來，琉球群島分別向清政府及日本薩摩藩朝貢，日本遂以琉球民眾屬國內保護為藉口，要求清政府按照是年兩國訂立的通商條約，對事件全盤負責，清朝卻以生蕃為化外之民，概不受理。1874 年 2 月，明治政府醞釀「征台論」，大久保利通和大隈重信聯名提出「台灣蕃地處分要略」，主張出兵討伐，並由西鄉隆盛之弟西鄉從道為都督，陸軍少將谷干城、海軍少將赤松則良為參軍，率 3,000

性也愈加被看重，因此台灣問題發生不久，就有言論稱不能廢除領事館。隨後到了明治七年末，台灣問題也告一段落，與此同時，安藤副領事在向總務省報告台灣事件告一段落的消息後，還就領事館是否繼續存在的問題徵詢了意見。

四、安藤副領事和小林書記官的到任

如前所述，七等士官安藤太郎於五月二十九日被任命為副領事，在香港上任。接著小林端一書記官也同樣被任命於香港任職，安藤副領事和小林書記官一道於六月十八日從東京出發，同日在橫濱乘船。從橫濱到長崎一直和東鄉陸軍少將同船。另外恰好那個時候柳原全權公使，赤松海軍少將，福島領事等也停留在上海。當時征伐台灣的行動已經開始，柳原公使需要就台灣問題和支那進行交涉，於五月十九日從東京出發來到上海，福島領事也在不久之後前往廈門出差。

安藤副領事就台灣問題聽取了柳原公使等人的意見，並就赴港上任後的事務交接問題進行了各種磋商。

他於七月一日晚到達香港，第二天遷居到領事館，第三天和樋野書記官進行了事務交接。

遷居到領事館時才知道，如前文所述，官舍和事務館都在同

多兵攻台。台灣既是中國屬土，清政府與日本派來的全權大使大久保利通展開交涉，並由英國公使居間調停，清政府承認日本征台的義舉，且賠償黃金50 萬兩，事態暫時平息。

一棟房屋內。

　　七月四日，安藤副領事在其任職訪問中，最先拜訪了政廳，和書記官奧斯丁（Austin）見了面，並在回來的路上循例拜訪了以美國領事貝雷為首的各國領事。

　　另外，副領事於三日遞交公信向政廳報告其正式上任，並向政廳和英國女皇申請認可，且得到承認。以下是安藤副領事的報告中所提及的其與堅尼地總督會面的情況：

　　堅尼地總督格外熱情地接待了我，我盡自己所能代表日本政府表達了誠意，之後並未久留，照面之後就離開了。

五、領事館租入契約的更新

　　領事館的房屋是依據林副領事在任時擬定的契約，從明治六年五月一日起租入一整年的時間。因為樋野書記官提出歸國申請，因此將館務非正式地委託給了外國人。明治七年三月前後，樋野書記官考慮到房屋的租期是於四月末到期，但委託外國人館務這件事又遲遲未定，所以樋野書記官把租入期限延長了一個月，後來因為繼任者未決定，又延長了一個月，直到六月末。期間因為七月一日安藤副領事到任，七月又重新延長至年末，並把租金由一百二十元降到一百元。然而到了年末，台灣事件告一段落，又因此事格外忙碌。等到領事館的事務稍稍空閒下來時，安藤副領事也接到了少時回國的許可。在安藤副領事得到回國許可時，領事館自小林副領事就任以來的貿易相關事務以及居留民保護等事務也很少了。前任樋

野書記官在任時就有撤除領事館的意願，在台灣事件告一段落的當時，領事館是不是還有必要繼續存在，就此問題領事館向外務省詢問了意見，其報告如下：

　　領事館的房屋這個月末就要到期了。關於是否廢止問題，在本年中時已遞交報告，一直在等待答覆。即使在時機較好的一月份，如果轉移到別的地方，包括雜物運費在內花費不是小數。如果像以前那樣尋找好房子，是沒有暫時用來處理事務的地方的。另外，租金也非常貴（一個月一百一十元），因此只能等到有了合適的屋子再轉移過去（暫時還沒有令人滿意的去處）。

　　據此可以看出，樋野書記官任職時，由於台灣事件的影響，領事館一直存在，但是此時，連安藤領事都對領事館是否有必要繼續存在產生了懷疑。外務省明確答覆領事館依然有繼續存在的必要，因此如後文所述，領事館於第二年轉移到了其他地方。

六、征伐台灣的開始

　　以琉球人漂流到台灣島，殺害當地人為開端，日本國內就征伐台灣的問題形成了贊成與反對兩派，展開了激烈的爭論。到了明治七年四月，由朝議決定從四月二十七日到五月二日由西鄉都督帶領的征台軍隊陸續由長崎向台灣出發。緊接著成立了蕃地處理事務局，由大隈重信擔任局長，又在長崎設立了分局。[4] 隨著台灣征伐的

4　西鄉從道自其兄西鄉隆盛在西南戰爭中敗亡後，遂成為薩摩藩的領袖人物。日本出兵台灣，初時因得不到英、美等西方國家支持而顯得猶豫，惟履

開始，香港的重要性一度提升。安藤副領事被特別提拔，受命在香港任職，也是承認香港重要性的體現。由此香港領事館的事務突然間變得繁忙起來。隨著以香港為中心的時局推移，領事館、外務省以及蕃地處理事務局之間電信及書信往來開始頻繁進行。那時，加密電報剛剛投入使用，對於密碼還進行了很多講解。七月二日，安藤副領事的報告記載如下：

　　香港和廣東周邊在留的西方人對於我國出兵正確與否的態度暫且不論，考慮到蕃地若屬於日本，則無疑是開闢了物產輸出的道路，算是是意外之喜。這件事值得慶賀。

　　八月一日日本政府的僱傭美國人李仙得（Charles W. Le Gendre）和書記官德魯威以及蕃地事務局城島謙藏一起到達香港視察情況。八月三日，李仙得單獨從香港出發去往福州，並於六日到達廈門。在廈門因以「蕃地事件中幫助日本政府企圖發動對清國的戰爭」為由，被美國領事館及海軍扣押。[5]這位李仙得作為原

新台灣蕃地事務局都督的西鄉從道警告延遲出兵將有損士氣，並以退還天皇委任敕書為脅迫，最終令在長崎的大藏卿兼局長大隈重信依從，日軍在社寮登陸，攻擊牡丹社的原住民部落，又在龜山長期駐紮。期間日軍雖取得勝利，但因熱病死去的亦逾 500 人，耗費軍費 600 萬圓，故當清國開出和解條件，在明治七年十一月亦願意撤兵。是次征台的軍事行動與事後政府的追認，為日後日本對亞洲軍事冒險主義開了先河，史稱「西鄉大暴走」。

5　李仙得（1830—1899）為法裔美國人，曾參加美國南北戰爭，以陸軍少將退伍。同治五年（1866）十月出任美國駐廈門領事，直至 1872 年 12 月辭任，轉而幫助明治政府制訂對台灣的外交攻略，並提供所需的軍事物資。李仙得為廈門美國領事期間，處理過類似的生蕃衝突：1867 年 2 月，美國商船「羅妹號」（Rover，又名羅發號）由汕頭赴牛莊之際，在台灣東部外海紅頭嶼觸礁沉沒，船長懷特夫婦及生還者在潭仔灣登陸，遭琅嶠龜仔角土蕃

美國總領事駐在廈門時，有一艘叫「羅妹號」（Rover）的美國船於1867年自汕頭開往牛莊的途中，遭遇颶風，漂流到台灣南部，除了一位支那人以外，所有美國的乘務人員都被蕃人所殺害。因為這個事件，美國公使和支那政府進行了交涉，雖然交涉沒有進展，但是其自行進入蕃地並同頭目卓杞篤（Tauketok）進行了談判，解決了這件事情。在征伐台灣還沒開始之前，日本政府已經在蕃地物色有代表性的人物。因偶然和美國公使私下的談話，這個李仙得開始為外務省工作，其後隨著征台的決定，英美各國對我政府僱傭李仙得表示抗議。其中，中美公使對於以李仙得為首的其他兩名美國人在台灣征伐中所起的作用表示強硬的抗議。[6] 李仙得和其他兩位美國顧問一起，遭遇了如前所述在廈門的災難。此中經過非常有趣，但因同本文沒有直接聯繫，就不再詳述。李仙得是當今歌唱家關屋敏子的祖父這事還不太為人所知。在朝鮮有他的墓地。

殺害，引發美國和清政府交涉。六月，美國軍艦兩艘抵達現場攻擊失利，台灣官員又不願介入，李仙得親自進入琅𤩝當地與十八社總頭目卓杞篤談判，協議原居民不再傷害漂浮於此的西方船難人員，加上他又能說台灣話，被視為台灣蕃界通。

6　從各種跡象觀察，李仙得的言論與支援行動，大大鼓勵了日本征台及索償的動機。例如「琉球事件」發生以後，他告知明治政府過往「羅妹號」的處理經驗，指出清國政教不及蕃地，日本可用「蕃地無主論」作為出兵台灣的大義。李仙得同時提供台灣的地圖和照片，估算只要動用兩千兵力便可輕取台灣，凡此令日本外務大臣副島種臣雀躍萬分，外務省在1872年11月以準二等官聘任李仙得為顧問，詳細規劃出兵、殖民細節，其間更幫助日本僱傭外籍軍人、承租船艦、購置軍火，以圖在日本成功佔領台灣後，令美國獨佔該處貿易利益，擴展實際的殖民權。清國方面得知李仙得為日本居間策劃此事，欲加以阻止。李鴻章上總理衙門「論日本圖攻台灣」一函中便指出，日本依賴美國人，若敦促美撤回人員船隻，即能迫使日本罷兵。在清廷向美國提出抗議下，李仙得前往廈門與清廷談判時，遭到美國水兵逮捕。及至日軍撤離台灣後，美方以李仙得未帶兵為由予以釋放。

此外李仙得在廈門被扣押的消息一經發出，香港的城島謙藏等便火速前往廈門進行調查，但在查明扣押李仙得是因為美國領事的誤解後，很快就將他釋放了。李仙得於八月二十日前往上海，又從上海經天津前往北京。然後加入了正和支那政府交涉的柳原公使一行為他們提供幫助。

當時柳原公使和支那政府的交涉過程中，支那方面沒拘泥於蕃地是支那的屬地問題，而是認為日本無論如何都不應該未經交涉直接出兵，譴責日本完全是藉口侵佔台灣。柳原公使對此一一做了辯駁，稱台灣是化外之地，化外即及無主之地。因為無主之民虐殺我之國民，所以才起征台之師，這有何不可思議呢。而且眾所周知，前一年副島大使來支那時，還特意和支那方面確認了台灣是不是化外之地這個問題。

安藤領事的報告稱，日本征伐台灣的消息傳來後，香港在留的外國人中，有些希望被日本政府僱傭，便紛紛前往領事館表達此願望，但領事館對此保持沉默。外務省回覆說對於這些請求需要禮貌地表示拒絕。

在此期間，西鄉都督等的遠征也告一段落了。所以其善後交涉便由九月十日剛到北京的全權辦理大使大久保利通和支那政府進行。關於此次交涉，安藤副領事報告說：「關於中日關係，香港及廣東地區都沒有異聞出現，歐洲和支那人民都在等待北京談判的結果。」

七、九月二十二日的大暴風雨

　　從明治七年九月二十二日下午八點開始，一場大暴風雨襲擊香港，一直持續到第二天早上五點。因為這場暴風雨，有四艘停泊在香港的汽船沉沒，其他帆船等破損的數量也逐漸上升，至於支那小船，破壞沉沒的更是不計其數。另外房屋倒塌也不少，就連領事館的房屋也有多處破損，這是 1862 年以來罕見的大暴風雨。[7] 關於這場暴風雨，在 1932 年版的《香港的歷史及統計摘要》中，有這樣的記載：「六個小時裡，損失了三十五隻外國船，兩百多條人命，約五百萬元的財產。」

　　安藤副領事在這場暴風雨之前的四天也就是九月十八日前往廣東視察，於三十一日歸港，遭遇了這場大暴風雨。有傳言稱因為這場大暴風雨，在港內沉沒的汽船「熱沃諾路號」上有一日本婦人被淹死了。所以領事館詢問了埋葬溺死者的人員，據說只是非常像日本人，但是不知道名字。其後經過諸多調查，有幸找到一名曾在這艘船上擔任廚師的生還者，他曾經見過這位婦人。經過詢問後得知，婦人不是日本人，而是在支那出生的茅泰熊，這才放下心來。

7　是次發生在 1874 年 9 月 22 日（同治十三年，八月十二日）的特大風災，史稱「同治甲戌風災」。強烈颱風橫掠珠江口，先後吹襲香港、澳門和廣州，單是香港，造成約 5,000 人死亡，千間房屋被毀，維多利亞港內十多艘遠洋船隻沉沒，為本港有紀錄以來第三多人死亡的風災，亦是澳門最多人喪生的風災。風災過後，石澳、鶴園、土瓜灣、馬頭圍等村落幾夷為平地，新建成的聖約瑟教堂被摧毀，筲箕灣及油麻地的天後廟被吹塌。清政府位於鯉魚門、汲水門的稅廠房屋亦倒毀，香港仔的黃埔船塢，以至海旁的碼頭貨倉均受嚴重破壞。東華醫院更將昂船洲被發現的屍體與其他罹難者一併葬於雞籠灣墳場，稱為「遭風義塚」。1959 年雞籠灣墳場停用，義塚被遷至和合石墳場。

八、「日進艦」的遇難

　　十一月十五日，帝國軍艦「日進艦」突然入港。詢問後得知該艦在從廈門前往台灣的途中，遭遇暴風雨隨風漂來，就已經進入了香港。所幸乘務員都安然無恙，艦體也沒有明顯的破損。只是艦內的物資缺乏，所以在補充物資後於十一月十七日出港開往台灣。其後連卡佛店（Lane Crawford）向領事館請求支付「日進艦」的賬銀四元五十錢，據說是「日進艦」在該店買完東西後曾提到錢由領事館支付。領事館並沒有就此事詢問「日進艦」就支付了這筆費用。可能是軍艦購買物品過多導致資金不夠，當時又由於時間緊迫，忘記告知領事館就匆匆離港了。有趣的是早在那個時候連卡佛店就已經存在了，對此筆者有些驚訝，但從後來的調查看，該店創建於 1850 年，當時已經開業第二十四年了。[8]「日進艦」後來似乎又從台灣去了廈門，廈門領事館也接到了代付錢款的請求。前文所述的廈門領事館於明治八年四月正式開館，而明治七年，福島九成領事和田邊、吳雨兩位書記官因台灣事件去往廈門出差。那麼，也就是說當時沒有正式開設領事館，只是被俗稱為領事館。

8　連卡佛的日語羅馬讀法在原文中レン・クロホード，與現時一般拼音的レーンクロフォード已有出入。根據該公司的歷史自述，1850 年 8 月，該店由兩位蘇格蘭人 Thomas Ash Lane 和 Ninian Crawford 在香港成立，初期還是以竹棚蓋搭的臨時商店，主要為停泊維多利亞港內的船員及家屬提供日用貨品。生意日漸興旺後，繼而在德輔道和皇后大道中設立固定舖位，並成功建立與廣州、上海、天津，以至日本東京、神戶和橫濱的貿易合作。舉凡餐飲、裁衣、旅行用品、洋酒、古董、工藝等業務，可謂包羅萬象。本文回溯該店謂成立於 1850 年，20 多年來活躍於洋船貨物貿易之間，從時間與名稱觀之，為該店無疑。1874 年「日進艦」泊港期間曾光顧店舖，以補充船上需要，惟用錢不夠，故有日本領事館代為支付之說，相信亦為事實。

第三章

明治八年篇

一、領事館的轉移

去年十二月在安藤副領事向外務省就領事館是否存在的問題徵求意見時，已經陳述過領事館的租入契約即將於十二月到期一事。對此外務省預見了香港未來的重要性，回覆決定領事館依然存在。所以安藤副領事於二月十二日從以前位於ヴェルブ（編者按：卑利街）的房子，遷往亞歷山大台（Alexanda Terrace）三號。[1] 此處所謂亞歷山大台三號的土地在哪裡，筆者大致調查了一下，卻已尋無蹤跡。

根據當時的報告，從以前的房屋在「不便之地」這點來看，明治六年開館當時租入的土地，應該是在比較偏僻的地方，而且還可以推測，這次的亞歷山大台，相比起以前要更接近熱鬧的商業區域。

1　這裡不但弄清香港早期日本領事館的確切位置，而且也辨明列拿士地台（Rednaxela Terrace）的原先叫法該為「亞歷山大台」，蓋文中明治八年（1875 年），日人即以アレキサンドラ・テレス稱之。列拿士地台的路名由來，素有兩種講法：一說是「Alexander」的倒拼，是紀念一名叫為亞歷山大（Alexander）的人，或由於當時負責翻譯街名是中國人，習慣由右向左書寫，因而把亞歷山大的英文倒轉翻譯，拼成「Rednaxela」；另一說是以十八世紀二十年代一位自稱為「Rednaxela」，名為 Robert Alexander Young 的古典黑人民族主義者命名。依此可知第一說法較符合現實，現在的街道譯名是英文原句倒置的結果，第二說純屬穿鑿附會，而日本領事館至此，已轉遷至今日香港中環半山區扶手電梯地帶了。

二、安藤副領事的兩廣總督訪問和暫時歸國

明治七年十二月安藤副領事的暫時歸國申請於第二年三月被批准。安藤副領事認為在回國之前有必要和兩廣總督會一次面，所以於三月二十七日前後，以會面為目的去往廣東。其實，副領事在去年七月一日一剛剛上任之際就感到有必要儘快同兩廣總督會面，但當時正值征伐台灣之際，柳原公使指示稱此時訪問不合時宜。其後兩廣總督瑞麟死去，緊接著同治皇帝在明治八年一月十二日駕崩，這一連串事件使得安藤副領事即使去過了廣東，也一直未能和兩廣總督會面。

特別是兩廣總督以同治帝駕崩大喪為由，避免公開接見外國官吏。到了三月後，安藤副領事聽聞總督似乎有會見外國人之意，心想是個大好機會，便前來訪問。當時的兩廣總督是取代瑞麟的英翰。英翰還未赴任，暫由張兆棟代理總督。安藤副領事見到的就是這個代理總督張兆棟。副領事在訪問總督之前的一切禮儀都賴於英國駐廣東領事羅拔遜（Sir Daniel Brook Robertson，編者按：應為英國駐廣州領事）的安排。副領事虛心接受並且全部遵行。安藤副領事於三月二十九日會同羅拔遜、副領事加多那（C. Gardner）一起換上大禮服去往張兆棟的府邸。一行人剛剛到達，張代理總督便熱情地來到玄關處歡迎，隨後進入接待室休息。安藤副領事通過加多那副領事的翻譯和張兆棟進行了第一次寒暄，談話中領事還提到自己去年被任命為香港副領事，兼管廣州、汕頭、瓊州等地，後來話題又轉向四方山，其後被款待了些酒果。會談大約進行了一個小時就告辭了。安藤副領事就張兆棟的態度等報告如下：

年齡大約五十有餘。談吐沉著冷靜，接待極其周到，但因仍在國喪中，升炮等儀式就一切從簡了，他還為此不斷道歉。

副領事訪問結束後立刻返回英國領事館，更換衣服後，又拜訪了總督及其他主要官員、各國領事及稅官長等。拜訪總督的廣東之行就此順利地結束了。

另外，小林書記官於明治八年春患病了，是一種被稱為傷冷毒的病，請英國醫生看完後，醫生建議以溫泉治療，所以向安藤副領事說明了此事。幸運的是館務當時又稍微得閒，小林書記官就向外務省提出去熱海溫泉療養兩個月的請求。外務省很快批准了。小林書記官於八月二日從香港出發，兩個月後再回香港。

三、僑居的日本人

關於建館時的僑留香港的日本人已經在明治六年篇介紹過了。另外，香港日報社發行的「香港介紹」中有以下文字：

嘗試就日本人何時來港這一問題進行調查，可以發現僑居香港的日本人中的第一先驅者是香港被割讓後僅僅四年，也就是弘化二年乙巳年，從當時握有東洋商權的葡萄牙所佔領的澳門渡來香港的四名日本人。他們是漂至菲律賓和南洋的日本漁民，從漂流上岸地點送達到澳門的。四人中的兩名是大阪川丸的，一名是肥前口的津，最後一名是尾張名古屋的人。其中一名成為裁縫，另一位成了洋貨舖的老闆，在此安樂地度過了一生。但是其後由於我國明治維新前後的混亂，有一小段時間內沒有任何關於日本人的紀錄。據老人說明治八年似乎有十三名日本人僑居，其中領事館人員六名，駿浦屋三名，理髮店的北見夫婦，另外還有兩名外國女僱員。所謂駿

浦屋是指從明治六年前後起，由靜岡縣人經營，販賣竹製品和陶器類的店，是在香港開雜貨舖的日本人始祖。

如果上文所述中老人的話無誤，那麼明治八年時僑居的日本人的人數僅僅十三名。領事館的六名經推測為安藤副領事夫妻、小林和寺田雨書記官夫婦。雜貨舖及其兩名夥計的事在明治六年篇已經敘述過了。店裡的三人中不知道有沒有女性。這個雜貨舖如明治六年篇中所說，是當時唯一的日商，到明治八年也依然是唯一的日商。關於剩下的北見夫婦和兩名外國僱員的資料很遺憾未能發現。

無論如何，包括領事館人員在內的在香港僑居的日本人僅有十三名，這一事實顯而易見。

四、我國海軍士官搭乘英國軍艦

明治初年我海軍的貧弱是無可爭辯的事實。我海軍認識到這個事實，覺察到了提高自身實力的必要，所以決定首先向先進的英國海軍學習。代表事例即我海軍優秀的年輕士官搭乘英國軍艦，專心致志地學習技術。在這裡列舉兩三例來作參考。

海軍省留學生伊月一郎乘坐英國的支那艦隊旗艦「奧狄莎號」。這個「奧狄莎號」（Audacious）是於明治八年三月三日代替「鐵公爵號」（Iron Duke）進入香港的。[2] 入港的同時，莊士敦艦長

2　十九世紀以來，西力東漸，西方各國如英、法、德、俄、美、西班牙、葡萄牙等皆組成遠東艦隊在清國沿海及西太平洋各地活動。其中以英國的「清國艦隊」規模最為龐大，由 20 艘左右的鐵甲、巡洋、快船、汽艇、炮

（Commodore Johnston）和伊月一郎一起拜訪了領事館，面見了安藤副領事。因此，作為回禮安藤副領事第二天和小林書記官一起去往「奧狄莎號」，並在艦上受到了極為熱情的款待，安藤副領事非常高興。向外務省報告時，也附言說為答謝對方的盛情款待，不日打算宴請以艦長為首的幾個人。那時副領事還向艦長詢問了伊月一郎的學習等情況，艦長就他的學習問題進行了詳細的說明。另外，「奧狄莎號」於同年十二月初入港時，由海軍省學生佐藤鎮雄代替前述的伊月上艦。後於翌年，即明治九年十二月再次入港時，又替換為同是海軍省學生的富岡定恭。[3]

～～～～～～～～～～

船等不同戰船結合的戰鬥組群，足以應付其亞洲殖民地上任何突發的變亂。按大英帝國在世界軍事力量的分佈，英國皇家海軍（The British Royal Navy）的清國艦隊（The China Station），是繼大西洋艦隊（The Alantic Station）、地中海艦隊（The Mediterranean Station）、南非艦隊（The South African Station）、東非艦隊（The East African Station）、海角艦隊（The Cape of Good Hope Station）、東印度艦隊（The East Indian Station）、西印度艦隊（The West Indian Station）、北美艦隊（The North American Station）、太平洋艦隊（The Pacific Station）之後，在 1864 年從東印度艦隊中獨立出來的分支。艦隊用以防衛清國沿岸、香港、台灣、日本等水域，亦有監察北方俄羅斯艦隊動靜的效果。故其活動範圍甚廣，南至澳大利亞，北至白令海峽，以至清國海岸及其內河，均納入其監察之列。文中提及的「奧狄莎號」，60 年代一直是該艦隊的旗艦（Flag Ship），排水量為 3,774 噸，為一艘鐵甲戰艦（Ironclad Battleship）。1875 年三月初，「奧狄莎號」轉駐於香港，而被代替的「鐵公爵號」，又成為其後清國艦隊的旗艦，是一艘排水量達 6,010 噸的鐵甲艦，可視為英國管轄的港口內，軍艦定期輪替服役的一種常制。

3　值得注意的是，明治海軍建置的時間與步驟，與中國北洋海軍相若。1855 年船政大臣沈葆楨創辦福州船政學堂，培養了第一批年青的海軍軍官先後成為福建水師、北洋水師指揮官。1877 年 3 月 31 日這些優秀的海軍軍官一部分到英國海軍學院留學。1888 年北洋海軍正式成立，擁有大型鐵甲艦兩艘、巡洋艦八艘、炮艦六艘、魚雷艇 16 艘、練習艦五艘，合計 56 艘，官兵 4,000 多人。而明治維新後的日本抓緊購買和製造軍艦加速發展海軍派遣的軍官也在英國留學，成為他們後來的對手。例如近代日本著名海

五、大島圭介的暹羅派遣

之後，日清戰爭時任朝鮮副公使的大島圭介在明治八年間還只是個工部省四等士官。這個大島圭介於明治八年一月二十五日和大藏省汽燈士官川路寬堂以及其他人一起去往暹羅的途中經過香港。

一行人於一月三十日從香港出發前往暹羅。到暹羅不久後的明治八年三月初，給安藤副領事遞交報告稱當地的調查已經告一段落，本打算於三月二十日前後從當地出發前往香港，但前些日子暹羅宮廷內出現了紛爭，暹羅第二王在英國領事館避難。英國馬來總督乘軍艦來到暹羅，說服第一王，第二王也回到了宮廷，目前事態已平息下來。

軍將領東鄉平八郎（1848－1934）便於 1871 年派遣至英國留學，成為日本最早的 12 名留學生之一，他在 1878 年返國後升為海軍中尉，是年 12 月升為海軍大尉。1883 至 1885 年間，日本軍方先後向英國增購巡洋艦「和泉」（2,967 噸）、「浪速」、「高千穗」（3,709 噸）等多艘戰艦。1885 年，海相西鄉從道展開第一期海軍擴充計劃，意欲建造 54 艘艦艇，總噸位達 66,300 噸的海軍規模。1890 年，海相樺山資杞提出於七年內建成 12 萬噸艦艇，並從英國購入巡洋艦「吉野」。這些軍艦設置，皆構成日本海軍的中核力量。在甲午戰爭以前，日本海軍已擁有 31 艘軍艦和 24 艘魚雷艇，總排水量達 61,373 噸，另備建造中的六艘軍艦和兩艘魚雷艇，排水量亦達 33,330 噸。

第四章

明治九年篇

一、三名琉球人的菲律賓漂流記

　　明治九年八月六日，西班牙駐香港領事前來拜訪安藤副領事，其緣由是有三個日本人漂流到西班牙殖民下的菲律賓，並受到菲律賓政府的保護，因此前來交涉送回這三名日本人的事項。副領事聽到此事，對西班牙領事表示感謝的同時，也見到了前述的三名日本人。但因為對方是琉球人而語言完全不通。正在苦惱之時，恰好得到了鹿兒島縣一個平民宮田五郎左衛門恘甚助的幫助。這個水手是於八月八日從加爾各答來到香港的。一聽說他還懂琉球語，便馬上把他叫來充當翻譯。這個男人就像小說的主人公那樣經歷過大風大浪，他乘坐英國船隻「卡斯加號」於前一年，即明治八年十一月三十日從神戶出發前往濠州（編者按：濠州意指澳洲），又從濠州輾轉了很多地方，其後在去孟買的途中，即將於孟買靠岸時，「卡斯加號」在海上起火，恘甚助乘坐小船好不容易到達了孟買。此外根據恘甚助的翻譯，三個琉球人的漂流記大體如下所述。

　　三個琉球人中的一個是那霸市士族神山氏大和，一個是川平村的平民牛屋，最後一個是同樣來自川平村的真茶，這三人是為了做砂糖買賣，於明治八年十二月二十九日（舊曆）從飯島出發，乘小船和船夫島木葉的四人向那霸行進，途中遭遇暴風雨，被暴風雨一直吹打了兩天。雖然暴風雨慢慢停了下來，但是已經迷失方向無法按計劃航行了。只能揚起破爛的帆，把一切交給風潮。

　　在海上漂流了數日，期間糧食和水都耗盡了，七天七夜沒有進食，最後直到以喝尿來止渴的瀕死狀態。船夫島木業已餓死。正月十四日傍晚五點，三個人遠遠看到陸地，欣喜若狂地想要盡快上岸，但是有一個人已經因為水腫動不了了。所以另外兩個人就決定

無論如何先登陸去找水。

兩個人在找水時，碰到了一個身高丈餘，身上帶著一把刀、牽著牛的男人。這兩人認為此島是台灣，想起曾經聽說蕃人殺害漂流民的事情，不禁不寒而慄。為了保住性命，兩人跪拜在那個男人面前，用手腳比劃著請求救命。那個男人似乎是了解了手勢的涵義，也明白了他們是漂流民，意外善良地領著這兩個人回到小船邊，把留在船上的另外一個人搬上了岸。「第二天他們乘小船去往同島中的另外一個村落（和萬丹港並列）的村長家居住了八天，後來又被送到其他島（漂流人稱其為阿拉巴依，他們表達得並不明確）的官員家裡住了七天，然後經過海上八天的行程，被轉送到馬尼拉府。最初住在酒店一樣的房子裡（飲食睡覺都能被別的客人看到），後來又轉移到一個大房子裡（按照西班牙領事所說似乎是安置在馬尼拉救濟院）。在停留過程中，飲食等都被照顧得很好。衣服是由鄰居和知情人送來了上三層下兩層的過冬舊衣物。到此島時是三月二十八日，從那時停留至今，他們希望搭乘貨船『愛斯梅拉達號』回去。」以上事件已經基本弄清。前述的琉球人在菲律賓語言不通，所以西班牙政府將其當作日本人送交於我領事。這三名琉球人其後雖然在領事館住了數日，但是因為語言不通，因此還是由忰甚助一直充當翻譯。

其後，因為有便船，三人和忰甚助一起回國。從香港出發，八月十五日到達上海。第二天十六日換乘三菱汽船「玄海丸」開往長崎，終於回到了故鄉。

另外，當時坐三菱汽船從上海開往長崎最下等的船費是十元。明治八年四月二日，經上海總領事品川和三菱會社商議為難民減免百分之三十，於是就變成七元了。

二、領事館人員的變動

（1）小林書記官的歸國

　　小林端一書記官於明治七年七月一日和安藤副領事一起到香港赴任。他在前一年預計暫時回國兩個月，前往熱海溫泉療養病體，此事雖然已在明治八年篇敘述過了，但是直到明治九年四月二十五日，當時的外務大輔鮫島尚信才發佈了同意小林書記官回國的命令。接到命令的小林書記官在整理完其負責的事務以後，於六月二十日從香港出發踏上回國的征途。同月末抵京，七月一日即被任命為外務權大輔，管理外務省工作。小林書記官離任後，就只剩下安藤副領事和去年六月十日來任的寺田一郎書記官了。小林書記官離開香港不久，寺田書記官也於七月一日回了國，但是八月二十二日就很快回到香港了。接下來要介紹的是僱傭書記官泰萊。

（2）領事館錄用泰萊

　　同年五月，領事館僱傭英國人泰萊做書記官。自去年九月庫其力茲（Kuchniz）被解僱以來物色了很多人，卻都沒有找到適合的，直到此時僱傭泰萊。這件事在明治七年篇中已經簡單敘述過了。安藤副領事在他的僱傭報告中寫到：

　　此人已在香港居住十二年有餘，曾任香港一所學校的校長，所以文筆自不必說，此外他還熟知香港大大小小的事情，因此可以擔當重任，其僱傭方式也同之前的麥克多內爾（Macdonnell）一樣，離職也只需雙方協議好，條件非常寬鬆，而薪金則是每月七十元。

（3）錄用平部二郎

進入明治九年十月，安藤副領事提出了一個申請，本館事務由寺田書記官一個人負責有些應接不暇，而且沒有懂廣東話的人員也諸事不便，因此想尋找一個合適的人。這時正巧有一位旅居當地的日本人名叫平部二郎，他兼通英語和廣東話，工作時非常方便，因此想錄用他，希望獲得外務省的批准。明治九年十月十六日鮫島外務大輔與代理外務大臣田邊太一同意錄用此人，他們回應稱：

書記官需要負責領館內的事務，而閣下負責的廣東管轄區內也沒有精通中文的人，您報告中提到旅居當地的平部二郎通曉英文和中文，是未來的有用之才，同意將他錄用為二等書記官實習生。

於是，平部二郎作為二等書記官實習生開始在安藤副領事和寺田書記官的手下工作。

三、堅尼地總督調職

明治九年十月末，香港總督堅尼地接受本國政府命令，去往濠州（編者按：即澳洲）昆士蘭（Queensland）擔任總督，於第二年春天赴任。堅尼地總督之所以接受這個命令，是因為當時有很多支那苦力在昆士蘭的金礦工地服役。關於這些苦力勞動者的糾紛問題從未中斷，而要解決這些糾紛問題必須更換總督。[1]堅尼地在香

1　十九世紀中期，美國西岸和澳洲悉尼相繼發現金礦，香港成為清國輸出此行業勞動力的重要管道，直接造就了金山莊事業的興起。在 1848 年，美

港擔任多年總督職務，對支那人的統治最有經驗且政績良好，從這些角度來看他是最佳人選。尤其是堅尼地總督來到香港之前曾經在濠州任職過，從那時起他的非凡才能就已經被認可。於是，堅尼地總督於第二年即明治十年春，結束了自明治五年春以來在香港的任期，前往濠州赴任了。

說些題外話，堅尼地總督到明治十六年（1883 年）五月為止一直擔任昆士蘭總督，當時因身體欠佳而辭職回國。同年六月二日在途中剛剛經過亞丁 100 英里左右的海域中不幸遇難，成了不歸之客。得知這個消息的香港市民為了追慕曾經的總督，提議儘快為他建造銅像。第二年即 1884 年 7 月設立銅像建造委員會。銅像歷經三年落成，明治二十年（1887 年）十一月十日，時任總督德輔（Sir George William Des Voeux）爵士（現在的德輔道就是借用了這位總督的名字）親自揭幕。這就是如今矗立於植物園上方的堅尼地總督銅像。這個銅像是香港最早的雕像，原型由拉吉先生設計，具體製作則是倫敦青年商會。

以上是補充說明堅尼地總督作為殖民地最善良而最值得尊敬的總督之一，同時作為「好先生堅尼地」是如何受到香港市民的追

国加利福尼亞州首先發現金礦，翌年遂有大批華工經香港前往舊金山（San Francisco）開採金礦。1852 年，在為數約三萬華工的帶動下，來往香港至舊金山之船隻多達 44 艘。1851 年，澳洲悉尼也發現金礦，此地便稱為新金山，大量華工從香港湧入澳洲，這些地區的華人社會對清國貨品的需求殷切，專為海外華僑而設的商行應運而生。當中專營北美業務的叫「金山莊」，也有販賣貨物給南洋華僑的「南洋莊」，類似的香港店舖在 1870 年代共 30 餘家經營，十九世紀末已增至百餘家，標誌著香港華商的逐步抬頭。不過，由於華人勞工大都在苛刻的條件下僱傭，中間混雜了大批被賣的黑市勞工和「豬仔」，在當地產生不少的勞資衝突，每須由官員和領事排解，相信也是前港督堅尼地赴澳的重任之一。

慕，以及我們平時在郊遊時經常瞻仰銅像的原因。[2]

四、日本貿易銀幣開始流通

當時我國在各個通商港口進行貿易結算時通用的是貿易一元貨幣，根據明治八年二月二十八日前後的公告第 35 號得知，我國發行了新的貿易銀幣，和貿易一元貨幣一同流通於各個通商港口。這種貿易銀幣和過去的貿易一元幣外觀大致相同，只是略重。也就是說，若貿易一元幣兌換 7.176 錢，新的貿易銀幣則兌換 7.245 錢。另外，前者表面刻著「一元銀」，後者刻著「貿易銀」字樣。二者都與現在的支那大洋或是香港港元大體相同。此次重新發行貿易銀幣是為了增加錢幣重量，並使其廣泛流通於支那，甚至是印度或海峽殖民地。其中緣由可以從明治七年四月二十三日建議發行該

2　香港植物公園之擴容及普及化，應歸功於港督堅尼地。1841 至 1842 年間，香港植物公園的地段曾作為香港總督的官邸，1848 年，港府又鑒於財政不足，興建植物公園的計劃一度押後。延至 1860 年建築工程才展開，並於 1864 年 8 月 6 日把第一期設施開放給民眾使用。由於公園以北的上亞厘畢道即為港督府的所在地，香港市民俗稱統領香港三軍的香港總督為「兵頭」，故公園又常稱為「兵頭花園」。1871 年公園始全面開放，正式定名為香港植物公園。當時的香港植物公園內以植物為主，1876 年以後，公園開始飼養雀鳥及哺乳類動物，供觀光客觀賞。公園豎立的港督堅尼地銅像始於1883 年，以紀念他在港的各種貢獻。公園於 1931 年至 1933 年暫停開放，以便在其底部興建配水庫。文中可見，日本人對堅尼地的施政評價甚佳，香港日治時期公園一度被日軍易名為大正公園，同時興建香港神社，園內的堅尼地銅像更被運往日本，其後不幸熔掉。戰後的 1958 年，原址改放英王喬治六世的銅像。公園續有擴建，並闢作哺乳類及爬行類動物的居所，所以在1975 年易名為香港動植物公園。

銀幣的財政大臣的請示書上了解到。

　　我國政府的貿易一元幣也好，或是新發行的貿易銀幣也好，關於使其廣泛流通的方針，從負責征討台灣的大隈蕃地事務局長官發給安藤副領事的書信中可窺見一斑。即，明治七年六月由蕃地事務局發出的「給安藤副領事的簡要廉書」中十幾條廉書裡有這樣一條建議：

　　一、擴大貿易一元幣的流通

　　而香港領事館也接收了關於協助該貨幣流通的方針。

　　另外，明治七年財政局官員巖崎小二郎為了考察貿易狀況親自趕赴澳門香港一事，以及松田源五郎為了調查香港貨幣暫居香港一事，都是以擴大貿易銀幣的流通為目的。

　　於是，明治八年重新鑄造的貿易銀幣終於在明治九年前後於支那通商口岸流通。據明治九年四月二十八日前後上海品川總領事寄發給安藤副領事的書信可以得知，從財政局收到的貿易銀幣中有五枚郵寄給安藤副領事。即，寄送新鑄造的貿易銀幣的樣本。總之，在當時充其量是將樣本發佈給領事館的程度，尚未流通到香港。由此可窺見財政局旨在香港流通此貨幣並將其具體化的意圖。

　　日本貿易銀幣的流通開始以後，同年六月十五日前後，廈門福島領事發送以下函件彙報了關於廈門出現明治七年所鑄的貿易一元幣的偽造事實：

　　我國在明治七年鑄造的一元銀幣偽造物隨處可見，以上是香港輸入的銀幣中混雜的貨幣，本港（即廈門港）已向銀舖等申訴，現將一元銀幣的樣本寄予閣下，請查收之後調查一下貴地是否有偽造者的存在。

綜合來看，舊鑄的貿易一元幣在當時已經相當廣泛地流通於廈門，甚至出現了偽造假幣。而新鑄的貿易銀幣還尚未出現廣泛的流通，今後才開始和舊鑄銀幣一樣逐漸流通起來。

對於以上的函件，安藤副領事作了以下回應：

根據您所彙報的情況，我們調查了以東洋銀行為首的各大銀舖，結果未查到您所說的偽造貨幣。另外，由於香港對於銀幣的取締相當嚴厲，像偽造這樣的行為是難以進行的。根據銀舖的說法，假設有偽造貨幣的話或許是在廣東或福州。貴地既然提出偽造貨幣或許是從香港輸入，有可能是從廣東來的也未可知。接下來我們將對廣東做進一步調查。

之後，安藤副領事對廣東進一步調查之後回答如下：

前些日子關於國家銀幣偽造事宜我們去廣東一帶調查之後，尚未得知確切的蹤跡。在當地，過去貨幣流通的時候，上海香港銀行和東洋銀行等的紙幣中曾出現偽造 25 元和 10 元的情況，由於出處不明，大家普遍認為其中大部分是支那偽造或者是從廣東地方輸出。實際上以上偽造貨幣幾乎都是歐洲人在其本國製造，然後將其流通於廣東，經支那人之手流通於各地，然後嫁禍於支那人的狡詐行為。日本偽造貨幣已經出現在支那地區，大家自然會懷疑是支那人偽造的，或是像前述偽造貨幣的途徑一樣。為避免再次發生這樣的事情，我們要特別小心。

明治九年貿易銀幣終於在南方開始流通，在香港時常出現。不過，關於貿易銀幣流通的方針到明治十年時忽然變得很積極。而且，明治十二年在香港流通的貨幣大半是貿易銀幣，這是一個著實令人高興的情況。因此在此贅述一下。順便補充說明一點，為了鑄造香港貨幣，1866 年在香港成立了製幣局，當年 4 月 8 日開

始作業。製幣局花費 40 萬港幣建成，第一年的經費就花了七萬港幣，可是鑄造的結果並不是很理想。於是，同年 10 月為了研究改善策略成立了委員會，可是結果依然不樂觀。製幣局最終於次年即 1868 年關閉。結果建築物以 6.5 萬港幣賣出，鑄造機械到 6 月為止以六萬港幣轉賣給日本。

五、旅居海外及外國船上日僑的窘狀

說到明治九年，雖說距我國開放港口以來還不到十年，但是伴隨邦交範圍的拓展，來往於海外的日本人逐漸增多。尤其是有不少人遠赴南洋，在外國船上做船員，或者是當外國人的僕婢，甚至做娼妓。此種情況大多是因為當時墨銀很值錢，而被這香餌誘惑，不知海外旅行會受到殘酷的對待，可能遭受僱主的欺詐等，也導致在異國他鄉流離失所陷入窘境的人不在少數。幸好當時有領事館設立的機構，可以為他們提供援助。但是，在沒有這類機構的地方，有人過著非人的，如乞丐般悲慘的生活。

也就是說，當時支那苦力勞動者是被當做所謂的傭奴送至古巴、貝爾等地，外國人把東洋人半奴隸化，僱入的時候用花言巧語誘惑他們，不按照合理的僱傭契約進行而是單方面制定契約，搾取僱傭時間；另一方面，作為被僱傭者的日本人也像前面提到的那樣被香餌所誘惑，稀裡糊塗地跑出來。

這些船員在船上受到和支那苦力一樣的待遇，只要發一下牢騷，就會被禁錮在船艙底下。船員們難以忍受這種虐待，幸而在停靠地向領事館述說了情況，並向船長提出交涉，但因無法提供第一

海外旅行許可證，也沒有和僱主的契約證明，僅有受虐待的口頭訴訟，因此領事館方面拿不出交涉的證據，各地的領事館也很苦惱。

這樣的事例在香港也不少，安藤副領事詳細報告了這方面的事情。他說道：

「上述事實對於外國人來說真是令人汗顏之至。這事情畢竟是他們不了解海外船隻的情況，一時被墨銀誘惑，中了暴力船長的圈套，被契約所束縛而無能力恢復自己的權利，著實令人同情。」

由於難民數量不小，因此於明治八年在外公館費用中設立了海外難民救助費這一項，這是為了救濟類似近來香港不時發生在日僑身上的事。

六、當時香港的景況

明治九年九月二十三日前後，安藤副領事報告了當時的香港商業狀況。香港自明治七年以來一直持續不景氣，不少外國商號受到極大打擊關門解散。這些關閉的洋館其後都成為支那人進駐的外國汽船公司。外國銀行等大公司自不必說，無論何種商業類型都有外國商人漸漸被支那人壓倒的趨勢。而且，不少外國人搬到西貢和東京的新港居住。外國人和支那人之間本來就存在生活上的差異，商品賣價有分歧是無法避免的。遭逢這種不景氣，外國商人所遭受的打擊肯定比支那人大好幾倍。[3] 而且國商駿浦號一直以來都在當地

3　研究早期香港華人商業的興起，往往與洋商地位的升沉做一比對，一般認為華商自 1870 年代初漸次興起，從支持 1873 年東華醫院創建的總理名

營業，同時還經辦日本商品。可是價格無論如何也不能像支那商人那麼便宜。最終被支那商人壓制，現在只能以日本本國店的名義維持下去。從外國商人就這樣被支那商人始終壓制的狀況中，可以窺見當地政府機關對支那人的繁榮感到不快。這並不僅僅是香港的原因，在桑港（舊金山）、濠州等地對支那人的參與感到威脅而提出支那移民限制甚至排斥論是當時的風潮，這也可能是原因之一。而東華醫院跨越其本身的醫療事業，干涉支那人和政府之間發生的問題（該醫院現在尚存），因此最近被政府明令禁止干預醫療以外的雜事，這也是一個原因。總之，因為當時的不景氣，外國商人都非常苦惱，連唯一的國商駿浦號也同樣經營慘淡。如前文所述，駿浦號到明治十年時不得不停止營業。

單上，不乏南北行、金山莊等商人，由此可見一斑；另一方面，英資財團的一時衰落，部分原因在於洋商受清政府海關封鎖的影響，對清國商業貿易大減，頻頻宣佈破產，華商乘時大舉收購洋商破產後的商行和堆棧，並沿荷李活道和威靈頓街向中環商業核心區進發。據學者統計，1876 年香港繳交差餉 2,110 以上的 20 名大戶中，洋商佔 12 人，繳稅 62,525 元；華商 8 人，繳稅 28,267 元，華商稍居下風。至 1881 年，在繳納交餉 3,996 元以上的 20 名大戶中，洋商只得 3 人，繳稅 21,032；華商 17 人，繳稅 99,110 元，無論繳稅總額和納稅大戶，華商均已超越洋商。參閱馮邦彥：《香港華資財團 1841—1997》（香港：三聯書店，2011 年版），第 1 章，頁 12。此處所見，明治九年（1876 年）本地華洋商業消長的現象業已形成，對外商而言，未嘗不是嚴重的打擊。

第五章

明治十年篇

一、六名琉球人被英國船隻救助

在明治九年篇已經提到前一年曾有三名琉球人漂至菲律賓事件，類似的事情在明治十年也發生了。

琉球頭間切奧間村的山城筑登之（56 歲），安里丹也（39 歲），比嘉築登雲上（30 歲），加那桃原（30 歲），武太山城（24 歲），蒲戶島袋（24 歲）等與另外三人一同，一行九人於明治十年五月二日（陰曆）從琉球頭間切奧間村出發運送柴火。從本地港口出發，於陰曆二十二日歸來的途中，遭遇了大暴風雨，帆船的桅杆被折斷，無法控制方向，在海上漂流了五天。期間有三名船員不幸身亡。陰曆二十六日，帆船在橫島附近遇見一艘英國船隻「蓋爾力克號」正在航行。倖存的六名船員手揮帆片向該船求救，該英國船隻確認是遇難者後迅速將其救起，並於七月十日進入香港港口。同一天，港口負責人記下了「蓋爾力克號」救人的具體情況和上述六位遇難者的名字，後將情況向領事館彙報。

「蓋爾力克號」以為這六名遇難者是日本內地人，於是將他們送至日本領事館，安藤副領事與之會面後，發現語言完全不通，才知道是琉球人。前一年的狀況發生時幸好有船員忰甚助在場幫忙翻譯，然而這次卻不行。而且這次的六位跟之前的三位比起來更是下層階級，連「倭」、「日本」這樣的文字都不懂。安藤副領事想告知他們此處是日本領事館，卻也無法溝通，最終解釋說「我們都是鹿兒島的」，他們似乎才開始明白自己是受到日本人的保護了。由於他們希望早日回國，領事館為其準備了和服和其他必需品之後，在一個同船到上海的日本人的照顧下，他們乘七月十五日出發的英國船從上海去往琉球。救助上述六位船員的事情在七月二十六日由

英國公使巴夏禮爵士（Sir Harry Smith Parkes）告訴了外務大臣，明治十一年一月七日，外務大臣再次對公使表示感謝，同時稱讚了「蓋爾力克號」船長的行為。日本政府向該船長贈送了陶製七寶花瓶和描金畫以表感謝。

二、安藤升職為領事並拜訪兩廣總督

安藤副領事於明治十年十月二十五日升職為領事。他在香港任職已經三年零三個月了。

自兩廣總督劉坤一就職以來安藤副領事還未曾与其見過面，為此偕同翻譯平部見習書記一起前往廣東。九月二十六日起陸續見過總督劉坤一及巡撫張兆棟等，並與其他各國領事會面之後，於十月一日回到香港。

明治八年三月總督英翰還沒到任，所以安藤領事和代理總督張兆棟會面，關於此事前文已有描述。這位總督在明治八年九月被革職，由劉坤一接任。安藤領事在廣東之行時寫下了如下見聞錄：

省城的情況總體來說很安定，目前居留在當地的外國官吏和清朝官吏之間沒有什麼紛擾，河上和沿海的海盜絕無蹤跡，未聞劫盜事件。除派出去監守香港澳門兩地的不法商販的追捕汽艇之外，其他汽艇都在管理區內停放著。其他外國商船在省城與黃埔之間好歹還停泊了七艘，而香港和省城之間除了支那帆船的輪班以外，只有每日往返、人貨同運的船隻，行駛於這裡的船隻並沒有一條是運送貨物出口的。而茶、絲綢等其他國內特產的買賣以及普通的生意狀況在之前就已有描述。

也就是說，廣東大體處於安定平穩的狀態，海盜還沒猖獗到妨礙廣東香港之間交通的程度。兩地間每天有來往船隻。

三、澳門略史

在這裡插入澳門略史看似有些離題，但關於明治十一年廣東支那官吏和澳門葡萄牙官吏之間的糾葛，筆者在查閱澳門的歷史時突然想起，所以決定在此簡述一下。

明治二十年（1887 年）支那承認了葡萄牙人在澳門及其附屬地的永久居住管理權，澳門成為葡萄牙的領地一事自此以後也經由條約確定了。但實際上在那之前澳門就已經被葡萄牙佔領了。

換言之，葡萄牙並不是從支那割讓或者租借這塊地，而是不顧澳門本屬支那領土這個事實，從很久以前開始就行使著對澳門的主權。

葡萄牙人佔領澳門的起源可以追溯到 1557 年。明朝嘉靖三十六年間，廣東附近的海上掠奪非常猖狂，以協助討伐海盜為由，明朝巡海副使汪柏允許了葡萄牙人在當地居住。另有一說法是，為了對葡萄牙人討伐海盜一事表示感謝因而允許其居住在那裡。無論哪種原因，以未來援助討伐海盜為由，結果都沒什麼區別。

（1）澳門以前的葡萄牙人殖民地

葡萄牙人並不是來到支那以後就佔據澳門的，他們在此之前已經建立了幾個殖民地。因此談到澳門的起源有必要再次追溯葡萄

牙人到達支那以及建立這些殖民地的經緯。葡萄牙人初次到達支那的時間有各種說法，1511 年阿方索・德・阿爾布克爾克（Afonso de Albuquerque）到達馬來，之後拉斐爾・佩雷斯特雷洛（Rafael Perestrello）於 1516 年來到廣東。1517 年葡萄牙使節卑利士（編者按：即道咩卑利士 Tome Pires）到達廣東陸地，在他希望去往北京時，支那官員以佛朗機（當時指葡萄牙人和西班牙人）不在朝貢之列為由拒絕其入京。可是，卑利士仍執意堅持從廣東陸路北上，於 1521 年 1 月抵達北京。支那官員以卑利士違法入京為由逮捕了他，並將其押送到廣東監獄。卑利士於 1524 年在廣東監獄裡身亡。卑利士到廣東的第二年即 1518 年，安德拉德（Fernao Pires de Andrade）進軍到廣東附近時也被支那官民追捕。可是，從那以後葡萄牙人漸漸開始聚集到廣東附近，由於無法進入廣東，於是他們先佔據了九龍半島的屯門澳（這個屯門澳就是現在的青山灣 Castle Peak Bay，關於這個說法可以參照昭和十六年六月號支那研究東亞同文學院內田教授的論文以及同年十一月筆者的投稿），把此地稱為屯門港（Tamao）。[1] 這個屯門港的葡萄牙人的野蠻佔領僅

1　這個說法，即假設葡萄牙佔領的屯門位置，與葡中之戰發生地，均在今日香港屯門近青山灣一帶。過去，關於葡人所佔之屯門眾說紛紜，有謂該處為一個島，1517 年 6 月 17 日，費爾南・佩雷茲・德・安德拉德（Fernao Pires de Andrade）等載葡萄牙使者佩雷斯（Thomas Pires）駕八艘船前往中國，於 8 月 15 日抵達「屯門島」。「屯門島」（The Island Tunmen），葡萄牙歷史文獻記為 Tamao，是葡萄牙人佔據小島後，向當地人詢問當地地名後，給自己佔據的小島起的名字，在清國典籍中並無此名。屯門島又叫貿易島（The Island of Trade）。又據學者考證，「屯門島」可能指的是內伶仃島，距今深圳南頭約 9 公里。又或是大鏟島，在今深圳赤灣西北 3 海里處，均非常靠近明代的南頭。「屯門島」亦有可能是指香港大嶼山，因為葡萄牙人曾於該島的大澳建立據點。文中引昭和十六年六月號清國研究東亞同文學院內田

僅維持了幾年，到 1521 年就全部被驅逐出去了。

葡萄牙國王不知卑利士的使命已經失敗，於第二年即 1522 年派遣船隻抵達支那，並欲與之締結友好條約。這隻艦隊在廣東新會縣西草灣遭到支那艦隊的攻擊後大敗而歸。於是，從屯門港被驅逐出來的葡萄牙人出於無奈，只好勾結南方諸島的支那人和海盜船，賄賂明朝官吏頻繁進行地下交易，並成功地建立了現在的寧波和泉州殖民地，這兩處殖民地在歷史中均有記載。史書中有當時寧波居住著 1,200 個葡萄牙人的記載，不過其詳細情況並不為人所知。費爾南・門德斯・平託（Fernao Mendes Pinto）一行人初次來到我種子島（編者按：該島位於日本鹿兒島縣南部、大隈半島以南海面上）時傳入了鐵炮，原價 1,500 兩的物品在三天內以三萬兩的價格賣光了。此事發生於天文十二年，即 1543 年。葡萄牙人佔據寧波和泉州的時候，平託也從種子島回到了寧波。平託回到寧波之後，聽說在日本的貿易發展勢頭很好，於是迅速準備了九艘貿易船滿載貨物駛向日本。不過其在途中遭遇暴風雨等種種不幸，船隊損失殆盡，700 多名船員和 30 萬美元的商品淪為海底的藻屑。只有平託及其他幾名船員死裡逃生回到了寧波。不過，葡萄牙人並沒有因此洩氣，還是年年從寧波或泉州率商船隊前往日本。葡萄牙人在這些和日本人之間的貿易中獲得了巨大的利潤，在寧波和泉州殖民地急速繁榮起來。

然而這兩個殖民地也未持續很久。本來就沒有獲得正式的居住許可，因此隨時可能被驅逐出去。1549 年，閩浙海防軍務提督朱紈對葡萄牙人在兩地的野蠻行為忍無可忍，最後將其驅逐出去了。

教授的論文為據，似做過一番考析，可信性相應提高。

因將耶穌教傳入日本而出名的耶穌會東印度傳教士聖方濟·沙勿略（San Francisco Javier）初次到達鹿兒島的時間是在天文十八年即 1549 年，剛好是葡萄牙人被驅逐出寧波和泉州的那一年。沙勿略在日本停留了兩年，1551 年和兩位日本人同行，從豐後日出出發，在前往果阿（印度）的途中停靠於後文提到的上川島北岸，接著於 1552 年從果阿出發意欲進入廣東。卻在上川島暫時停留期間罹患熱病客死他鄉。回顧前文，曾經描述到 1521 年葡萄牙人曾一時被驅離屯門港，而後不知何時起到達支那的葡萄牙人漸漸又開始出入於廣東附近的海上。從屯門港被驅逐二十年後的 1542 年左右，他們出入於香山縣浪白港和上川島（關於這兩地的所在地參照昭和十一年六月號支那研究）之間，並進行貿易活動。這兩地原本是禁止通商的，葡萄牙人應該給支那官吏賄賂了不少財務。不過，在上川島的貿易活動於 1554 年前後就被禁止了。原因是那裡有兩年前客死島上的沙勿略之墓，葡萄牙人來往附近時一定會去參拜，支那官吏擔憂這個島可能也會被葡萄牙人佔領，因此果斷地禁止了貿易，浪白港成為了唯一的外國貿易港口。可是，這個浪白港交通不便且水質很差，其後不久澳門開放後，葡萄牙人便漸漸轉移過去，因此浪白港也就荒廢了。

（2）澳門的盛衰

　　如前所述，作為援助討伐海盜的條件，澳門於 1557 年開始允許葡萄牙人在此居住，最初包含地租在內的一切費用都未繳納，而後來似乎在何時費用都繳納過了。其中緣由不甚明瞭，似乎是葡萄牙人為討好支那官吏而想起受賄，這種行為常態化之後最終就轉化為「地租」了。到 1849 年為止，葡萄牙人每年繳納地租 500 兩，

他們被允許居住之後，無視澳門本屬支那領土這一事實，像在自己國家的領土一樣建造房屋，修葺城池，聚集各地商人頻繁地進行貿易活動。對於這類行為，支那政府感到不快，並考慮找時機將其驅逐出去，可實際卻連海盜都無可奈何，因此只好放任不管了。此外，葡萄牙人一方考慮到和支那人製造事端只會給自己帶來不利，因此對支那儘量採取平穩解決事件的策略。這個時期在澳門的葡萄牙人越來越多，而中方也只好採取放任政策。為了阻止葡萄牙人隨便出入，中方想到了一個策略，1573 年在蓮花莖設立關卡，禁止葡萄牙人出入。這也無意間成為把葡萄牙人推向澳門內部的關口。不知何時起，關閘變成界限，葡萄牙竟然認為關內全部地方都是澳門屬地。這一點，在開頭提到的 1887 年葡中兩國談判中成為問題點。葡萄牙人主張蓮花莖是澳門所屬，而支那政府主張是其所建，並在《明史》裡有記載。令人意外的是，葡方玩弄外交策略稱此地是葡萄牙人非法入境後建設的，結果反而佔據了有利地位。

這個關卡建造後五年即 1578 年，葡萄牙人才開始被允許同廣東開展貿易活動。可是貿易活動並未持續多久，在約 50 年後的 1631 年，就被禁止了。1637 年，葡萄牙人談判委員會從澳門赴廣東請求開放通商，但是該請求最終沒有被通過。而 1640 年廣東支那官吏遞交的題本中提到了關於正式禁止廣東貿易一事。與廣東通商的 1578 年至 1631 年，可謂澳門繁盛的黃金時代。澳門葡萄牙人不僅獨佔廣東和歐洲之間的貿易，而且獨佔了支那、日本、馬尼拉之間的貿易，獲得了巨額的利潤。學者描述了當時其繁榮的景象，甚至猜測這樣的狀態若再持續幾年，澳門將和所羅門的耶路撒冷並駕齊驅。然而以 1640 年為界，極度繁榮的澳門漸漸步入衰退，這與禁止同廣東的通商以及之後的種種阻礙接踵而至有關。

一、我國於寬永十六年（1539 年）七月五日召開禁止葡萄牙船艦渡海之會議，由此廢除渡船令，並對船上船員處以斬首之罪。[2]

　　幕府驅逐了出島的葡萄牙人並斷然頒佈閉關鎖國的命令，澳門的葡萄牙人對此感到驚訝。寬永十七年（1640 年）五月，澳門的葡萄牙人派出一艘船駛向日本，不料船隻一到長崎，該船船員就被禁錮，其中 60 餘人被處死刑，只有 13 人倖免並被流放。當時，幕府處理他們的公文如下：

　　阿媽港野蠻之徒平素尊敬天王之教，欲弘揚其妖道於本朝，

2　德川幕府的鎖國政策是逐步展開的。1616 年即所謂元和二年禁令只禁止外船（除明船外）在平戶、長崎兩港以外靠岸。1620 年，禁日人搭乘外船航海及輸出武器。1622 年屠殺外籍及日本教士後，次年驅逐葡人出境。1624 年禁止西斑牙人來日通商。寬永十年、十一年（1633－1634 年），幕府發佈第一、第二兩次鎖國令，實行「奉書船」制度，規定除持有特許證的船外，嚴禁日人日船出國。同時，嚴格統制外貿，外船來日本，立刻受監視，限期交易，到期離境，絲價由長崎確定，禁止官吏直接購買外貨。還嚴令拘捕西、葡籍（南蠻人）教士，規定告發教士者的獎勵辦法。結果，朱印船貿易只為幕府特許商角倉、茶屋（京都）、末吉（大阪）、三浦、按針等七家獨佔。生絲特許證由界、長崎、京都及江戶、大阪的商人加強了統制。寬永十二年（1635 年）發佈第三次鎖國令，禁止包括特許船在內一切日船駛往海外，僑外日人歸國者，不問理由一律處死。寬永十三年（1636 年）發佈第四次鎖國令，除第一次禁令內容外，又增加了西、葡人在長崎所生子女及收留或匿救這些混血兒童的人一律處死的罰則，以及加強搜捕外籍教士的規定。德川幕府不單認識到對外貿易對封建經濟的威脅，而且更理解到外來宗教對幕藩統治的威脅，由此實行持續 200 多年的鎖國體制。至寬永十六年（1639 年），已是幕府發佈第五次的鎖國令。全面禁止外船來日，命各藩檢查航行船隻，提高密告外船走私入境者以三倍的獎金，並禁絕國外教會對日本教民的一切聯繫與影響。兩年以後，將同基督教傳教無關的荷蘭人一律轉移到長崎的出島，限制外文書籍進口，連朱印船貿易也禁止了。日商受重大損失而破產。鎖國後，幕府只限長崎一港，准許清國、荷蘭船舶通航，獨佔了與日本的的貿易。

近年來船隻中，僱清國的船隻來運載耶穌教徒，號伴天連者至於此地，大概是以天王之教矇騙當地平民，有覬覦之意。

二、荷蘭人於 1622 年攻打澳門卻被葡萄牙人擊敗，之後轉而佔據澎湖島，進而佔領了台灣。荷蘭人和支那商人的貿易開始以後，打破了葡萄牙人獨佔支那貿易的局面。

三、1640 年葡萄牙從西班牙的兼領中獨立出來，尊推約翰四世（John IV，1603—1656 年）為王，和馬尼拉的貿易也隨之被禁止了。

從此澳門步步走向衰頹。再者，1842 年與之毗鄰的香港成為英國領土，隨著英國的不斷努力，香港作為貿易港口的地位越來越高，而澳門卻在不斷衰退。

（3）澳門和「馬尼亞老士號」事件

進入明治初年和澳門聯繫緊密、無法忽略的是「馬尼亞老士號」事件（Maria Luz Incident），此事件在我國明治初年的外交史上非常有名。1860 年前後，古巴、秘魯，還有加利福尼亞、澳大利亞等地急需勞動力，當時這些地區僱傭了許多廉價的支那勞動力。勞動力輸出中心之一就在澳門，有一部分是在香港。這些勞動者以月薪四美元左右的契約被僱傭，還受到殘酷的虐待。被稱為傭奴，等同於奴隸。明治五年（1872 年）七月，當時和我國簽署無條件合約的秘魯商船「馬尼亞老士號」載著 230 名支那傭奴即奴隸從廈門出發前往橫濱港。這些傭奴在船上時已經飽受虐待，該船在橫濱靠岸時，有一個傭奴無法忍受這種虐待而跳入水中，游到對岸到達英國領事館，並向他們訴說了自己的窘狀。英國官員迅速針對此事對我國發出忠告，這件事很快被擴大化。以鐵桿漢出名、時任外務大臣的副島種臣從正義人道的立場出發，當即命令神奈川縣令

大江卓審問該船的船長和支那傭奴，扣留船隻讓傭奴回到陸地，保護他們並將其解放。

該船船長當即以傭奴作為被告，向神奈川法院提起訴訟。同年八月二十五日，在澳門簽訂的契約規定支那勞動者自願成為強制性傭奴，事實上等同於奴隸。但是在我國是不認可奴隸制度的，因此無法認同此契約，法院的判決是駁回船長的申訴。

我國全部解放了那些傭奴並將其遣送回支那，而且把此事的始末告知歐洲各國。接到這個報告的秘魯政府認為我國政府的處理方法不合法，並抗議當局的裁決沒有經過常規的手續，因此是無效的。副島外務大臣沒有屈服，以堂堂正正的姿態應對，最後於明治六年六月和秘魯的議定書中約定根據仲裁裁判來解決問題。仲裁裁判是俄羅斯皇帝（編者按：亞歷山大二世 Tsar Alexander II）。明治八年（1885 年）五月，俄羅斯皇帝裁定「馬尼亞老士號」事件中日本政府的處理方法和裁決沒有任何問題。此事件最終以我國的一大勝利而告終。

從那以後盛行傭奴買賣活動的澳門，禁止了該類活動。英國政府也效仿日本，對運載奴隸入港的外國船隻實行解放政策。這一處理，使得我國受到支那方面的感謝之外，還利用這次機緣和秘魯締結了友好條約。明治九年前後，秘魯駐支那公使埃爾莫爾往來於北京、澳門、香港期間，外務大臣常常通過安藤副領事寫書信給該公使。書信的內容可能是關於上述友好交往的事情。

澳門總督在有重要事件的必要前提下，一年有一次機會作為葡萄牙皇帝的全權委員前往北京的皇宮謁見清國皇帝。若清朝政府今後給予其他任何外國使團除今日已建的居住地以外的永久居住地，這種給予也普及到葡萄牙。

總之根據本條約，兩國間以及和澳門行政機關、支那行政機關之間過去的一切協定一筆勾銷，回到白紙一張的狀態。該條約被認為是兩國間唯一有效的規定。需注意的是，雖說過去的一切協定一筆勾銷了，但澳門已經不完全屬於支那領土這一事實，在修改條約的字面上有所體現。然而，僅據此還未能確定澳門的法理地位，葡萄牙期望進一步將其完全納為自己的領土。

　　為此兩國於 1887 年 3 月 26 日在里斯本簽署了議定書，其中有如下規定：

第二條
清國應承認葡萄牙及葡萄牙的其他屬地一同擁有永久佔領和統治澳門及其屬地的事實。
第三條
葡萄牙未經與清國協商不能讓渡澳門及其屬地。即承認將澳門作為葡萄牙的完全領土及其不割讓領土這一事實。

　　此外，該議定書的協議是在葡萄牙駐清公使湯瑪斯・登・索薩・羅沙（Thomas de Souza Roza）和慶親王於 1887 年 2 月 1 日在北京簽署蓋章的兩國間的友好通商條約中確認的。即：第二條，確認了里斯本議定書第二條內容，即關於清政府承認葡萄牙將永久佔有和統治澳門一事。應由兩國任命的委員根據特別條約中的規定來劃定邊界。但是在邊界劃定之前，關於邊界的任何事宜，當事國不得增加或減少甚至更改，應當保持現狀；第三條，確認了里斯本議定書第二條中葡萄牙未經與清國的協定不能讓渡澳門一事。由此也確認澳門將完全歸葡萄牙所屬一事。在本條約締結的同時還商議了邊界問題。兩國的意見有分歧，前面已經談到葡萄牙主張把蓮花莖作為邊界，而清政府主張以三巴門、水坑尾的圍牆為界。而葡萄

牙在長毛賊（當時清政府對太平天國成員的稱呼）動亂之際摧毀了三巴門、水尾坑之間的圍牆，在舊圍牆與蓮花莖之間侵佔了望廈、龍田落，驅趕駐在此處的清國官吏，獨自設立了蓮花莖。這一「謀略」反而讓清政府樂意接受將蓮花莖作為邊界的主張。

四、永野由松、渡邊角太郎下船事件

明治十年八月九日，永野由松、渡邊角太郎二人前往領事館求助，他們原本計劃作為英國帆船水手從橫濱當地入港，結果卻在船內受到非常殘酷的虐待。忍無可忍之下申請下船，船長同意在當地讓他們下船。只是，所得薪金和最初談好的金額相距甚遠，連回家路費都不夠，於是二人希望領事館幫忙交涉。領事館詢問帆船的名字，船長是誰，但二人皆不知。領事館的人認為若是如此便無法交涉。他們又問了一些問題，可是依然沒有獲得任何有用的信息。領事館決定先查出那艘英國帆船，於是赴港口事務所調查。當時在港口的船都是從牛莊來的，只有五六艘，似乎沒有要查的那艘船。永野、渡邊二人沒有提供有用的資訊，領事館即使想交涉也無濟於事。無奈之餘，領事館給二人救助費讓他們返鄉了。那時，安藤領事看了本部的報告，聽說二人受到殘酷的對待，乘船時沒有獲取任何證明，且所得的薪金和原先定下的金額差距甚遠一事，即使為他們感到不平，但對於在途中就要求下船的人來說，要得到最初商定薪水的可能性也不大。實際上最初口頭約定的薪水在實際的合約上也時常縮小金額或者變更僱入期限。安藤領事感慨道：雖然不能斷定船長無罪，但是那二位國人在乘船的時候確實沒有簽訂合約，也

未帶護照就盲目上船。一旦遭遇困擾時，才哭著央求領事館幫忙，結果連交涉的辦法都沒有。這樣的事件時有發生。這也說明了當時的國人船員是多麼無知，安藤領事曾歎息道：「對外人實屬羞恥之至」。不管怎麼說，這樣的國人經常出現在香港，其中更不用說像上述未能在領事館求得幫助，只能狼狽回國的二位。

五、日本貿易銀幣開始流通、三井物產香港分店計劃成立、駿浦號歇業

　　明治八年新發行了貿易銀幣，政府計劃將銀幣從各個通商港口流通到南洋印度以及明治九年新銀幣在香港不時出現一事，已經在明治九年篇提及。不過，明治十年，政府的方針突然變得積極。當時的財政大臣大隈重信在明治七年討伐台灣時擔任過當地的事務局局長，已經有計劃將貿易銀幣廣泛流通到支那各地和香港。後來他向安藤領事傳達了此計劃。作為財政大臣提出積極的計劃，也是理所當然的事。[3] 但是要著手實施的話，由政府直接出面不合適，首

3　為與國際貨幣接軌，明治初年的貨幣政策尚處於適應階段，因而不協調的地方亦多。1871 年頒佈的新貨幣條例中，政府實行金本位政策，容許一日本銀元兌 1.5 克純金。官方又於 1872 年發行在德國印刷的「明治通寶札」紙幣。由於日本銀元經常流通於海外，無形間與其他海外的銀元構成一個更廣泛的貿易平台，時刻影響著各國金銀的匯兌，以及銀和銅錢的比價。更有甚者，一些不法分子眼見銀價有利可圖，便進行偽鑄銀元的活動，在新、舊、假日本銀元的夾雜下，輕易圖利。明治政府的貨幣政策，部分用意是驅逐外國銀元在日本本土泛濫的問題，所以致力通過自己的銀元以作為貨幣參與競爭。但開始時，日本銀元競爭不過外國的銀元，導致經濟幾乎崩潰，所以後來日本改發行幣值更高的「金元」，用黃金鑄造，以作為最後反擊。當

先應通過民間的方式進行。大隈重信和當時的新進事業家 —— 國立第一銀行董事長澀澤榮一及三井物產公司社長益田孝商討後,二位皆無異議,因此便立即著手實施了。首先和第一銀行共同投資在香港設立三井分店,在三井分店獨自流通新銀幣,兌換業務順利進行。順便一提,在設立分店和貿易銀幣流通的事先準備工作中,有必要先派遣當地人做實地調查,因此決定由政府派遣英國人約翰‧皮特曼(John Pitman)到香港。[4] 皮特曼受命後於明治十年九月抵達香港,與安藤領事會面,述說了來港的目的,並拜託領事在必要時候提供方便。時值唯一的國商駿浦號生意不如意面臨倒閉,對於設立三井分店的計劃,安藤領事認為哪怕只有一間,國商在香港的存

時日本國內已經儲備了太多的銀元,加上「金元」實施之後,日本政府下令不管是本國人或外國人都禁止再使用銀元。為了解決這些過多的銀元問題,以後送大量把銀元傾銷到殖民地當中 —— 東三省、台灣、朝鮮等地,因此長期出現大批的日本銀元。文中關於銀元的初步調查,並沒有歸因於本國的新舊貨幣造成的混亂,以及舊貨幣向別國傾銷的問題,只強調假幣的流通、舊幣的個別收回,或蓋掩了問題的本質。

4　這裡提到的約翰‧皮特曼(John Pitman),在一般談近代中港日歷史的書籍中甚少述及,但若追溯日本領事館和英國人關係,不難察覺兩者往來甚為密切,歸因於早期的幕末維新志士留學英國的人脈圈子。例如擔任駐港的第三任日本領事南貞助(1847—1915),是著名的長州藩高杉晉作的義弟,留學英國攻讀語言學,畢業後在銀行任職,並娶了英人麗莎‧皮特曼(Liza Pitman)為妻。翻查現存怡和檔案(Jardine and Matheson Archive),皮特曼家族事業(Pitman Company)活躍於中國貿易,相信與日本亦有銀行及生意往還。字裡行間,頗見日本官方對約翰的委信,可推知因屬南貞助的姻戚緣故。明治十年前來日本、香港、廣東一帶的約翰‧皮特曼,受著日本明治政府之重命,一方面調查新發行的日本銀元在海外的流通情況,疏理舊幣和假幣的濫充問題,並試圖說服香港政府將新發行日元成為法定貨幣;另一方面,為日本拓展在港的業務,好像文中提及安排三井物產在本港開設分支的事務等,當然還包括皮特曼家族在清國的貿易擴展的機會,故此對日、對中、對港都樂意出謀獻策,成為公私兩利的中介人選。

在都是再好不過的事。因此同駿浦號協商延緩歇業的事，不料駿浦號認為繼續營業已經不可能。領事館方面雖是忠言相勸卻也無法使對方接受意見，最終駿浦號於十月關閉。關於此事安藤領事向財政部做了如下彙報：

> 多年來在當地開設的針綫鋪駿浦號由於經營不善而關門歇業，該商社原本是靜岡商人北村五郎衛等人聯合創立的，從橫濱總店開始創辦，明治五年進駐香港，當時景況頗好，於是持續經營。但海外分店作為一種特殊情況無法在員工中取得支持，又恰逢不景氣，不時有人提出關門歇業的意見。該店物品的品質低下，加上近年支那商鋪同行輩出，其銳氣和低廉的價格有壓倒優勢，該店只好決定歇業。近來，本港與汕頭地方的國產貨品需求量較大，價格也不斷上漲。因而與英國人皮特曼商討了關於設立我國物產公司分店的可能性和一洋商社開鋪等事宜。有人說在此種情況下，哪怕只有一間日本商鋪也是莫大的欣慰。駿浦號由於經營不善的緣故，觀其當地現今的規模，零星雜貨店難以達到較高的利潤，因此關門歇業也是萬不得已。另外，前面提到的物產公司是指三井物產將在當地開設的分店。

在香港期間，皮特曼與香港政廳和東洋銀行等相關方面擬定協議，同時調查了當地的市場規模。除前述政府委託的任務外，他還做了許多其他的工作。例如，赴廣東與廣東海關局長會面時聽說那裏存在很多經由香港走私的鴉片，便提出了相應的對策。因香港是自由港，所以取締鴉片走私是難上加難。廣東的鴉片有三分之二都是通過走私進入的，這使廣東海關蒙受了百萬兩以上的稅收損失。如果香港在出口時課印花稅或者採取其他適當的方法協助支那，情況就會好得多。皮特曼回到香港後，立即在英文報紙上，舉了吉布拉爾塔和煙草的例子，發表言論說，如果港方協助中方的

話，支那方面同意給予相應的補償，這樣可以一舉兩得。之後他與香港總督會面並闡述了此觀點。任務調查暫且告一段落，因此皮特曼回到了日本，後又於十一月出發前往香港。他向大隈財政大臣彙報了調查結果，同時建議準備工作完成之後寄送貿易銀幣之外的小額銀銅幣。隨後他自己在此搭乘「加爾利次號」前往香港，並於十二月二十號到達，在此等待從日本寄出的貨幣。

另一方面，涉澤榮一和益田孝同財政大臣商議之後決定寄送小額銀銅幣，將舊一厘銅幣五千元送往香港領事館，同時派遣了三井公司職員。原計劃搭乘十二月二十日左右從橫濱出發的英國船隻，結果沒趕上，於是改乘另一艘船，另外添加了五錢和十錢的小銀幣各五千元。財政大臣大隈重信於十二月二十八日向安藤領事（前面已提過安藤同年十月升格為領事）發了如下通知：

涉澤榮一和益田孝現將我國銀銅幣寄往貴處以供兌換。原定由英國帆船寄送一厘舊銅幣五千元，由於運送銅幣到橫濱時拖延了時間，故另改外國船隻，順便添加了五錢和十錢小銀幣各五千元，總共一萬元。請貨幣到達之後事先核對再遞交。

銀銅幣到達了領事館，一同派遣過來的三井職員執行弘道留在了香港。執行弘道攜著國債局長鄉純造交給安藤領事的書信，抵達香港之後，雙方核對了另由國債局長直接寄給安藤領事的書信印章之後，由領事館收取了貨幣。上述文中「貨幣到達之後事先核對再遞交」指的正是此事。上述的五錢及十錢小銀幣各五千元分別裝成三箱，一厘舊銅幣五千元放在二百七十一個草袋裡。五千元的話就有五十萬枚面值一厘的銅幣。這些銀銅幣於明治十一年一月初經由從橫濱出發的法國帆船「塔奈斯號」運送過來。在寄送時，時任

三井物產橫濱分店店長的馬越恭平於十二月三十日以與其說雄渾不如說潦草的文筆寄信給安藤領事，實屬有趣。銀銅幣收取之後到三井物產分店開設的經過，將另由明治十一年篇敘述。

六、雜事一束

（1）外務省的火災

　　明治十年二月一日下午五點寺島外務大臣發給上海領事館一封英文電報，內容為「今日外務省發生火災，但條約及其他公文皆無事，已通報在支公使館和領事館」。然後，上海領事就此事發郵件給安藤領事，緊接著二月五日外務省發了一封確切的報告，內容如下：

　　本省中舊表應接所內部裝修到一月份落成，今日下午一點由磚塊砌成的暖爐的煙囪裡濺出火苗燒到房樑，火勢迅速蔓延，採取消防措施仍然難以撲滅，有些東西燒成灰燼，直到下午兩點火才被撲滅。幸好火勢未蔓延到周圍雜物間和倉庫等，書籍、文房用品等都轉移出來，未被燒壞，無負傷者……（中略）……關於上述火災，後暫時在工部省中借的舊電信所雜物間等處理事務。

（2）澳門總督更迭

　　明治十年初澳門新總督西・易・希爾利亞前來赴任。

（3）香港新總督軒尼詩到任

　　明治十年四月二十二日新總督軒尼詩爵士（Sir John Pope

Hennessy，在灣仔的軒尼詩道就是由總督的名字而來）到任。

該總督一到任立即著手的改革就是改善刑罰的執行方法。當時在香港和內地一樣實行鞭刑。鞭刑指的是用鞭子根據罪人犯罪的條數在其背上鞭打。施刑時，旁邊有醫生，按規定的次數打完之後扶進醫療室進行治療。新總督認為這種刑罰在如今的英國領土內實行是很屈辱的事，所以斷然決定廢除。他還主張改善監獄設備，改善犯人的待遇，廢止流放香港住民。刑罰的改善在新總督上任後得以實現。不過香港一般住民特別是英國人並不感到高興，反對總督這一措施的聲音終於在翌年（明治十一年）十月七日香港板球場（Cricket Ground，編者按：即今日的遮打花園）的公開會議中表現出來。[5] 這件事將在明治十一年篇敘述。

（4）明治十年的香港人口

根據安藤領事的報告，明治十年香港的人口為 35,000。作為參考，在此前後香港人口的變遷如下所示：

5　香港輿論界認為，比起以往七任總督，軒尼詩可說是「最沒有種族歧視」的一任總督。在任期間，他致力使中國人能享受到和歐洲居民同樣的自由和平等的地位，既廢除了殘酷的笞刑，又成立了保良局，亦因此而不受香港的歐美人士所歡迎。軒尼詩在任五年，其間曾經長期請病假離港，據稱是因為受在港英國和歐洲商人的排斥所致，他任滿離港後，赴毛里求斯任總督。軒尼詩在港的德政很多，最為史家樂道的是起用伍廷芳為立法局議員，此舉標誌著華人在港地位的實質改善。歷來為歐洲人壟斷的立法局，1880 年 1 月，第一次有了華人議員。此外，堅尼地時期計劃的重建堤壩，在軒尼詩任內終於動工。軒尼詩又計劃另建一所中央學校和醫院，以代替 1874 年被颱風摧毀的洛克醫院。軒尼詩任內還鋪設了總長三百多英里的自來水管道，市民用水更加方便。1880 年 5 月，保良局成立，這是港督軒尼詩在華人的要求下倡議設置的。1881 年，港英當局公佈華人歸化法案。從此，華人可以申請加入英國國籍。

1841 年 1 月	5,650（包括海上生活者，大多是偷渡者、採礦工、流浪者）
1842 年 3 月	20,000（從支那內地來的逃犯居多）
1850 年	33,252
1855 年	72,607
1860 年	94,717
1877 年	135,000
1906 年	319,803（其中支那人 307,388 人）
1911 年	451,135（其中支那人 438,873 人）
1921 年	625,166
1932 年	900,796

（5）明治十年船舶入港數

明治十一年領事館向本省提交了明治十年（1877 年）香港船舶出入數量及其相關報告。這對了解 60 年前的香港來說是個很好的材料，因此在此摘錄其中一部分。

1877 年各國船隻（輪船和帆船）入港數位 2,869 艘，噸數為 2,440 萬 5,755 噸，其中英國船隻佔 2,075 艘，為總船隻的 72%，噸數佔 1,850 萬 558 噸，為總數的 66%，上述各國船隻入港數中除去帆船數，輪船的入港數為 2,109 艘，1,982,122 噸，如下按國家分。

船籍	船隻數	噸數
英國	1,789	1,616,276
法國	88	159,192
德國	84	66,820

西班牙	41	16,178
清國	80	67,417
美國、丹麥、荷蘭	27	56,240

　　從上表可知英國居首位，船隻數佔整體的 84.38%，噸數佔 81.54%。很遺憾日本的船隻信息沒有出現在上面。而且有趣的是當時帆船還相當多，也就是 760 艘，463,632 噸，其中英國佔了 286 艘，234,282 噸。出港數大體按照入港數來參考沒有錯，在此省略。

第六章

明治十一年篇

一、我國貿易銀幣開始流通——三井物產香港分店開設

　　明治十年篇提到的一厘舊銅幣五千元和五錢十錢銀幣五千元總計一萬元通過法國輪船「塔奈斯號」運送過來，於明治十一年一月七日到達香港。本應該一同過來的三井職員執行弘道沒有同坐一艘船過來，而是遲了一點才出發。另一方面，皮特曼雖然已經來到香港等待貨幣的到來，可是由於領事館內沒有場所存放那些貨幣，在執行弘道到來之前只好暫時寄放在東洋銀行。皮特曼手頭上有三井物產分店開設的任務，既然決定馬上就要開設分店，首先必須尋找分店的場地。於是，他多處尋找後，發現了畢打山（Pedder Hill）七號有一棟比較適合的房子。[1] 當即決定在那裡開設分店，同時等待執行的到來。只要執行一到，就正式向政府申請批准準備開設分店事宜。在此必須提及的是，明治九年以來我國貿易銀幣在香港的流通數日漸增長，而且作為輔幣的小額銀幣也有相當數量的流通，不過我國政府認為不管是貿易銀幣還是小額銀幣，若要更大範圍地流通於市場，就需要香港政府將其認定為法定貨幣。皮特曼辦

1　畢打街原中文街名是「必打街」，日語中仍保留「必打」的羅馬拼音原貌，其前身為必打山。此地方原是船政司辦公的所在地，在中環海旁必打船塢（Pedder's Wharf）以南之處運作，1863 年，在皇后大道中及畢打街交界處興建了畢打街鐘樓（在 1908 年被拆卸），船隻駛至必見到鐘樓，以為報時及報火警的作用，可說是中環的標誌。必打街是紀念香港首位船政司湯馬士·必打上尉（Lieutenant William Pedder）而命名，後來因避「必打」的廣東不良意思，才更作畢打街，原來的必打山亦較鮮為人道。畢打街東有顛地洋行，西有郵政總局、怡和洋行、連卡佛洋行等。1867 年，顛地洋行倒閉，原址則建成當時香港最高（六層高）的香港大酒店，1926 年被大火燒燬。其後香港置地公司購入該地，改建成告羅士打大廈，1980 年代再改建為置地廣場。

完要事之後，曾直接與軒尼詩總督會面，非正式地提議希望能把貿易銀幣作為香港法定貨幣，並聽取總督的意見。之後，安藤領事也和皮特曼一同去拜訪了總督，詳細說明了我國貿易銀幣的造幣狀態、重量、形狀品質以及和舊的貿易一元銀幣的比價等。安藤領事說：實際上我國政府也沒有正式下命令，不過我國政府有此意向，因此首先想聽取您的意見，如果對此表示同意的話就立即進行正式的交涉。總督表示作為個人他對此並無異議，只是事關重大，只憑他一個人的意見恐怕難以決定，從會計法的程序來說，應該事先請求英國政府的指令，不過，如果日本政府進行正式交涉的話他會儘量幫忙斡旋。如此我方大致明白了總督個人的意向。

其次，正如總督所言，這個問題不能僅由他一個人做決定，特別是在金融問題方面，行政會議上最有權威的是銀行家。因此有必要進一步和各銀行詳細說明，爭取獲得他們的認同。於是，皮特曼首先去了東洋銀行。東洋銀行和我國交情不淺，關於此事一定會毫無異議地支持我們。其次是渣打銀行，也並未表露出不同的意見。另外的匯豐銀行，不論是總督個人還是一些同行都暗示該行可能會反對我方建議，皮特曼也猜測會是這種結果。但不管如何都必須先與匯豐銀行代表見面商談。他直接和匯豐銀行的傑克遜會面，出人意料的是傑克遜持非常平和的態度，並沒有反對，而是帶著好意表示同意。皮特曼之前認為最棘手的匯豐銀行居然同意了，這使他感到格外高興。於是他當即將此事電報告知益田三井社長。這是一月十七日左右的事情。同時，安藤領事對上述事情也做了詳細的彙報，形勢極大好轉，值得高興。同時他還向寺島外務大臣說明：現在困擾的是美國領事館已經發出請求要把美國銀幣作為香港流通貨幣，如果我國也提議的話會激起彼此間的競爭。可以想像今後可

能會有一些波折，但無論如何還是希望我方再次討論是否立即正式向香港政府提議。如果決定正式交涉的話我會立即和政府交涉。這是一月十九日的事情。

話說三井職員執行弘道於一月二十日抵達香港，他原供職於外務省，明治九年十一月四日起從外務省十等調為二等書記官，曾被任命在廈門領事館工作。明治十年十二月十二日照准辭職，此時正值策劃香港分店設立之際，於是他再次作為三井職員負責此事。執行一到香港立即拜訪領事館，接收了暫時寄放在東洋銀行的銀銅幣。安藤領事和皮特曼在進行了上述報告後繼續關注形勢的變化，絲毫不懈怠。最令人頭疼的是美國領事的提議，執行詢問了經過之後，得知連香港總督自己都認為把美國銀幣作為香港流通貨幣是不合適的。近來駐北京的美國公使也屢屢催促此事，可不單是美法兩國和莫斯科銀幣難以並行，而且還有其他障礙，因此總督實際上不想認可這個提議，甚至流露出把日本銀幣作為香港流通貨幣反而比較適宜的意見，可見形勢更向好轉了。

之後一月二十九日我國第二次寄送了貿易銀幣一萬元和小額銀幣五千元，由當天從橫濱出發的「table 號」裝載運送過來，二月四日抵達香港。前者十箱，後者四箱。另外，作為我國當時的流通貨幣樣本，另附送了面值分別為二十元、十元、五元、二元、一元的各種金幣和五十錢、十錢、五錢的銀幣，一錢、半錢、一厘的各種銅幣，每種各一枚，總共十四枚。既然想獲得把我國貿易銀幣作為香港流通貨幣的資格，就有必要向香港總督說明一下我國的幣制，可見我國政府的良苦用心。

一月十九日安藤領事發出了上述的函詢，寺島外務大臣於二月九日做了回覆。這一方面是命令安藤領事最終正式向香港政府提

議將我國貿易銀幣在香港合法化，同時也是通知駐英上野公使向英國彙報提議事宜。寺島外務大臣的信函內容如下：

考慮到我國銀元在香港的流通情況和預期，和財政大臣商議討論之後決定將此信寄送到貴處。我國貨幣制度自明治維新以來有較大的變革，以鑄造金幣為主、銀銅幣為輔。彼時，我國通過觀察東洋各國的貿易形式，同時為了通商港口貿易的便利，應國內外人民的需求，鑄造了貿易銀幣。改善銀幣的品質和增加純度，減少鑄造費用。當時貿易銀幣僅在內外通商口岸間流通，如今考慮到貿易的便利性，進一步減少貿易銀幣的鑄造費用，為和金幣一樣普及流通於內地，鑄造更多貿易銀幣，輸出到清國地方，使內外貿易更加便利。我國貿易銀幣在香港政府合法化，不僅涉及我國單方面的利益，同時更事關港口貿易的融通，這是互利互惠的事情。特此派遣您負責商權之事。與上野公使商討之後，請將此信一併發給上野公使，告知詳情。

收到信件之後，安藤領事按照要求正式向總督提議。與非正式提議時描述的一樣，總督對我國的提議多少持有好意，對於這次正式提議感到高興並且明言願意協助斡旋。總督受理此提議的同時表示要進一步研究政府內部的利害關係，然後將其提交給英國政府。另一方面，在英國本土上野公使已經正式提議，關鍵在於英國政府對此事的態度。雖然不知道總督的意見書中的具體內容，但是從總督的態度和在港三位銀行家的意見綜合來看，應該是積極的。因此提議是否可以得到認可就取決於英國政府的決定了。這樣安藤領事同總督的交涉程序暫時告一段落，但他絲毫沒有鬆懈下來，始終及時跟進事態的進展。同時，為了使問題導向有利的方向，他將財政廳寄來的我國財政狀態的報告書和其他參考資料刊登在孖剌西報（Daily Press）上，同時不忘請皮特曼遊說民間權威人士以促進

事態往良好的方向發展。不久就到三月份了。

　　本來最初的計劃是將我國貿易銀幣流通到南洋或印度，向香港總督提出提議之後，接下來就要著手新加坡的相關事宜了。之前有報告稱新加坡方面形勢樂觀，因此和香港一樣，向新加坡政府提議的議案馬上就有了進展。外務省發電報給安藤領事，讓他親自去新加坡觀察當地的情況並做個彙報。安藤領事接到命令之後當即整理好行裝，於三月二十一日趕往新加坡。領事在新加坡的行動和何時歸港不得而知，有人認為他是四月中旬回到香港提交報告的。

　　收到報告書後，外務省和財政省就香港新加坡事宜直接詢問安藤領事詳細的情況，當時正值三井物產香港分店開設和最近提上議程的廣業商社在香港分店開設，需要和營業者面談，於是派安藤暫時回國商討此事，四月三十日兩省發出了回國的命令。安藤領事在領事館內的事務暫時由寺田書記官代理。五月四日他從香港出發踏上歸途。

　　安藤領事回國後向外務大臣和財政大臣做了彙報，和三井物產公司內的廣業商會幹部會面，就今後的對策進行商討。事情辦完之後於八月十二日搭乘由橫濱出港的帆船回到香港。在橫濱和神戶、長崎駐足時，正值三井、廣業商社在香港開設分店之際，安藤領事調查了許多相關物產，後於八月十九日抵達上海。在上海和東洋銀行董事長羅巴託森會面，商討認可我國貿易銀幣成為香港合法貨幣一事。然後拜託品川總領事處理後續事宜。八月二十五日從上海出發，二十八日回到香港。

　　另一方面，三井分店向政府提交的開業申請手續已經做完，只等許可證辦妥。不久便拿到許可證，八月十七日正式開業。地點是前述提到的畢打山第七號。正式開業雖是八月十七日，但一直以

來都有辦理從日本寄過來的銀銅幣的兌換錢幣和匯率業務，今年七月十四日長崎縣令寄錢過來後，開始使用三井物產公司匯率券。

三井分店的派遣員除執行弘道以外還有一個人，可是很遺憾他的名字不得而知。

以上簡述了關於三井物產香港分店開設的過程，接下來懸而未決的是我國貿易銀幣作為香港合法貨幣的認可問題，這將在明治十二年篇敘述。

二、帝國軍艦「清輝號」入港

帝國軍艦「清輝號」於明治十一年二月三日傍晚時分從長崎出發，後在香港入港。該軍艦的艦長是井上良馨中校，他在明治七年一月末作為「春日艦」艦長入港一事在明治七年篇已經提及。當時是少校，這次晉陞為中校。

該艦隊從長崎出發，途中遭遇強風暴雨，連備用的船隻都被沖走了，幸好船員和艦體沒有異常。

以下為同艦船員名單。（無法辨認的文字以「□」標識）

艦長	薩州	中佐	井上良馨
副艦長	阿州	大尉	伊月一郎
	長州	中尉	小笠原恆通
	會津	中尉	角田秀松
	薩州	中尉	伊地知弘一
	□□	少尉	□□□□
	□□	大軍醫	加賀美光堅

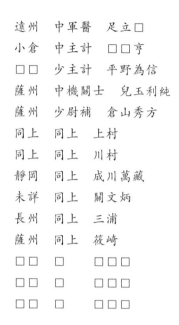

遠州	中軍醫	足立□
小倉	中主計	□□亨
□□	少主計	平野為信
薩州	中機關士	兒玉利純
薩州	少尉補	倉山秀方
同上	同上	上村
同上	同上	川村
靜岡	同上	成川萬藏
未詳	同上	關文炳
長州	同上	三浦
薩州	同上	筱崎
□□	□	□□□
□□	□	□□□
□□	□	□□□

　　除了以上的 23 人之外，還有下士以下的船員 130 人，總共
153 人。

　　上述名單中的伊月一郎大尉曾以海軍省留學生的身份服役於
英國「奧狄莎號」（Audacious）戰列艦，詳見於明治八年一章。

　　該軍艦在開進香港後的第二天，即二月四日早晨與停泊在港
的英國「奧狄莎號」戰列艦及美國「田納西號」（Tennessee）戰艦
互相鳴放了禮炮。禮畢之後井上艦長訪問了各艘停泊在港的軍艦，
還正式訪問了總督軒尼詩爵士並受到了高規格的接待。

　　二月六日晚上七點，安藤領事為井上艦長以下的軍官安排了
接風宴。該艦在香港逗留了數日，於二月十日左右離港並經由新加
坡北上歐洲，同年四月十一日到達馬爾他港。少尉補倉山秀方因染
疾而請求歸國，於是該少尉補從馬爾他直接返國。其後該軍艦巡航
了歐洲各地，並於明治十二年三月份從歐洲歸國途中再次造訪了香

港，此事記載於明治十二年一章中。

三、玉井福松遇險

愛媛縣宇和郡川之石浦五十六號的居民玉井福松（57歲），與其長子萬三郎及船員曾田鐵藏於明治十年十月十八日往自家三十石大小的船裡裝滿松魚，從川之石浦出發，經過下關等地到達宮崎縣的油津，並在當地購入大米裝船後於明治十一年一月十四日起航。經過鹿兒島海域時遭遇強烈西北風，船隻順風漂流，據說在海上漂盪了近十天時間。一月二十四日，當事人發現遠方的海面上有英國船隻在航行後，便在船桅掛上蓆子等物竭力呼救。英國船隻在確定有人求救後立刻改變航向靠近遇險船隻，對船上健康狀態良好的三位遇險者進行施救。該英國船隻於一月二十九日駛進香港，翌日（三十日），三人在該船船長的陪同下前往領事館。據船長介紹，施救船隻名叫「巽他號」，在種子島東南方向50海里的海面上救助了三人。船長詳細地交代了事情經過之後便把三人移交給安藤領事。安藤領事向其表達了衷心的感謝，並讓遇險的三人留宿領事館。安藤領事得知三人身上尚有七十餘日元現金，又有其他隨身物品，便沒有加以特殊保護。同時，一月三十一日正好有開往上海的支那汽船，於是三人便就此機會乘船前往上海後換乘其他船隻回到日本。安藤領事把上述事件始末向本省詳細報告的同時，也對「巽他號」船長發出了表揚書。

四、法國世博會代表團及鮫島公使訪港

明治十一年法國世界博覽會開幕，我國的松方大藏大輔以世博會事務局局長的身份出席了本次大會。大輔及其隨從，還有前去建設世博會日本館的木匠、磚瓦匠、普通百姓等等乘坐法國「塔納伊絲號」汽船前往法國。途中，汽船於明治十一年二月十八日停靠香港，同船的還有鮫島公使。[2] 一時間如此眾多的國人一同來港，讓領事館忙得暈頭轉向。[3] 這些到港的國人大部分入住香港大酒店（Hong Kong Hotel）、法蘭西酒店（France Hotel）、東方酒店

2　鮫島公使是指鮫島尚信，他出身鹿兒島縣薩摩藩藩醫家庭，1861 年他首先在長崎學荷蘭醫學，任職開成所訓導，1865 年與森有禮、五代友厚等 14 位知識青年赴英國留學，他在倫敦大學法文學部攻讀一年，明治維新之際與森有禮回國，曾任外務省大丞、少辦務使等職。1871 年到倫敦履職，1872 年轉到巴黎，歷中辦務使、辦理公使、特命全權公使，曾撰《外國交法案內》（*Diplomatic Guide*）。1874 年 4 月回國，翌年任外務大輔。1878 年 1 月，鮫島再度赴法國出任特命全權公使，以期從英、法方面取得修約的進展。惟因肺病，以 35 歲的英年病逝，並安葬於巴黎。文中所記，正是乘船擬赴法任職公使，途經香港的鮫島。

3　19 世紀 70 年代出現各國籌備博覽會的熱潮，博覽會有增進大國文化交流、促進經濟的互相作用，主辦者與參與者代表著掌握世界潮流的先列國家，故東西方愈來愈重視此類活動盛事。繼 1876 年美國費城世博會之後，法國世界博覽會於 1878 年 5 月 20 日至 1878 年 11 月 10 日在巴黎隆重舉行。是次博覽會的投資成本超過 1,100 萬美元，吸引了全球共 36 個國家參展，超過 1,600 萬參觀者來到巴黎。世博期間，共舉行了 29 個國際會議，其中包括郵政會議、貨幣會議、度量衡標準會議以及藝術文學遺產會議等，廣泛涉及國際社會高度關注的問題，或者新興研究領域，儼然是一次智慧財產權保護的國際會議。值得注意的是，作為參展國之一的清國也於各國展館街上設立了清國館。清末的政治家、企業家盛宣懷為此次世博會帶去了清國的綢緞、瓷器和銅器。而出使此次世博會的晚清著名外交家黎庶昌則將自己的所見所聞所感彙成了《巴黎大會紀略》一文，可見清國對世界博覽會的重視。

（Oriental Hotel）以及其他酒店。同年十二月七日，松方大輔在返國途中又經過香港，並小住了一段時間。雖然當時的詳細紀錄現在依舊保存著，但並不是正式紀錄，而是作者不詳的隨筆文章，有可能是實習書記官平部所作，卻又不能十分肯定。不僅如此，這些文章也並不是當年即時紀錄下的，而更像是經過一些年月後才寫下來的。證據便是文章的其中一句，字裡行間好像表明已經忘記了大輔一行到港時間以及所乘的船名。還有一句提到大輔一行二月到港，但似乎又說明實習書記官大沼已經在港。實習書記官大沼於同年的十一月到香港赴任一事將會在後述中提到，總之此時大沼不可能在港。由這幾點可見，這些紀錄應該是完成於大輔訪港的數年之後。這些文章中所紀錄下的情況卻十分有趣。下面便是文章內容：

　　松方大輔訪港的時候，香港總督正是軒尼詩爵士。眾所周知，這位總督出奇地喜歡日本，因此松方大輔所受到的接待也十分隆重（松方和鮫島大使是乘坐同一艘船到港的，因此兩人的隨從加起來有十數人）。松方大輔當時所乘坐的船隻，名字我已經忘記，但總之是法國郵船。大輔到達香港的時間預計是晚上七點鐘左右，大家都考慮到了這天領事館預約的訪客應該不少，而且還要招待幾個外國人（一男二女）共進晚餐。當時，安藤領事、大沼及不才三人穿著禮服入宴席，剛喝完湯，早些時候派去等船的清國人就來報告大輔的船已經進港了。於是安藤領事便馬上交代我吩咐接待人員好好招待客人，又用早前準備好的說辭向在座的客人致歉，鄭重其事地說：「現今松方大藏大輔所乘坐的船隻已經到達香港，在下貿然離席前往接風，自知失禮至極，還請務必見諒」，然後便離席前往接風了。上文業已提及，不才留守在領事館指示招待客人的事宜，因此大輔上岸的過程未得悉知。（中略）大輔是乘坐政府的小汽船（傳聞總督派遣傳令官少佐巴馬到母船去迎接大輔）從政府專用的碼頭上岸的。聽說上岸後大輔又坐上總督指派的轎子前往總

督府去了。鮫島公使夫婦和河上及平山（奧田註：平山便是現任樞密院顧問、日本紅十字會會長平山成信男爵，他曾出席明治六年奧地利世博會）兩個書記官、富田五郎柴還有其他陪同大輔前去參加世博會的一行人準備投宿法蘭西酒店，但人數太多（其中有木匠、園藝工人、普通百姓等等各種人員），一家酒店根本無法容納這麼多客人。於是便分開入住到香港酒店、富豪東方酒店、斯塔普酒店等好幾家酒店。大輔一行人在香港逗留了大概兩天時間，在起航出發之際，松方大藏大輔和鮫島公使跟隨著衣著得體的（必須穿著正裝）安藤領事及河上書記官等人從總督官邸前往政府專用碼頭，途中有歐洲印度清國三個人種排成的隊列（據說隊列中人與人之間空出大概五個人左右的距離）。到了碼頭還有一隊由總督兵及樂隊組成的隊列，大輔和公使經過時，他們便對大輔和公使行持槍禮，這時樂隊停止演奏，炮台鳴放禮炮。總督的傳令官把大輔和公使送上母船，但是他沒有著正裝。一到母船，船長早已在舷梯之上迎接兩人了，大輔和公使上了船，在到房間的途中，兩側都整齊地站著身高差不多的男孩。

大輔和公使訪港期間，軒尼詩爵士邀請了當時在港的所有紳士，並把大輔尊為上客舉行了晚宴。由於沒有邀請其他人，所以宴會的具體狀況也就不得而知了。

前述提到了松方大輔去往歐洲，簡單地介紹了回國途中留宿的情況（奧田註記：同年十二月七日留宿），大藏大輔和谷大藏一等人一起抵達香港，此時此景與前面所記載的情況差不多，因此就略過了。大藏大輔抵達總督軒尼詩的官邸，受到了總督熱情的款待。（中間省略）軒尼詩提出如果大輔他們有去廣東的想法，他可以帶路。於是大輔便推遲出發日期，在香港逗留三天後隨大家一起前往廣東。隨同者有安藤領事、谷一、皮特曼、英國陸軍少佐巴馬等等。（這些人都是一起去歐洲的，去廣東的時候鮫島公使也與我們同行，萬事俱備，準備乘戰船去廣州，但是不幸錯過了時間，船已經離開了碼頭，只好中止此次的行程）軒尼詩為了去廣東的時候

上街方便，把自己專用的轎子從香港運往廣東。在廣東雖然未能與廣東總督會面，但軍器局長溫先生特地為尼爾召開宴會，並叫來藝妓表演節目助興。人們一直認為支那的餐具不乾淨，但這裡的餐具卻非常乾淨，讓大家感到很驚訝。大輔從廣東回到香港後（在廣州逗留了三天），離開總督邸到領事館住宿。總督把自己專用的轎子搬過去給大輔使用，安藤領事夫婦一同接待了大輔。大輔在香港大約逗留了 14 天就搭船出發了。搭船的情況和前面所記載的那樣，軒尼詩特地前來送行。當時我國政府了解到在支那各個港口、香港、新加坡等市場流通我國的貨幣（作為當地法定貨幣）是能夠獲得利益的。大藏卿便指示安藤領事全力爭取。總督本人也對此事頗為熱心，因而大藏卿（奧田註記：應該是大藏大輔）就此事和軒尼詩進行了交談，並在香港停留了一段時間。

從上述記載的事情可以得知軒尼詩總督是很喜歡日本的，可以想像他是如何隆重地款待松方大臣。另外，上述有關日本銀幣爭取成為法定貨幣一事，也正因為總督是個喜歡日本的人，日本方面才能這麼容易地提出讓日本銀幣成為香港法定貨幣的建議。

五、湯川少尉之死

1878 年 8 月 5 日在陸軍大學留學的陸軍中尉小阪千尋，陸軍少尉湯川溫作以及軍官補廣虎一起乘坐佛國（編者按：即法國）汽船「寶石號」去香港。湯川少尉在佛國留學的時候腦部就患有疾病，雖然回國的途中有小阪中尉和廣虎軍官補陪同，但是湯川少尉的病情還是在航海的過程中加重了，到達香港的時候已經病入膏肓了，船醫也無計可施，所以就放棄了。陪同的兩人非常焦急，不

管怎樣，先通報陸軍，獲得許可後，才能把湯川少尉送進香港的醫院。一到香港就立即發出電報，但是陸軍沒有立刻回覆。如此一來，只好放棄待在香港，趕緊返回日本。正想換乘六號出航的汽船時，這艘船的船醫卻不肯讓病得這麼嚴重的病人上船。於是只好決定乘坐原來的船回國，就在這期間，湯川少尉於六號下午的二點病逝。七號去政廳辦好了死亡手續，寺田書記、小阪中尉和廣虎軍官補一同調查了香港東隅的基督教的墓地，埋葬在這個墓地的第四千三百七十二號地。[4] 小阪、廣虎兩人在葬禮結束後當天出航，經過上海，踏上了回國之路。墓地的購買費、棺材以及建造石碑的費用全部都由領事館墊付，湯川少尉的死亡證明書由船醫開出，交給佛國領事館。五號出發去香港，然後七號離開香港，在這兩天兩夜，事情發生得很突然，與此事相關的人之後還有很多要處理的事情。湯川少尉之墓至今還建立在香港的墓地裡。石碑很高很宏偉，正面刻著「大日本帝國陸軍少尉湯川溫作墓」，在其下方，有個正

4　早年居港的日本人，由於人數不多，而且集中從事與娼妓有關的消費行業，諸如食店、酒舖、衣服店、化妝品店、理髮店等，在港島形成獨立的社群聚落。因此，部分家屬死後均往往安葬在同一處，漸而出現在跑馬地的日本人墓地。這裡所指的香港東隅的基督教墓地，應該就是俗稱跑馬地墳場的香港墳場，它位於香港島跑馬地黃泥涌道，跑馬地馬場對面，鄰近有印度教、拜火教、天主教及回教墳場。該墳場的土地在 1841 年已有人安葬，首位使用者是英國軍艦「響尾蛇號」艦長 William Brodie，至 1845 年該墳場才正式開放，為香港開埠早期成立的墳場之一。早年埋葬該處的都是英國人及日本人，直到 1913 年才有華人。文中所提墓地屬基督教，是由於埋葬於此墳場的多是基督教信徒及西洋人士居多，故又稱為紅毛墳場。除湯川少尉以外，置地創辦人遮打、華人首富何東與其元配麥秀英、行政局及立法局華人議員何啟均葬於這個墳場。由此亦可見，十九世紀中葉以來英國擴大對清國貿易版圖的同時，常與日本共同進退，在新取得管治權的香港島，與日本關係亦頗為友好。

方形的石塊上刻著佛文：「將校湯川溫作之墓，病逝於 1878 年 8 月 5 日從日本至香港的途中，享年 21 歲。」少尉死亡的日期紀錄上是 8 月 6 日的下午 2 點，墓碑上是 8 月 5 日，恐怕紀錄上的日期才是正確的。紀錄上說，墓地是第四千三百七十二號，但現在卻是第四千四百十三號地，這或許是後來墓地搬遷的結果吧。

六、鯉魚門海峽的水雷試驗

1878 年，俄羅斯把目標轉移至歐洲，在歐洲引起了轟動，其自 1876 年以來就對巴爾幹懷有野心，現在終於可以採取行動了。也就是在 1876 年，巴爾幹各國向土耳其宣戰。俄羅斯瞄準了這個好機會，在解放斯拉夫的呼聲下，對土耳其施加壓力，一直以來想要侵略巴爾幹的願望將要實現。列國也發現了俄羅斯的野心，看清了他的真面目，打算聯合起來制止這樣的事情發生。領導國毋庸置疑的是英國。英國干預俄羅斯侵略土耳其，有關達達尼爾海峽（Dardanelles Strait）的保障已經陷入危殆，1878 年一英國軍隊搶先進入達達尼爾海峽，阻止了俄羅斯的行動。英國國內高呼要懲罰俄羅斯——也許會引起英國和俄羅斯開戰。歐洲政局也陷入混亂之中，特別是英俄間的國交危機已經波及東洋，即使在香港，有關英俄開戰的傳聞也各式各樣。香港英國政廳也在為兩國的開戰做準備。也就是說問題的關鍵已經轉移。軍方的訓練驟然間嚴苛起來，而且不得不徵集義勇軍。在五月份，就有六七十名應徵者。五月中旬在鯉魚門海峽（編者按：當時稱為 Lyemun Pass）進行了水雷的試驗。據說這個試驗的過程如下：古老的支那船出現在狹窄的鯉魚

門海峽，以支那船為目標發射水雷，引發爆炸。這一天，除了香港總督以外還有很多官民前來參觀，海峽附近非常熱鬧。試驗也意味著必須取得好成績。[5] 英俄之間險惡的氣氛，還體現在隨後的柏林會議上。因為列國一致攻擊俄國，英俄兩國之間的邦交才總算避免了危機。在這一年的十二月，徵集的義勇軍被視為正式組織，成為香港義勇軍的起源。

七、領事館館員的變動

對於香港總督正式提議的尚存諸多問題的我國貨幣作為香港法幣的認可交涉，新加坡是次也涉及了同樣的問題。

像之前所述的那樣，安藤領事接到本省的電令後於三月二十一日從香港出發前往新加坡出差。因為這次的貿易貨幣問題，加上三井物產香港分店、廣業商會香港分店開設的問題等，安藤領事於五月四日受命暫時回國。在安藤領事暫時回國直到八月二十八日回到香港歸任期間，由寺田書記官代理領事事務。四月份解僱了作為書記官的英國人泰勒爾（Tainer）。解僱的理由尚不明確。泰

5　應該指出，香港政府對鯉魚門海峽的佈防甚為積極。英國自與俄國在歐洲爆發克里米亞戰爭（Crimean War, 1853－1856），對於本國在亞洲版圖的部署漸為謹慎，儘量確保所控制的條約港口，不致為敵國有機可乘。時至 1884 年，香港的《轅門報》上有「香港船政廳談」的欄目，內中仍然明論：「所有華船倘經過鯉魚門之時，須駛向清國地界而去，切勿駛近香港之界防，遇水雷之險。各宜警醒，勿忽特示。」（*The Hong Kong Government Gazette*, 9th February, 1884）當知文中所見 1878 年的鯉魚門海峽水雷試驗與實際佈置，自始貫徹執行，從未在英俄兩國的和談會議後稍有鬆懈。

勒爾自 1894 年起，大約在領事館工作已有兩年了。自泰勒爾被解僱後，領事館一直在尋找繼任者，但是沒那麼容易找到合適的人。因此直到 1896 年都沒再僱傭外國人，1897 年初才再次僱傭。這在明治十二年篇之中將會敘述。這一年，寺田書記官請求賜假回國，立刻得到了許可，他於十月二十日左右從香港出發，二十六日回到了東京。十一月，外務省的大沼讓照准退職，再次作為一等見習受命在香港領事館任職，不久前往香港赴任。在寺田書記官暫時回國期間，領事館有安藤領事和大沼讓及平部二郎兩書記見習，共三人。

八、領事館的遷移

明治八年篇中曾有敘述，明治八年二月十二日以來，領事館一直在亞歷山大台三號。此處的租金是每月九十五元。因為在商業區域，所以房東屢屢要求上調房租。領事館對此一直拒絕，並期望讓房東簽訂一份較長租期的契約。明治十一年秋，房東再次堅決要求上調房租，安藤領事覺得無法接受，因此決定遷移。此後一段時間一直煩惱於找不到滿意的地方，直到十月，終於在堅道（Caine Road）七號找到合適的房子。這棟房子是沙遜洋行（David Sasson and Sons Company）所有，房租是每月一百三十元，領事館決定租入這個房子。十一月一日和沙遜之間簽訂了契約，這是從十一月十五日起租入六個月的契約。這個堅道七號就在羅馬天主教會的旁邊，也就是亞畢諾道（Arbuthnot Road）和堅道的交叉口附近。

這個號碼若自那時起未再變化的話，那麼便應該是領事館設

置在這裡的緣故。現在的七號也一直沒有建造房屋，但是最近似乎有被拆除的房屋遺留下來的地基。這個地方作為領事館所在的場所，幾乎可以說是非常適合的地方。另外，這個堅道七號的房屋到明治二十二年為止一直被租用。明治二十二年七月一號，領事館轉移到同在堅道的二十一號。

有關於此會在後文敘述，二十一號位處七號半町西側的堅道北側。

九、廣業商會香港分店的開設

明治十年乃至十一年開始，我國對清貿易逐漸開始引人注目。首先三井物產會社開設香港分社，在這前後為了委託販賣向南支那出口的海產品為主的我國物產，因此提議在香港開設廣業商會分店。這個廣業商會是由長崎縣人笠野雄吉經營，主要販售北海道產的海產品，同時從各地商人那裡接受物產販賣的委託。商會受到政府的特別保護，是當時對清貿易的有力推進者。總店設在東京，橫濱、大阪、神戶、長崎均有分店。明治十一年秋在香港也開設了分店。[6]

6 隨著兩次鴉片戰爭以來條約港口的貿易勃興，各地商人紛紛成立商會及章程，以確保其商事利益。例如 1847 年，各國商人在上海已聯合組成了「上海洋商總會」。1861 年，香港的 68 家外商行號在英國駐華公使的直接支持下，組成了「香港洋商總會」，即現在的「香港總商會」。1887 年天津的各國外商也成立了「天津洋商總會」。日本於 1878 年在東京、大阪、神戶分別成立了「商工會議所」，其輸港的物產資源於其時規模雖小，惟頗重視海外日本商人的貿易拓展。翌年在香港設立的「廣東商業會」是其試金石。

該商會設立的目的在以下所示的廣業商會創立的宗旨書上非常明確。

廣業商會創立的宗旨

本店不是為了一己私利創立的，而是根據政府的指示在勸商局的保護之下創立的。

其一

考察日清間通商是否便利，探究對於其便利之處是應贊成還是否定，排斥還是接受，主要是為人民提供便利並開啟金融的方便之門。

其二

日清間通商便宜的得失是以本店的得失為標誌的，因此不能以廣業商會一店的得益而釀成其他的損失。

其三

本店是依靠人民的信任而經營，因此應該謹慎，絕不能浮躁傲慢；做事要周密嚴謹，不能疏忽大意。這些在平日應經常相互忠告。

從組織架構的淵源觀之，它無疑是對華銷售北海道海產為主的商人同業分支。在本國東京、橫濱、大阪、神戶、長崎的聯會基礎上繼續在香港擴展有關業務。惟在日本勸商局的指導下，它又與北海道開拓使的工作成敗息息相關。1869 年明治政府首先在北海道設置「開拓使」，積極推動北海道開發事業，如測量地形、調查礦產、開採煤礦、發展交通運輸等。其間經營了 39 個工廠，如札幌煉鐵廠、機械廠、啤酒廠，函館煤氣廠，厚岸罐頭廠，紋鱉製糖廠等。十年之間，對北海道近代工業的發展起了很大作用。1876 年，內務省又成立勸商局，鼓勵國民尋求海外商機，官商配合本為一片好景。1882 年 2 月，北海道開拓使卻因貪污嚴重遭到取締，廣東商業會亦鑒於航運成本、貨品競爭力，以及缺乏政府扶助等多種問題，同年宣佈結束。

本店營業的目的

本店的經營絕對遵守勸商局命令狀的指示，以及以下的條例：

第一，受人民的委託，從事日清間物品的交換，獲取商業的便益。

但是兌換的手續費和利息如下：

一，（空白）

一，（空白）

第二，受人民的委託在清國買賣物品。

但是手續費的定限如下：

一，（空白）

第三，勸商局開拓使等接受其他普通國民的委託時，即使這委託能夠獲得巨大利益，也不能為了自己做買賣，利用權威或者財力去壓制其他國民。

但是對於普通的商人來說，能不能得到眼前利益，需不需要巨額的資金等是其關注的事情。在清國販賣的物品都是在勸商局協定之後交易的。

第四，由於清國內地人民的財力比較薄弱，因此熟悉當地的人情世故與市場情況，有助於製造出適宜當地的物品。另外盡力周旋，避免他人的損害與壓制及聽取建議改良商品，保證物品的品質以實現相應的利益。

第五，以手續費及利息等生利方式實現人民的收益。

另外，在「致廣業商會的店長笠野熊吉的命令狀案」中有如下前言和條例：

把北海道其他各地方的物產運送到清國，擴張兩國貿易的門戶，興盛內地的物力，增強金融通商的便利，使人民得到好處，請履行大藏兩卿的命令及本局的條例。

第一條

施行該業的期限是十年，前五年是前期，後五年是後期。

第四條

為了達到該業的目的，無息貸給四十萬元的定額資金。

但有關還貸的處理方法須在前期試營業後再行議定。

以上

明治十一年十一月廣業商會分店在香港設立，分店負責人為宮田忠三郎、大橋兩三兩人。

商會主席笠野雄吉於明治十二年（1879年）六月病逝。因此，由笠野雄吉的長子繼承商會主席一職。根據同年九月十七日由大藏省（相當於清國的戶部）商務局長河瀨秀治寄給安藤領事的書信得知，九月十三日給上述吉次郎授（編者按：即笠野雄吉的長子）予如下命令狀的同時，還任命長崎縣內長崎町的下田喜平為該商會總負責人。

命令狀

廣業商會　笠野吉次郎

第一條

若開設分店或者關閉分店，應先向本局彙報這一事實再實行。

第二條

從一年的純收益中撥出一部分分發給全體在職員工，各位員工可得到的金額根據員工的功勞來決定。

第三條

檢驗銷售渠道是否合理（後面的30個字因蟲害而無法辨認清晰）的標準應當徹底以利益為目標，由該商會親自經營。

第四條

關於國民與資金方面，例如在無抵押或現貨貿易不動產抵押的情況之下，需一次性貸款一萬元以上或分期貸款一萬元以上時，在簽訂契約前須將具體情況及還貸方式遞交本局審核，否則

無權處理。

第五條

為了工作需要，工作滿六個月以上的員工需要借錢或者預支工資時，利息比率以及還款期限等要時時向本局彙報。

第六條

為了經營上的便利，欲購入船舶以及倉庫等獲得其所有權時，應先向本局申請，得到允許後，方可著手實行。

與以上命令相牴觸的條件之外，不得出現與笠野雄吉的命令相違背之事。

明治十二年（1879年）九月十三日

商務局長　大藏省大書記官　河瀨秀治

由此，在政府的全程支援下，三井物產公司香港分店和廣業商會香港分店於明治十一年（1876年）成立。以上是我國對南支那貿易發展中尤其需要紀錄的事件。

第七章

明治十二年篇

一、軍艦「清輝號」在歸國途中泊港

明治十一年（1878 年）二月三日，帝國軍艦「清輝號」在去往歐洲巡遊的途中於香港停靠一事，在明治十一年一章有所叙述。明治十二年（1879 年）三月十日，這艘「清輝號」軍艦在完成歐洲巡遊後歸國的途中從馬尼拉進入香港港口，逗留約一週時間。之後於三月十六日清晨，起錨前往廈門。

二月二日，軍艦在彼南港停泊時，廚師吉崎萬吉突然失蹤了。先在軍艦上翻來覆去地找，後又到陸地搜查，但還是什麼也沒發現。經過各種調查，最後推測他恐怕是溺水而死。隨後在海底也搜查了幾次，但無濟於事。期間，因失去一個部下，井上船長基於責任感進行了調查。之後的處理方式，也十分誠懇。二月七日，船長給新加坡的安藤領事寫信告知此事，內容如下：

自離別後，距離越來越遠，但我還是非常關心您的工作與安危。我們的船自去年在歐洲諸港平安回航之後，於六日下午安全抵達新加坡港，隨即便開始維護軍艦設備等，停泊大約三個星期之後，將經過馬尼拉港後回航。

幾天前，即二日上午，我艦在彼南港停泊時，一名叫吉崎萬吉的廚師失蹤了。他的財物和衣服都還留在船內，帽子和鞋子則留在船頭的一個角落。由於情形可疑，我向同他一起的人詢問了前一天的情況。像平時一樣，廚師在船內工作時不禁想起了母親的死，便無心工作了。由此看來，他留下財物和衣服，逃亡到陸地上是難以生存的。從放帽子和鞋子的位置以及前一天的情況可以判斷，他是回想起母親的死，從而精神大受打擊，乘著深夜無人跳水了。

二日和三日兩天，依靠地方警員並出動船員在陸地及海底進行了各種搜查，什麼線索也沒有。特別是該港水流甚急，讓搜索變得困難。為此我艦也推遲了兩天出港。在出航前，將附有判定廚師

溺水三條緩索的文件已郵寄給該港港長。該港港長關於這件事的想法，對我們是有幫助的，所以寫此文告知。

十二年二月七日
新加坡港　清輝船長　井上海軍中佐

此外，上述給彼南海港主人的書信如下所述：

拜啟陳者，我艦於本月 2 日在貴港停泊時不幸失去了一名船員。根據上述三條緩索判定他是溺水致死的。我們在港內搜查了幾次，也下海尋找過，最終沒能有所發現。今後若有人發現此人的屍體，勞煩將他土葬，再為他立個石碑。

我們已經將此人的情況向香港日本領事上報。同時，希望得到熱心人對前述事情的援助，為此我方願意支出一切經費。

1879 年 2 月 4 日
於彼南
致萊威霍克斯先生

吉崎萬吉這名廚師的屍體最終也未能找到，香港領事館並未收到來自彼南港主人的任何消息。

二、加藤金次郎白河乘夜船下港

明治十二年一月三十日，有個自稱是東京神田辨慶橋松枝町一街二號醫生加藤德兵衛二男次郎（二十二歲半）的人來到領事館，紀錄中所記載到訪理由與來歷如下：

明治十一年十二月二十七日，我在橫濱停泊的美國汽船「東

京號」上作為備人工作。由於非常疲勞，就在甲板下的行李中間睡著了，等醒來時該船已經出帆到海上了。其後我上甲板告知船員，船員說等到達香港，到陸地上再作打算。但我身無分文，也無人指引。同船一名支那人見我窮困潦倒，便說服我一同去廣東。支那人還說那裡人親切，工資又高，但是不能穿日本服裝，要換成支那的服裝。而事實卻大相徑庭，我在廣東遭到了非常嚴苛的對待，不得已從那裡逃了出來。（一月）二十八日回到香港，我在路邊遇見一個會說日本話的支那人，支那人對我的遭遇感到同情，便讓我留宿了一晚。但到了二十九日，實在不能繼續依靠他了，便向巡查祈求救助。巡查說在香港有我國的領事館，於是便帶我去巡查屯所住了一夜，今天來到領事館。

明治十二年一月三十日
加藤金次郎

　　試著讀了上述紀錄以後，加藤金次郎的所作所為從始自終都像在演戲。第一，工作累了在行李中無意中睡著了，在此期間船已經出發，等到醒來的時候已經到海中央了，然後到香港後支那人如何對待他的經過，完全是小說的樣子。到達支那的一個村子後，受到了意料之外的虐待，於是如前述情節那樣逃了出來。回到香港後迅速拜託相識的支那人讓他留宿一晚，後無法向對方開口請求再住一晚，這種種過程怎麼看都像在演戲。安藤領事也認為這個人的陳述太不符合常理，不能那麼容易就相信。這件事情非常棘手。這個金次郎出現在領事館的時間是三十號，那天剛好有上海太古洋行船「那次思露號」出發。領事館借給他十銀元，此外又給了他兩銀元和衣物，讓他隨船去上海，從上海再坐別的船回橫濱。並約定金次郎借的十銀元也必須在回國後二十天之內向大藏省返還。

　　由於船比預定時間提前出發，所以沒能趕上，於是只能改搭翌日即三十一號的「黃金卡斯露號」出發。安藤領事還給上海品川

總領事寫信敘述了以上的事情，請品川總領事在該人到達上海後照料他。然而不久之後奇怪的事情發生了。其後大約經過了半個月，二月十八日品川總領事來信說「黃金卡斯露號」已經如期抵達上海，本以為信上所寫的金次郎會去領事館，可是等了兩三天，他依然沒有出現。領事覺得很蹊蹺，就試著詢問該船的船長。船長回答說根本沒有如上所說的人乘船。如果在香港確已坐船的話，那是不是在中途發生了什麼事情呢？真是封耐人尋味的信啊！

　　見到這封信的安藤領事想起一月三十一日晚曾差人送金次郎上船，既沒到上海又沒上船實在是奇怪之極。因心中擔心，所以他於三月八日寫信告知外務省這件奇怪的事，照會外務省去前文提到金次郎的原籍地調查一下有無此人，另外確認此人是不是已經回到原籍地了。此時安藤領事越發認為金次郎所言有不對勁的地方。

　　而有趣的事情還在繼續發生，其後三月二十三日，下總國葛飾郡新川村百姓，橫濱清正公前住吉町二丁目四蕃地魚屋的竹中長吉出現在領事館，陳述了和前面金次郎一樣的事情。他所說的經過如下：

　　　明治十一年十二月二十七日，太平海郵船「東京號」停泊於橫濱，我在砌同所松影街二丁目二番地的忍野常松那裡做小工，在該船上工作的時候，由於非常疲勞，就熟睡過去了。醒來時，該船已經從橫濱出發，於一月四日到香港，同船的士官說我們可以直接上岸去領事館。其中除了我以外（三名同樣在船上熟睡，到港的一名是金次郎，一名是常吉，另外一名名字不詳）。與我們同船的支那人說服我們隨他去廣東，還說給我們工資。只是我們的頭髮衣服都要改成支那人的樣式。因為我們都不懂支那語，所以也不知道到達的地名和催僱我們的人的姓名。到了地方後，與此前約定的不一樣，不僅完全不給工資，而且對待我們十分苛刻，於是我們就辭去

了該家的工作。到香港時，因為我們已經身無分文，所以只能來到領事館。以上所說一切屬實。

明治十二年三月二十三日

竹中長吉（指印）

　　長吉的指印還清晰地留在上面。此事讓安藤領事再增疑竇。他想金次郎沒有坐去上海的船，而現在長吉又講述了同樣的事情，他們有可能是一夥的。安藤領事對此似乎非常懷疑，他在三月二十四日給野村神奈川縣令的書信中說道：長吉搭乘本日起航的英國船「馬拉次卡號」返還，他陳述不明的地方有很多，無法在當地進行充分的調查，因此當此人回到橫濱在貴廳出現後，請務必對該人進行充分的調查。此人所說的熟睡延誤等經過恐怕是一時的託辭。當然，也有這樣的可能，即他們被橫濱的清人引誘，在船隻出發之際故意躲在行李中間。即使如此，在長吉出發時，領事館還是借給他二十六元三十仙（編者按：仙即 cent，便士）。

　　只是，這個長吉卻沒有出現在神奈川縣廳。根據神奈川縣巡查加藤時敏的調查，其所謂的住地與地名等都是虛構的。

　　四月十七日，福島縣巖城國標葉郡棚之莊村民五右衛門二男前田源之助來到領事館，又陳述了同樣的事情。此番經過如下：

　　我於明治十年去往橫濱外山要次郎家做寄宿小工，當年二月（日期已經忘了）在美國汽船「東京號」上運煤。因為太疲勞，熟睡在煤堆旁邊。熟睡中該船已經出發去往香港（日期不詳）。根據船上的士官說上岸以後可以去往日本領事館請求幫助。同船有個叫阿元的支那人，認為我們很老實，說帶我們去廣東，還照顧我。於是我就和他一起去了。到地方後，因為語言不通，行動受限，工作也很辛苦，所以從那裡逃了出來。我們於十六號到達香港，當晚同

已經成為知己的支那人阿元一起在那裡睡了一晚，今天早上來領事
館請求幫助。

明治十二年四月十七日

前田源之助

　　先後讓金次郎、長吉兩人逃脫的安藤領事，決心不能讓這個
源之助也逃走了。這次他讓源之助乘坐五月六日出發的英國帆船
「空浪號」返回神戶，而這個「空浪號」的船長和安藤領事關係很
好，聽安藤領事說明原委以後，這位船長讓他安心，一切交給自
己。除了答應源之助到神戶的乘船費全免，還接受了安藤領事的託
付，即到達神戶後，立即把源之助交給兵庫縣的官吏。安藤領事一
方面拜託兵庫縣令對此人進行嚴密監視，並押送給神奈川縣，同時
拜託神奈川縣令對此人進行嚴格審查。因此，源之助無處可逃了。
五月二十五日「空浪號」到達神戶，兵庫縣員警官吏接收了同船到
達的源之助，並於二十七日把兵庫縣巡查井上角太郎和此人一起送
到了神奈川縣。源之助是被繩子綁著押送的，所以在神戶與大阪間
的火車內，懇求井上巡查解開他的繩子。井上巡查沒有答應，源之
助就開始蠻橫起來。井上巡查按住源之助的頭時，源之助咬傷了井
上巡查的左手中指。五月二十九日，大阪的曾根崎員警署逐漸詢問
出了真相。於是該人被長期拘留在神奈川縣廳。根據前面提到的源
之助的筆供，認識的人一共有四個，其中三個已經出現了，還剩下
一個。到七月二十七日，這最後的一個也終於出現了。他就是東京
府下第二大區十二社區麻布櫻田町六十一番地邊見善兵衛的外甥
石井常吉（二十七歲八個月）。

　　此人的調查紀錄如下：

去年明治十一年十二月二十八日，我受僱在橫濱停泊的美國汽船「東京號」上做運煤小工，在半夜卸完煤後，找不到出口，暫且就在船艙中呆著，想第二天再走。但是當時船已經出帆了。因此去甲板上告知了船上的士官，據他說十二年一月六日可以到達香港。如果是一個人的話，可以隨同回國。而在不知情的情況下，跟著出帆的一共有四人，即金次郎，長吉，源之助，我，所以只能去香港的領事館請求引渡回國。正當困惑之際，當時同船的支那人李逢元看到苦惱中的我們而感到同情，就讓我們和他一起去廣東工作，答應給相應的工資。我們當時身無分文，心想，即使是做小工，至少也可以籌集回國的路費。所以就拜託李逢元，約定了一個月七元的工資，和他一起去了廣東。在那的三四個月間先是跟著學，後來就做伐木等低等的工作，工資也不給。李逢元這次將去往美國桑港，我們同他一起。他在二十七日到香港的時候說，如果我改為支那籍的話就帶我一起去桑港。然而我若變成了支那人，就沒有回國的希望了，而且工資也不給我，我就只能來領事館申請救助了。「東京號」到港時，船上的外國人給了我洋銀一元，金次郎、長吉、源之助他們都或多或少有點積蓄，所以在香港登陸以後，就拿出一元給了李逢元，和他兌換了錢幣。今天早上李逢元給了我們衣物，又給我們迄今為止的工資。只要沒有成為支那籍，一切困難都無所謂了。

明治十二年三月二十三日
石井常吉

如上所述，常吉的陳述非常詳細，根據其陳述一行人的所作所為開始變得非常明確。這個常吉也從領事館借了銀二十七元五十仙乘坐八月九日香港出發的英國船「卡意那號」向橫濱出發。

另外行蹤成迷，從香港領事館借錢未還的金次郎、長吉兩人其後持續逃亡，直到七月，長吉在神奈川縣被偵探抓獲，金次郎於十一月向東京裁判所檢視局自首。要求這兩位返還領事館的借款是

毋庸置疑的。這四人所說的熟睡中出航等經過大體屬實。以上事件作為當時香港領事館救助難民的事例，在此進行介紹。

三、香港總督軒尼詩的訪日

軒尼詩總督在日本的事情已經在之前敘述過了。這個軒尼詩總督在明治十二年初就對安藤領事表達了訪問日本的意願。由於當時正好需要就於日本貿易銀幣作為香港法定貨幣的認可問題試探其意圖，所以對於軒尼詩總督的提議，安藤領事聽聞之後表示非常高興，並迅速地把此事報告外務省。得到報告的外務省和大藏省批准了此事，並表示獲悉貴客要來，非常高興，示意安藤領事代表日本政府對於總督訪問表示熱烈的歡迎。同時敦促其事先做好準備，待總督出發日期一決定就儘快通知。安藤領事向總督轉達了日本政府的歡迎之意，詢問是否能夠早日決定出發日期。因為總督有無法脫身的事務，所以一時難以決定出發的日期。安藤領事說既然如此，就等到能夠決定為止，但由於決定之後要通知外務省，所以還請總督儘快通知自己。此後到了三月初，外務省兩次發電報催促總督的出發日期，工部卿也發信來拜託通知總督的出發日期，所以安藤領事再次面見總督確認日期是否確定。但是總督仍然難以決定，僅說最早三月下旬最遲四月初出發。此後經過大約十天，到三月二十日前後，安藤領事又去拜訪總督。總督說本想下個月五號乘英國船「噶俄利次克號」出發，但是據說目前駐北京的威妥瑪（Sir Thomas F. Wade）公使正在來港途中，由於需要和公使商談的事情很多，因此可能坐不了這艘船了。雖然坐不了這艘，但還可以乘坐

四月十五日的美國船「阿拉斯加號」（Alaska）。另外因外務省有詢問同行人員人數的命令，所以安藤領事就此問題詢問總督。總督答覆說僅自己和兒子，及支那男性一名，阿媽一人，共四人，不帶其他外國人。總督夫人是否前往還沒有決定，有可能不去。

其後，總督一如既往地繁忙。四月五日的船就不用說了，直到四月十五日也沒能出發。慢慢進入五月份，至中旬終於確定月末出發。因此安藤領事儘快發電報告知總督出發日期。根據此情況，為了歡迎總督，外務省命令安藤領事最好陪同總督一起回國，充當嚮導。因此於三月八日就已經向安藤領事發出了回國的命令。於是五月三十一日，總督一行和安藤領事一起，乘英國汽船「北路吉次克號」從香港出發前往日本訪問。六月七日到達東京。由於安藤領事不在，所以香港領事館方面由大沼見習代理事務。總督在日本停留了很長時間，但是關於其在日本的活動並沒有紀錄保存下來。總督在東京停留時對日本的植物似乎很感興趣，提出想把數種植物帶回香港。外務省很快接受了這一請求，決定把這數種植物從當時東京三田的勸農局育種場直接送到香港領事館。在總督返還後，也就是十月二十五日，植物由育種場送來，還附帶一封書信。關於這些植物的種類是無法明確了。總督在日本訪問期間受到了日本熱烈的歡迎，他於九月六日下午四點平安返回香港。安藤領事隨之又回到香港任職。

四、帝國軍艦「日進號」及「筑波號」的入港

明治十二年三月，帝國軍艦「清輝號」在香港入港一事已經

敘述過了，其後不久「日進號」及「筑波號」兩艦也相繼入港。

「日進艦」於明治十二年四月九日從長崎前往廈門入港，同月二十七日從廈門出港，二十九日在香港入港，停留大約一個月後，於五月二十八日出港，三十日在廈門入港，並於六月六日出港前往福州。「日進艦」的艦長是笠間海軍少佐。

「日進艦」在香港停留期間的五月十一日，「筑波艦」從新加坡入港了。該艦在停留數日以後於五月二十日出港，二十二日在廈門入港。隨後從廈門向鹿兒島進發，這是五月二十六日的事。「筑波艦」的長松村大佐訪問格蘭特將軍一事將在後文敘述。「日進艦」僱傭了名叫 I.M 詹姆斯的英國人，而「筑波艦」也同樣有名叫詹姆斯的人。在明治七年篇中敘述「春日艦」入港時已經紀錄過船上有叫詹姆斯的人。大家不禁會想這個「春日艦」和「日進艦」，以及「筑波艦」的詹姆斯到底是哪個呢？四月二十日在香港入港的「日進艦」趕赴黃埔，其後在當地停留，五月十九日一等水兵清水政之助病死。該水兵的遺骸在香港埋葬，那個墓碑現在還在香港的日本人墓地裡。碑面上寫著「一等水兵清水政之助之墓」，右側寫著「明治十二年五月十九日在此地停泊中因病去世，享年二十二歲」，左側寫著「大日本帝國軍艦日進艦海員，和歌山縣紀伊國名帥郡九家町七番地出生」。

五、領事館員的變動

明治十一年四月中，領事館僱員泰萊被解僱，雖然很快就開始物色後任者，但是沒找到合適的人選。同年一直未僱傭外國人的

事已在明治十一年篇中敘述過了。明治十二年一月，找到了一個叫貝路末里的人，領事館認為他能夠勝任。付給他和前面的泰萊同等的百元工資，僱傭了他。

安藤領事隨同軒尼詩總督於五月三十一日從香港踏上回國的旅程，他外出期間由大沼見習代理事務，而後安藤領事於九月六日隨同總督回香港到職的事情已經敘述過了。

明治十二年十二月，遣外公使領事費用被修改。其結果是廢止以前的書記見習（即在香港領事館所說的大沼和平部兩人），一律改成三等書記官。同時各領事館配屬的書記官人數也要調整，香港領事館在職的書記官被定為兩名。如果把大沼和平部兩人變成書記官的話，那麼加上寺田書記官就成了三人，人數超額了一名。因此在同年的十二月二日的公信中，外務省下令在大沼、平部兩位中任命一位書記官，另外一位必須回國。對於這件事，安藤領事報告說以當前的人數都已經是忙得不可開交，如果再減員一名的話，會給公務的執行帶來很多麻煩，申請以特別權益僅限香港保持原有的人員配屬。而外務省在明治十三年一月二十四日回覆說，此次人數的修改，和預算有很大關係，必須嚴格執行。安藤領事提出的這項申請無法批准，因此拒絕了安藤領事的建議。安藤領事於是只能發佈了平部二郎繼續在香港任職，大沼讓回國的命令。由此平部見習成為書記官，大沼見習就此回國。這件事會在明治十三年篇中敘述。

六、我國貿易銀幣開始流通

　　把日本貿易銀幣作為香港法定貨幣的請求已經向英國提出了，事成與否關鍵在於英國政府的態度，這已經在明治十一年篇中敘述過了。但到了明治十二年都還沒有任何消息，當時正值軒尼詩總督訪問日本的前夕，他認為如果能夠早日得到英國本國政府的認可，似乎可以作為訪問日本的禮物。一進入明治十二年三月，軒尼詩總督就電報英國政府希望儘快處理此問題。英國政府認為軒尼詩總督有意偏袒日本，而且認為日本人在貿易銀幣問題上不懷好意。而對於總督的電報英國本國政府也沒有輕易地做出決定，只是回電說會儘快決定。軒尼詩總督沒有得到期待的禮物，就這樣訪問日本了。

　　一方面對於日本貿易銀幣作為香港法定貨幣一事，英國政府似乎對於我國貿易銀幣的純度問題非常擔心。倫敦對貿易銀幣進行了分析，幸運的是其結果優良，而該分析表也被公佈了。安藤領事認為這是份很好的資料，所以快速地向香港銀行家等相關方面及新加坡提供此資料，以期加深民間的認識。英國政府的認可，一直到明治十二年也沒確定下來。這裡必須提到的是，雖然沒有取得作為法定貨幣的認可，但是我國貿易銀幣實際上已經非常興盛地流通起來了。明治十二年，在香港流通的銀幣大半都是我國的貿易銀幣。這是非常可喜的狀態。

七、支那人胡璇澤在新加坡被任命為副領事

和香港一樣，關於日本貿易銀幣試圖在新加坡獲得法定貨幣地位一事，明治十一年篇已經說過了。當時新加坡還沒有設立日本領事館，新加坡和日本間的交通非常地興盛，特別是貿易銀幣的問題提上日程後，無論如何都必須設立日本領事館了。因此，安藤領事在新加坡出差後，把設立領事館的計劃提上了日程。另外據安藤領事說，在當時的芝罘和牛莊等支那北部的港口，也有任命外國人為我國領事的情況，方便起見在新加坡也可以任命外國人。所以外務省命令安藤領事物色合適的外國人。

因此安藤領事開始物色香港在新加坡居住的外國人，並且和當時停留在香港的皮特曼協商。皮特曼認為在新加坡的支那人胡璇澤是最合適的人選。此人在新加坡是很有實力的實業家，頗有人望。另兼任支那的領事、俄國的副領事，又是當地政廳立法局的議員，是最恰當的人選。這個姓胡的真名叫胡旋澤（編者按：即胡璇澤），但是民間都叫他 H.E. 黃埔。這個黃埔似乎是在廣東黃埔出生，所以取這個名字。

安藤領事根據皮特曼的推薦，親自會見了此人，又通過各方面調查了此人，認為此人應不會出現疏漏。明治十一年末，他把以上的經過向外務省彙報，申請任命此人為副領事。到明治十二年三月，外務省對此事也還沒做出決定。所以安藤領事三月八日在給外務省的公信中如此寫到：

（前略）53頁根據此前總督的說法，該國政府不久若能夠認可我國銀元法幣，那麼在新加坡也應該是同樣的。在該地如果沒有以上待遇的話，那是不方便的，總督出訪日本的日期慢慢逼近了，特

意以電報的形式來請示有關胡的任命問題。

如果日本銀幣在香港作為法定貨幣得到認可的話，那麼在新加坡也將面臨同樣形勢，儘快任命胡也是至關重要的。基於此種情況，外務省迅速地在四月八日發出了任命胡為日本駐新加坡副領事的通知。安藤領事直接向海峽殖民地總督通告了此事。另一方面給胡的委任狀由去往英國的芳田工部大書記官攜帶，他於四月十九日抵港，後經在英富田大力公使之手得到了英國女王的認可。[1] 這是同年七月的事情。

八、格蘭特將軍的過港和禮炮事件

明治十二年，有很多特殊的外國貴賓訪問了日本。香港軒尼詩總督的日本訪問已經敘述過了。此外，美國前總統、南北戰爭的勇將格蘭特（編者按：全名是尤利西斯‧辛普森‧格蘭特，

---

1 英國在其殖民地上是否容許別國設立領事，有不同情況的考慮，嚴格而言，並沒有完全依照國際互相容認對方領事的外交慣例。例如在新加坡設領事一事上，不但容許清國於 1877 年委任胡璇澤為領事，而且也答應日本以相同人選出任該國副領事（1879 年正式為領事）。甚至與英國關係緊張的俄國，在同年裡亦能委任胡氏兼任俄國駐新加坡領事。惟於香港議設領事一事，基於地近清國的考慮，也由於十九世紀八十年代香港與新加坡水域之間的安南、寮國等相繼成為法屬印度清國的殖民地，再加上中、越及其周邊緊張的因素，為免造成華人社會藉領事保護而引起廣泛爭端，英國對清國設駐港領事以統籌新加坡及香港的外交事務，每多拖延。結果，設置香港領事計劃在 1891 年後，由暫緩演成擱置。而對日本則無上述的懸念，自琉球事件後，日本已意識到在港領事的位置越發重要，不斷強化領事館的內部組織，符合該國向亞洲擴展，並監察清國動靜的政治意圖。

Ulysses S. Grant），[2] 以及意大利皇室成員相繼訪問日本。

格蘭特將軍是在東洋諸國巡游時經過支那，然後訪問日本的。他於明治十二年四月三十日乘坐法國汽船「伊諾烏拉吉號」，從新加坡抵達香港。一行有將軍及夫人、將軍的兒子格蘭特大佐、原海軍大臣波利、醫師克特古及報紙記者將軍的秘書陽古六名人員。關於將軍抵達香港和在香港的活動都留有非常詳細的記載。[3] 在這裡就只概述其經緯。將軍乘坐「伊諾烏拉吉號」剛剛入港，以軒尼詩總督為首的政廳首腦官吏及從北京趕來迎接的美國代理公使何天爵（Chaster Holcombe），廣東、香港的美國兩領事及其他人員就在碼頭集合，迎接將軍的到來。碼頭被美國國旗和鮮花裝飾得非常漂亮。汽船一投錨，將軍就移乘到停泊在港的美國軍艦「阿樹羅

2　尤利西斯·辛普森·格蘭特（1822—1885），出身俄亥俄州平民家庭，美國南北戰爭後期任聯邦軍總司令，後任美國第 18、19 任總統。格蘭特在南北戰爭中，顯露了他的軍事才能。其過人的戰略思考和堅韌精神，令他在西部戰場取得節節勝利，取得維克斯堡和葛底斯堡的大捷，奠定了整場戰爭勝利的基礎。除了軍事才能之外，格蘭特人品中正，遇事果敢堅毅，不追逐名利。這種個人品質使他最終走向政治生涯的頂峰。格蘭特將軍退休後所寫的《格蘭特將軍回憶錄》，在二十世紀初的美國政治及社會中依然發揮著深遠的影響力。

3　格蘭特來到亞洲之所以特別矚目，是由於他承擔著調停中日的中介人角色。格蘭特卸任後，於 1877 年 5 月偕妻開始環遊世界，1878 年成為美國第一位到訪日本和清國的總統，會見明治天皇，並與當時清朝北洋大臣李鴻章合照，李鴻章稱兩人是當代偉大的人。時值日本強迫琉球國王退位，設置「沖繩縣」將琉球併入日本版圖，清國總理各國事務衙門大臣恭親王委請格蘭特為調解人，格蘭特欣然同意前往日本調解此事。但赴日後則被日方以《中日北京專約》為由搪塞，只好力勸中日互讓，以免失和。美國還非正式地提出試探性「琉球三分案」，即琉球南部歸清國，中部歸琉球，北部歸日本。由於日本當時尚未做好對華開戰準備，1880 年只好暫且接受了格蘭特的調停，但不接受「琉球三分案」，日本因此提出「分島改約案」，將宮古島以南諸島歸還琉球國，但未獲清國同意，最後不了了之。

號」（Ashuelot）上。[4] 該艦的官兵都在艦上列隊歡迎將軍，二十一發禮炮齊發。接著帝國軍艦「日進號」也同樣地放了二十一發禮炮表示敬意。英國軍艦、丹麥軍艦、德國軍艦都保持沉默，只有日本軍艦放了二十一發禮炮。關於這件事情還有非常有意思的經過。帝國軍艦「日進號」如上述的那樣於四月二十九日已經在香港入港，而且知道了歡迎將軍的事情。禮炮到底放不放之所以成為問題，是因為在香港，日本是第三國，而將軍是前總統，不是現職。艦長笠間少佐對此非常地頭疼。試著詢問英國軍艦，其回覆說按照本國政府的指令，對於將軍的歡迎僅止於陸地上，作為軍艦不放禮炮。而另外詢問丹麥軍艦、德國軍艦，得到的都是很曖昧的回答，似乎同樣都非常地困惑。笠間少佐越來越為難，於是以電報的形式請示當時東海鎮守司令官伊東祐亨中佐，但是似乎也來不及了。

在此期間，眼看時間慢慢逼近的笠間少佐是如此考慮的：日本軍艦放禮炮，日美的關係就會顯得非常緊密。將軍也會對日本持有格外的好感。日本朝野也一直在準備歡迎的事宜，放禮炮沒有無視國際慣例。在將軍抵港的兩個小時前，丹麥、德國的軍艦發出通

4　前文提到 1867 年的羅妹號事件，促成美國駐廈門領事李仙得介入台灣東部的生蕃問題，美艦「阿樹羅號」就是其時李仙得率領的蒸汽戰艦。該艦特別適合於淺水搶灘作戰，在台灣衝突以後，艦船一直游弋於東亞地區。例如翌年四月到過日本長崎保護當地美國僑民，6 月轉赴天津觀察華北民亂，1870 年往返上海、天津，1871 年春對朝鮮展開征伐行動，以後轉赴南清國口岸，活躍於福建、香港和日本之間。至 1874 年，更深入長江內陸港口，如九江、武昌、漢口、貴州等地，充當美國駐亞洲戰艦的先遣角色。1879 年，「阿樹羅號」駛入香港，接載美國前總統格蘭特前赴廣州、澳門，繼而北上，進行清國和日本訪問。此後兩三年，都在清國與日本之間穿梭活動，至 1883 年，在離開廈門往汕頭途中，該艦不慎在東林漠島觸礁，艦身損毀嚴重而被逼放棄。

知說不會放禮炮。笠間少佐在這迫切的時間內更堅定了浮現在腦中的決心。英國、丹麥、德國什麼的先暫且不理，日本有日本的行動。笠間少佐打算和美國一樣放二十一發禮炮，並且是跟在「阿樹羅號」的禮炮後面，無視他國軍艦堂堂地放了二十一發禮炮來迎接格蘭特將軍。說實話，少佐對於放二十一發禮炮是否有失妥當一直心有疑慮。直到數日後，聽說格蘭特將軍在暹羅停泊時，暹羅的軍艦也放了二十一發禮炮的消息後，才慢慢地放下心來。

另外和將軍一起乘坐汽船的有九鬼大書記官，此人不會英語，從新加坡和將軍一同乘船，似乎沒辦法和將軍交談。領事館派遣平部見習書記去同船充當翻譯之後才開始交談。將軍抵港後的翌日，也就是五月一日，安藤領事和將軍會面了。外務省命令安藤領事從今年的一月份以來隨時報告格蘭特將軍的行蹤。所以見面時和將軍進行了簡單的問候以後，安藤領事就試著詢問了將軍的行程。香港停留十天以後，經汕頭、福州前往上海，在上海由陸路前往北京，日本行是在那之後。安藤領事用電報快速向外務省彙報以上事宜。將軍停留期間，於五月五日前往廣州，五月十日歸港，五月十二日坐軍艦「阿樹羅號」前往汕頭。另外，在此前一天的五月十一日，帝國軍艦「筑波號」從新加坡到達香港。艦長松村大佐在安藤領事的陪伴下拜訪了軒尼詩總督，並由總督多方斡旋引見給了格蘭特將軍。松村大佐曾在美國留學，英語非常好，見了格蘭特將軍也能非常愉快地交談。將軍出發時，「日進」、「筑波」兩艦都在停泊中，但是那個時候沒有再放禮炮了。

九、三菱汽船會社香港分店開設和香港航綫啟航

三菱汽船會社，正式稱謂是郵政汽船三菱會社。三菱汽船來到上海一事，已在明治八年篇中敘述了，但是到香港的日本船卻一隻也沒有。正因為如此，明治十年的香港出入船舶數中，沒有日本船舶的紀錄。明治十二年，日本船也慢慢地來到香港，十月九日三菱汽船會社的汽船「新瀉丸」作為香港航路的第一隻船進入香港。這是日本定期船或者商船進入香港的開始。[5] 在該船入港之前，該會社的香港分店就已經開設了。關於這個分店開設的紀錄已經沒有了，所以詳細情況不明，但推測是在同年夏天。地點及分店負責店員也不明。根據明治十三年二月六日的紀錄，能見到三菱汽船會社香港分店負責人本田政次郎的名字。本田政次郎在支店開設的時候應該已經在香港任職了，至於其在明治十三年十二月二日死亡，那是後話。

「新瀉丸」於十月九日入港，十三日三菱汽船會社分店組織在「新瀉丸」船上舉行午餐會。以軒尼詩總督為首的多數有實力的達官顯貴都出席了這一盛會。在十月十四日安藤領事給外務大臣的報

5　德川幕府時期位於長崎飽浦的三菱，還是主要以修理船隻為業，明治維新以後初歸工部省管理，政府即購取對岸小管的船架，改建為 400 餘呎的船塢，開始了小型的造船事業。明治初年，巖崎彌太郎開辦郵便汽船會社經營海運事業，明治十八年（1885 年）與共同運輸會社合併為日本郵船會社，又設三菱會社專責巖崎家所有經營事業。其時，政府以廉價售予三菱會社，致力由民間資本發展企業，明治二十二年（1889 年）以降才正式以民力創辦造船工廠，於立神試辦鋼製輪船。此處所見明治十二年三菱汽船會社開辦「新瀉丸」郵船至香港客運航路，頗有與各國營辦太平洋航路的輪船公司競爭之意，使三菱無論在客貨運還是造船事業上均在日本國內佔據領導地位。

告中，有關於此事的紀錄：

> 三菱汽船會社在當地開通綫路後，在分店負責人的請求下，
> 該社的「新瀉丸」入港。
> 另外在入港時，負責人就提前辦好了邀請各方赴宴的事宜。
> 於十三日向當地政府各長官、海陸各軍司令及各國領事和其他在香
> 港的重要商人，送去了邀請函。當天下午十二點半，由一小汽艇將
> 七十餘名客人接到「新瀉丸」上。船上可謂貴客如雲。宴中，船長
> 以主人身份祝賀英女皇陛下生辰。軒尼詩總督答謝，祝賀我國天皇
> 陛下及皇后萬壽。接下來，我國人員向各國君主祝壽。此舉應是事
> 先和總督進行了溝通。英海陸兩軍以及其他國家在「新瀉丸」上的
> 演講後來在報紙上都有詳細披露，總之是賓主盡歡，是香港領事館
> 設立以來從未有過的盛事。（後略）

通過上面的紀錄可知午餐會是怎樣的盛會，是如何地氣氛融
洽。午餐會的邀請函發出了百餘份，其中到會的人員有七十多名。
外務大臣很快將這一消息交給內地報紙，其要點在十一月五日報紙
上刊載了。「新瀉丸」入港後不久，「隅田號」也入港了。在香港航
路開航的就是這兩船。如果說和香港的往來，之前僅限於美國船、
英國船、法國船，那麼現在日本船也在其中。從此，在日僑的往來
中也屢屢出現這些日本船的名字。

第八章

明治十三年篇

一、帝國軍艦「比叡號」的入港

帝國軍艦「比叡號」於明治十三年四月八日在橫須賀軍港停泊，四月二十三日在香港入港。[1]該艦是在從波斯回航的途中，因此該艦來港的事情事先由海軍卿夏本武揚、東海鎮守府司令長官海軍少佐林清康向安藤領事發出通知。該艦的乘務人員如下：

艦長　海軍少佐　伊東祐亨[2]，副艦長　海軍少佐　服部潛藏，大尉　鮫島貞歸，大尉　本宿宅命，大尉　大軍醫　村瀨三英，中尉　水田贊治，中尉　福島虎次郎，中尉　澤良渙，中尉　中秘書　福島行治，中尉　中會計　江口高知，中尉　中輪機長，中尉　矢部有，少尉　渡邊久，少尉　副島種藤，少尉　外記康昌，少尉　友野唯介，少尉　天野才藏，少尉　少輪機員　池田鍊太郎，少尉　河井時偕，見習少尉　　矢島功，見習少尉　安原金次，見習少尉　飯年禮俊保，見習少尉　大河平隆義，見習少尉　丹治寬雄，見習少尉　　副軍醫　　滿田清光，見習少尉　木

1　「比叡」、「金剛」和「扶桑」被喻為日本的第一代戰艦，前二者是鐵骨木船，排水量各 2,284 噸，後者為 3,777 噸的裝甲艦，皆最早向外國購置的戰船。1877 年下水的「扶桑」排水量一說是 3,717 噸，速力為 13 節，擁 4 門 24 公分口徑，另 2 門 17 公分口徑及 6 門 7.5 公分口徑的火炮，較諸清國北洋海軍主力艦「定遠」、「鎮遠」的主炮 30.5 口徑、速力 14.5 節為小，略勝於「經遠」、「來遠」2,900 噸排水量及 21 公分的主炮口徑，參閱椎野八束編：《日本海軍軍艦總覽》（東京：新人物往來社，1997），頁 64。

2　伊東祐亨（1843—1914）為明治日本海軍的中堅，作為「比叡」艦長訪港時正值 36 歲的盛年。他生於薩摩藩，早年在藩內學習海軍工程和火炮，參加過 1863 年薩英海戰，加入明治政府後一直任職海軍事務，1886 年陞為海軍少將，1892 年官至海軍中將。在其後的中日甲午戰爭中，他被委任為聯合艦隊司令，率艦隊擊潰北洋海軍，後以戰功晉陞為海軍參謀部長。此外，又在日俄戰爭中屢建奇功，戰後陞為海軍元帥，是少數能向日本天皇帷幄上奏的軍事要員。

村狀介，見習少尉　副會計　神山□藏，見習少尉　鈴木十郎，會
計學徒　武內錄彌，催員　古賀信保，下士四十一名　一等兵以下
二百四十二名

搭乘該艦的還有海軍大尉曾根俊虎及大尉伊東蒙吉，和被派
往波斯的理事官吉田正春等一行。曾根、伊東兩大尉在香港下艦，
在香港視察後經上海去往天津。另外吉田理事官一行也在香港下
艦，五月一日換乘從香港出發的英國汽船「凱西加路號」經新加
坡、孟買前往波斯。

「比叡艦」入港後的翌日，也就是四月二十四日，安藤領事陪
同伊東祐亨艦長正式拜訪香港總督軒尼詩，受到隆重的接待。「比
叡艦」在香港停留四天，期間進行物資補給，二十七日開往新加
坡。五月八日該艦從新加坡起錨，六月七日經錫蘭抵達孟買，在經
過大約二十天的停泊後，於六月二十七日開往波斯灣內的布西路
港。在「比叡號」從波斯歸航的途中，直接由新加坡開往廈門，沒
有在香港停留。抵達廈門是九月五日。因為沒有在香港停留，所以
事先向廈門領事館傳達了該艦所需的各項物品，要求：「該艦在貴
港入港後請如前所述準備，特別是在貴領事館閉館期間，如果難以
達到要求請進行妥善處理，或者請派合適的人在該艦入港時進行交
接。」從此敘述可以看出此時正值廈門領事館閉館的前夕。廈門領
事館閉館的事，將在後文敘述。

二、三井物產公司及廣業商會各香港分店的商貿量

三井物產公司香港分店及廣業商會香港分店從明治十三年初

起每個月向領事館報告商品的價格。通過報告，可以了解明治十三年兩分店的商品銷售量。雖然不能直接得知兩店業務內容，但是大體可以知道日本和香港貿易品的種類。

三井物産香港分店

明治十三年一月至三月三十一日為止進口

小銀幣　一萬兩千元（向廈門再出口）紅銅　二十萬五千斤 煤　六百七十二噸半

紅毛毯　一千五百對　藍毛毯　一千五百對　人參 一百二十七斤（向海口再出口）

銻　四萬一千三百八十八斤（向倫敦再出口）牙刷　二千箱 扇子　三千三百把

白鐵皮　一百箱

出口

孟買絲綫　三萬斤　台灣紅糖　二百八十四萬斤（由台灣再出口）

明治十三年四月中進口

日本小銀幣　一萬零七百三十五元　乾鱈　一百七十個　乾 鮑　八百五十三斤

樟腦　一百七十箱　一萬八千三百五十斤

出口

台灣紅糖　六十二萬斤

同年五月中進口

寒天　一百四十八個　九千九百九十斤　一千九百九十元 隅田丸　樟腦　二百四十八箱　二萬六千斤　五千九百八十元　隅 田丸　煤　五百七十七噸　二千八百八十五元　千早丸

112

出口

砂板糖　四百二十一袋　四萬四千一百斤　一千七百六十四元　麻六甲號　西貢百米　七百一十五袋　十萬斤　二千零八十元　漆　三十壺　二千七百斤　四千零七十元

同年六月進口
無

出口

台灣紅糖　九千八百袋　九十五萬斤　三萬六千元　砂板糖　四百零一袋　四百零四斤　一千六百零四元　台灣紅糖　一萬八千袋　一百八十萬斤　五百一十九元

同年七月中進口
無

出口

舊鐵　一千一百三十二包　一千七百一十三擔　書箱　一箱　二十立方尺　馬尼拉產的繩　十九包　七十一擔　咖啡　十袋　十擔　舊鐵　一百三十二件　四百擔　白砂糖　六百袋　六百擔　紅糖　三百八十九袋，三百八十九擔　羊沒　七個　十七擔半　砂板糖　四百零一袋　四百零一擔

同年八月中進口

人參　十八個　日式八千斤　四百五十元　薄荷油　二個　二百斤　二百元

出口

金幣　一箱　三百五十元　綢緞類手帕　三箱　九百打　五百元　銅幣　四十箱　舊鋅　十八個　四千斤　二百三十五元　燈罩形狀的玻璃　三十六個　六百元

九月中進口及出口
無

十月中進口
小型筆記本　一個　二百打　八十元　八角　一百六十二包
一百三十八擔　八百二十元　橫木　二十箱　一萬二千打　四百元

出口
無

同年十一月中進口
日本產手套　二個四百四十八元　橫木　八十箱　一千六百
元　乾貝　三個　一百三十五元　樟腦　一千元

出口
無

同年十二月中進口
乾鰯　五十袋　五千三百斤　五百三十元　伊多良貝　一個，
六十二斤　十二元　乾鰯　一百零五袋　一萬零五百斤　一千零五
拾元　毛毯　五十個　二千五百斤　七千五百元　樟腦　四百四十
箱　四萬四千四百斤　八千一百八十元

出口
呂宋麻　四十個　一千二百元
以上

廣業商會分店中沒有出口，從日本只有進口。另外遺憾的是
二、三、四月的紀錄也是缺失的。

廣業商會香港分店

明治十三年一月中進口

橫木　二十箱　茯苓　二十籠　二千斤　寒天　六十箱
六千斤

同年二、三、四月紀錄缺失

同年五月中進口

切絲蘿蔔　五十個　六千三百九十六斤　五十七元六十錢（成
本價，以下同）隅田丸　寒天　百個　六千四百斤　一千四百四十
元　森特露那號　硫磺　四百八十六個　四萬八千斤　一千零八十
元　同船　橫木　百箱　二千七百元　馬六甲號　一等鰩　二十個
五千斤　一千三百元　寧波號

同年六月中　進口

橫木　四十五箱　一千二百十五元　松黑目號　橫木　一百
箱　二千七百元　隅田丸　一等乾鰩　六個　一千三百九十三
斤　三百六十四元　西拉比斯號　北海道產乾鮑　三十個
三千一百九十九斤　一千二百七十五元　新瀉丸　同十三箱
一千四百十六斤　五百九十二元　同船

同年七月中進口

一等鰩　四個　一千零五十四斤　二百六十三個　斯托拉斯
熱赫尼號　二等錫　一個　二百零三斤　二十五元　同船　橫木
二百箱　五十六百元　隅田丸　橫木　百箱　二千八百元　新瀉丸

同年八月中進口

一等鰩　八個　二千零六十斤　四百七十三元　支那號　一等
鰩　二十三個　六千二百一十斤　一千四百九十元　亞洲號　橫木
二百十五箱　六千零二十元　隅田丸　橫木　三箱　七十八元　同
船　鹿肉罐頭　六箱　五十七元　同船

同年九月中進口

橫木　十箱　二百八十元　新瀉丸　橫木　一百七十箱　四千九百三十元　新瀉丸　隅田丸　麥粉絲　六箱　五百斤八十七元　新瀉丸　麥粉絲　一箱　一百二十斤　二十一元　支那號　硫磺　三百二十個　三萬三千九百五十六斤　六百七十九元　隅田丸

明治十三年十月中進口

一等鯣　十個三千斤　九百元　麻六甲號　二等鍚　五個一千五百斤　二百七十個　同船　橫木　百箱　二千九百元　新瀉丸及麻六甲號　鉛筆　四箱　四百四十根　七百零二元　隅田丸日式蝙蝠傘　十箱　一百六十打　八百六十元　新瀉丸

同年十一月中進口

玻璃罩　三十五箱　一百四十打　五十元　內布魯斯號　硫磺　四百六十四個　四萬四千一百斤　八百八十二元　隅田丸　黃蓮　十個　一千五百斤　一千四百二十五元　同船　茴香　一百十三個　九千八百十六斤　五百三十九元　同船　橫木　五十箱　一千四百五十元　馬六甲號　日式蝙蝠傘　十九箱一百九十四打　二千二百三十元　同船　一等鯣　二十個（以下文字不能辨別）同船

同年十二月中進口

乾鱈　三百九十八個　五萬八千一百一十斤　五千一百四十二元　隅田丸　一等乾鯣　四十個　一萬一千斤　三千五百二十元桑塔號　二等乾鯣　十個　三千斤　五百四十元　同船

以上

根據以上三井物產分店及廣業商會分店經營的商品，大體上可以知道香港的對日貿易品，且可知當時日本和香港間通航的汽船等。三井物產會社香港分店（正式的叫辦事處）如上文所述，是明

治十一年八月十七日在同第一銀行的共同經營之下開設的。明治十二年八月金子彌一代替執行弘道被任命為辦事處主任。其後於明治十三年三月改辦事處為正式的分店，同時任命金子為該分店的負責人，同年七月和第一銀行完全脫離關係獨立起來。

三、新加坡副領事館的閉館

在新加坡設立日本領事館，任命支那人胡璇澤為副領事一事已經在明治十二年篇中敘述過了。但是這個胡璇澤於同年末感覺身體有些異樣，進入明治十二年後，病情愈發嚴重起來。胡將此事告知安藤領事，安藤領事也非常地擔心。三月軒尼詩總督向安藤領事詢問：「胡的病情如何，如果有最新的情況請隨即告知。」安藤領事很快地用電報告知此事，在回電中說胡最近稍稍有所好轉。但是其後胡的病情又繼續惡化，最終於三月二十九日逝世。得到胡逝世的消息，安藤領事迅速給總督發出了通知。據說總督還哀歎這樣一個出色人物的去世實在太可惜，並於三月三十一日向在港的各領事館發佈了胡逝世的消息，日本領事館特別為胡降半旗表示哀悼，同時向外務省就胡的繼任者問題提交了申請。外務省回覆要仔細考慮。

四月十四日，安藤領事給外務省遞交了這樣的申請：

關於胡的繼任者，我和皮特曼數次商議後，覺得和胡水準相當的合適人選非常難找。在新加坡永久居住的英國人利多無論是人望或者地位都沒的說，而且現在他還兼任荷蘭總領事。但胡是副領事，因此其繼任者也同樣是副領事。那麼若任命利多為副領事是否

安當。既然已經兼任了荷蘭的總領事，那麼也無法任命為我國副領事了。擔任副領事的合適人物實在難找，對於利多除了給予更高的官銜外別無他法了。以前在新加坡出差時，利多還就當地的貿易和貨幣等其他問題進行過介紹。無論如何，請就胡的繼任者特別是利多的問題給予意見。

對此外務省於四月二十七日回覆說繼任者不是非常緊急的要事，就暫時讓副領事職位空置。由此可看出該館關閉的命運了。

安藤領事接到外務省回覆的同時，還考慮是否要把該消息通知新加坡。恰好當時「比叡艦」在去往波斯的途中要於新加坡落腳，因為該艦必須麻煩當地的領事館，所以安藤領事就推遲了該通知。胡死後，在新加坡領事館管理事務的一直是一個叫陳福（編者按：日文羅馬拼音為 Chin Fuku）的人。此次「比叡艦」在當地落腳，也必定要麻煩這個人。

其後沒有從外務省接到任何關於新加坡領事館的通知，安藤領事不能無限期地擱置這件事。因此，他於九月十七日向井上外務大臣陳述了這樣的意見：已經接到了新加坡副領事館關停的通知了，但是剛好是在「比叡艦」泊港的前夕，必須麻煩該領事館，所以暫緩發佈該通知。在該艦歸國以後，再發佈通知。同時，能否送封表達慰勞的書信。另外，日本在香港與歐洲之間一個領事館都沒有了。如有可能，還是希望新加坡領事館繼續保留下去。

其後十月一日安藤領事上報井上外務大臣，當日胡的任命是皮特曼推薦的，今後的事宜還想聽聽他的意見。

安藤領事請求延續新加坡領事館，但是外務省卻斷然決定廢止該領事館。井上外務大臣於十二月四日向三條太政大臣申請該館廢止，同月二十八日該申請被認可。該申請書如下：

關於駐新加坡領事館廢止的申請

　　明治十二年中在新加坡建立領事館，由清國人胡璇澤擔任領事，但是本年三月中胡病死，依照目前之境況，該領事館沒有繼續存在的必要，可廢止。特此申請

明治十三年十二月二十八日

外務大臣　井上馨

太政大臣　三條實美

　　明治十四年一月七日，新加坡領事館廢館的命令由井上外務大臣向安藤領事下達。接著安藤領事通知陳福，領事館的一切物品都送交香港領事館。由此，明治十二年設立的新加坡領事館在胡死後閉館，直到八年後，即明治二十二年一月才再次開館。

四、九月二十三日的暴風雨

　　明治十三年九月二十三日，一場暴風雨襲擊香港。當時的狀況在安藤領事寫給外務省的公函中有詳細報告。其情形可以在後文描述中了解。

　　上個月二十三日下午，暴風雨襲來，入夜後越來越猛烈，港內的汽船及帆船都投重錨，高級戒備，幸好到第二天拂曉時分其風勢逐漸減弱。但是這場暴風雨的到來使得陸地上到處都是被毀壞的事物。特別是沿岸的房屋大量崩壞，海上也有一小汽船翻船，溺死

數人。[3] 二十三日早上是陰天，沒有特別大的風，甚至還可以見到太陽，完全沒有暴風雨的徵兆。到了上午十一點四十五分，巡邏船突然打出一發警颶炮，港內停泊的二千多船隻（通稱候者）都齊齊開進避風港。到下午風浪開始激烈起來，強勁地掠過水面。得益於警颶規則，沒有支那船員喪生。在我國沿海，我一直認為也可實行這種非常有效的規則並在此前的報告中多次申請，此次再次看到了其實際效果。有關於此，我在上次的藩廳日誌有關此狀況的內容中裁下一頁供您查閱。

五、駐廣東的相良中尉及島村少尉

為了語言學的研究，陸軍少尉相良長佑被陸軍省派遣到廣東。明治八年篇中已經敘述過了，其後又獲得他升至中尉之後的一些消息。該少尉一直居住在廣東學習廣東話，有時會去廣東以外的各地旅行。明治十一年或明治十二年，據說曾回國一次。根據十二年七月一日大山參謀長本部次郎寫給安藤領事的書信中告知「此次

3　1880 年的風災雖無 1874 年的甲戌風災嚴重，較少為文獻記載，惟據港島大坑舞火龍的傳說，或與此風災有關。本地故老嘗謂當年的大坑為一客家人村落，在一次風災後，發現了一條大蟒蛇，被村民合力打死，蛇身被綑好放到銅鑼灣警署內。但事後村內發生瘟疫，很多村民死亡，其後村內有一父老獲菩薩報夢指點，在中秋節晚上，舞火龍繞著村子遊走，就可驅走瘟疫；村民依計行事，果然奏效，區內舞火龍習俗相傳至今。此說距今逾 130 年歷史，大坑每逢中秋舞火龍的活動，於 2011 年 6 月被國家文化部列入第三批國家級非物質文化遺產名錄。此外，觀東華醫院於 1880 年興辦義學、九龍樂善堂於是年建立醫藥、助殮善業，似反映當年受災家庭亦多。

又派遣相良長佑和島村千雄兩人去廣東地方」，可以看出相良中尉（這時是中尉）的語言學研究已經完成，所以和島村少尉一起再次被任命駐在廣東，但不是正式的陸軍駐在武官。這點在前述大山次長的來信中已經說明了。同年七月十九日這兩位到達香港，二十四日前往廣東。

現在依然留有同年十二月相良中尉在福建沿岸旅行的紀錄。第二年，即明治十三年九月，相良中尉接到陸軍省回國的命令，十月二日從香港出發踏上回國的旅途。其後僅剩島村少尉留在廣東。

六、安藤領事拜訪兩廣總督張樹聲

安藤領事在明治十年九月二十六日會見了當時的兩廣總督劉坤一，這件事已經在明治十年篇中有過陳述。安藤領事其後又數次會見了該總督。明治十二年十二月，由於當時的兩江總督沈葆楨去世，劉坤一被任命為兩江總督。當時任職廣西的張樹聲，被任命為兩廣總督。張樹聲因此年十月在廣西討伐叛亂總兵李揚而揚名。明治十三年六月，張樹聲來廣東就任，並將該事通知了安藤領事。安藤領事想尋找合適的機會，赴廣東和新總督會面。同年十一月十五日，他和平部書記官一起赴廣東，詢問和張總督見面的時間。回覆是十七日可以會面。當日安藤領事換上正式的禮服前往總督官邸。安藤領事之前數次面見兩廣總督，都多虧了英國與美國的廣東領事從中斡旋。此次無論如何也不能再麻煩他國的領事了，所以安藤領事打算自己做會面的各種準備，比如轎輿方面，就多虧擔任廣東稅務長的英國人邁克因幫忙。

由此安藤領事到達總督官邸第一道門時，官邸鳴響了五發炮竹，表示歡迎，在到達第三道門時，總督張樹聲身穿禮服親自迎接，擅長英語和官話的薛瑤光跟隨其後。

來到客廳時已經是設好宴席，主客首先進行了初次見面的問候，然後入席。安藤領事受到了鄭重的款待，會談進行了一小時餘，安藤領事告辭離開官邸。當時兩者之間是如何進行會談，特別是距今五十五年前，從當時兩國的狀況觀察兩者到底是有何種考慮，這些都是非常有趣的問題，那次會談的內容有紀錄保留下來。從此紀錄來看，張總督的日中親善論和與之相對應的安藤領事關於兩國的合作，甚至促進兩國貿易的必要性等言論等，可關注點有很多。另外張總督不得不感慨說日本現在日新月異，發展迅速，而支那依然是因循守舊。根據此會談紀錄，當時廣東的僑居日本人只有兩三個語言學的研究者。而這兩三個應該就是前文所述陸軍派遣的相良中尉、島村少尉，以及貿易商會派遣的門松理良。

明治十三年十一月十七日在兩廣總督官邸，安藤領事和清國兵部尚書兩廣總督張樹聲（直隸總督李氏的姻親，年齡未滿六十）初次對話的概略：

翻譯　南海縣左堂　薛瑤光
　　我說：久仰閣下大名，今日受到如此禮遇，榮耀之至。和閣下的前任也有多次會面，一向受到禮遇，在公務方面也得到不少方便。懇請閣下也予以照拂。
　　他說：今日得見閣下，歡喜之至。此次會面起，無論公私，冀望常來。
　　我說：多謝好意。今日有幸同閣下相識，以後因公務勞煩閣下的時候恐怕很多。

關於香港廣東兩地的風土情況的交談

他說：貴邦和敝國都是在亞洲，本同一種族。自古以來文物風俗都大同小異，兩國實在是兄弟情誼，唇齒相依。所以比起別的國家來，在交往上應該更加親密一些。

我說：的確如此。閣下所講的這些理由，也是敝國政府和貴國政府交往時的宗旨。下官更是時刻謹記，敝國國民也堅信這點。特別是接近敝國的上海以北有公使及數處領事館，兩國官民來往日益頻繁，人民友愛，日漸親睦。貴國是大國，幅員遼闊，還有距離北方如此遙遠之地，敝國官民來此極少，其交情和北方相比，恐怕稍顯疏離，本來還有這種憂慮，但是聽聞閣下一言，真心實意，實在是非常地歡喜。此種思想的貫徹有助於我職務的行使，也認識到兩國間貿易的加強，同兩國繁榮親睦息息相關。

他說：貿易問題固然是重中之重，隨其日益拓展，兩國國民的關係也越發和諧。敝官聽聞在貴國從事貿易的敝國國民中有不少出自本省，而貴國國民對此方面也十分熱心，我對此感動之至。恐怕這正是所謂政府所向即民心所向吧。

我說：這是自然，敝官現在就一事可證。近來我國有一個社團，該社團不是由政府主導，而是有志之輩團結在一起創立的。其社團名叫興亞會，專門以兩國親睦合作主義為宗旨。會中開設了漢話學校，請貴國的教師教授學生作文會話，以培養將來為促進兩國關係乃至振興亞洲的人。以在敝國的貴國欽命使臣何氏為首，其他縉紳名家也紛紛讚美此舉，很多人都加入社團。另外該會每個月有兩期會刊發行。[4]

4　此處略可看到「興亞會」的淵源，亦與前揭日本「比叡艦」上的曾根俊虎（1846—1910）有關，蓋曾根氏就是該會的始創者。曾根是幕末米澤藩士，曾習漢文，1871 年任海軍少尉，1873 年隨外務大臣副島種臣訪問清國，在 1880 年發起創設興亞會。日本入侵台灣時，奉命潛入上海，執行軍需品採購及運輸任務。後長駐上海，為日本海軍駐上海的第一批諜報人員。曾遊歷華南各港口，調查兵要地誌。1884 年受海軍大臣派遣赴福州活動。

他說：聽聞此事，鄙官感到這實在是少有的盛舉。貴國近來百物振起，朝野改良，國內到處有汽船火車電綫郵政，反之我國因循守舊，不能取長補短，像貴國一樣走上開明的道路，實在是慚愧之至。如果該會的會刊是以中文編次的話，可否送我一本，讓興亞之名稱存於我志之中。

我說：閣下實在謙虛。據我所知，該會的報告通常是以日語編次，但是其中往往有漢文的評論，如此我將速速給您呈上。這也是該會的光榮。

他說：貴國人民有在本府居住的嗎？

我說：在本地有兩個僑居學習漢話的學生。在香港，我國屈指可數的貿易商會已經開設了兩三家分店，很多是從事香港廣東貿易的。去年以來三菱汽船綫也在該地建立起來，每月兩次定期往返。鄙官非常希望貴國和鄙國之間的貿易在未來不斷壯大。我相信其進步如何完全是取決於閣下的保護贊成。

他說：鄙官當然是非常贊成，一定盡力而為。

我說：太好了。今日承蒙閣下不棄，如此真誠地吐露心聲，實在是值得慶賀。鄙官一定詳細上報我國政府。承蒙閣下撥冗賜見，並且長談，多有打擾，後會有期。

安藤領事此次的廣東之行中，偶然來香港的廣業商會主人笠野吉次郎也同行了，其目的是為了北海道產的硫磺火柴出口廣東以及乾鮑、乾鰌的銷路擴大。當時支那是禁止硫磺進口的，所以有必要就火柴的出口和支那官員交涉。

晚年曾任職台灣總督府。著有《清國近世亂志》、《各炮台圖》、《法越交兵記》、《俄清之將來》、《俄國暴狀記》等，並有《北清國紀行》和《清國漫遊志》一類的旅清遊記紀錄。觀此，可知「興亞會」是以同文同種為名復興亞洲地緣的言志組識，但自始離不開明治政府軍政要員的介入，頗有為日本收集清國情報的意味。

七、領事館員的變動

　　根據修訂的遣外公使領事費用條例，在香港領事館，平部、大沼兩實習書記官其中一人成為書記官，一人則被命歸國。這件事已在明治十二年篇中敘述過了。明治十三年二月十日，安藤領事代替外務省向平部二郎發佈作為書記官繼續留在領事館工作，而大沼讓回國的辭令。大沼於二月七日搭乘從香港出發的三菱汽船會社「新潟丸號」回國。因此，領事館就由安藤領事，寺田書記官，平部書記官和僱傭的英國人貝路末路四人組成。其後進入五月，平部書記官申請休假回國，很快得到准許。六月初，他從香港出發回國。八月二十日乘三菱汽船的「隅田丸號」回任。十一月十七日安藤領事帶領平部書記官前往廣東訪問兩廣總督張樹聲的事已經在前文敘述。

八、廈門領事館的閉館

　　廈門領事館於明治八年四月八日正式開館，以及之前即明治七年台灣征伐之時，福島領事作為領事駐在該地一事已經有過敘述。但是該館在明治十三年八月已經閉館，被納入上海總領事館的管轄下。明治十三年四月，福島領事得到了六個月的休假回國許可，四月十日和家人一起從廈門出發，十四日到達香港，十六日乘坐三菱汽船的「隅田丸號」回國，同月二十六日抵京，富山清明書記官代行廈門領事館的事務。七月，外務省發出通知，決定廈門領事館閉館並把原領事館管轄內的基隆、淡水兩港納入上海總領事館

的管轄之下。福州領事館也在明治五年九月四日開館，明治六年五月閉館，後於明治十三年七月和廈門領事館一起歸屬到上海總領事館的管轄之下。因為廈門領事館的閉館已經決定了，所以為處理其閉館事務，七月下旬派遣吳書記官從上海到廈門出差，和富山書記官合作處理閉館的事務，不久其事務完成，廈門領事館於八月十一日閉館了。吳書記官和富山書記官閉館後由於地皮、房屋的買賣問題留了下來，把這些全部處理完以後於九月三十日從廈門出發，回到上海領事館。在此年篇中曾說帝國軍艦「比叡號」停留時，於九月五日給廈門領事館的書信中寫到「貴館馬上就要閉館了」，所提及的就是這個時候的事情。

九、香港的日本僑民

有關明治十三年，很有必要了解日本僑民的狀況。領事官員的情況已有介紹，在此不再贅述。作為商社，於明治十一年八月十七日正式開業的三井物產會社香港分店一直都在營業。由於自開業起就在那裡工作的執行弘道回國了，因此明治十二年八月金子彌一被任命為辦事處主任（當時正式來說應是辦事處而不是分店），明治十三年改辦事處為分店，同時金子被任命為分店負責人，同年七月和第一銀行脫離關係獨立開來。這個三井分店開設以來已逾兩年，其營業成績的詳細情況不明，但是恐怕也不太理想。從該分店於明治十五年閉店時根本未回顧過去的經營狀況這點就可以看得出來。

其次，三菱汽船會社香港分店如上所述是於明治十二年夏開

設的，該社船在橫濱、神戶、香港之間的定期航路也是由「隅田丸號」、「新瀉丸號」這兩艘船每月兩回的航行來完成的。

在前年篇中敘述的首航中，「新瀉丸號」在香港神戶間的五天零四個小時的航行顯示了並不輸給英美俄的良好紀錄。以上兩船即使在進入明治十三年後也順利地在日本和香港之間航行。日本人也經常使用這兩艘船，貨物慢慢多了起來。另外自從日本船通航以後，來香港的日本人也多了起來。這個三菱汽船分店負責人本田政次郎於明治十三年十二月二日在香港去世。墓碑現在依然在日本人墓地裡。碑面寫著「本田政次郎之墓」，右側刻著「明治十三年十二月二日亡」，左側刻著「前郵政汽船三菱會社香港分店負責人」。本田政次郎的墓附近立著同屬郵政汽船會社的屯上秀士的墓。碑面用英文寫著「一八八一年六月八日死，二十一歲八月」，若他在明治十四年去世的話，恐怕當時正是在香港分店工作的。

此外廣業商會香港分店比明治十三年三井分店稍晚。此店也持續營業，但似乎和三井分店一樣經營不景氣。該分店有宮田忠三郎、大橋兩三兩名員工。宮田忠三郎成為長崎分店的負責人後，屢屢往返於內地，香港分店業務大多由大橋一人負責。

明治十三年秋，廣業商會主人笠野吉次郎因業務視察來到香港。明治十三年十一月，他曾隨行安藤領事的兩廣總督訪問之旅，這已經說過了。

當時的僑居日本人主要的是三井分店、三菱汽船分店、廣業商會分店三者。在這裡需要特別提到的是後期規模不斷擴張的日下部商店（在香港被稱為日森洋行，這是取得日下部和大阪森的各一個字），日下部平次郎於明治十三年就已經開設了此店。準確的開店日期不明，或許是明治十二年的事情。關於這個日下部商店，在

香港日報社發行的香港介紹（九十一頁）有如下介紹：

　　作為鈴木商店前身的日森洋行雖然現已不存在，但其曾於明治十年前後在當地販賣陶瓷和茶器，同時在拍賣會上購買一些物品運回日本。當時的主人是名叫下部平次郎的大阪府人，可見日本人在當地的出口就業早就開始了。

　　感覺上文所述的明治十年應該早已過了，還是明治十二年開店的觀點比較穩妥。在明治十三年時該店還有三谷保太郎、川村一樓兩名店員。

　　除了以上，關於僑居日本人的狀態就沒有其他詳細了解了。幸運的是根據明治十三年四月七日的調查，得到關於香港僑居日本人的一部分姓名紀錄。

　　以下是其中的一些：

在香港的我國人 營業、出差的事務	明治十三年四月七日調（查） 姓名
	○山口金十郎
	○北村寅之助
海產類　廣業商會長崎分店負責人	○宮川忠三郎
雜貨商	○增田鈔吉
水夫	○竹山寅吉
雜貨商　橫濱出差	○奧平□
雜貨商	○長岡佐助
廣業商會上海分店員	○末次□□
吳服館	○松內□
	○□藤□□
	×廣瀬□□
水夫	×有島萬太郎

水夫	× 茂勝太郎
雜貨商	× 末光源之助
雜貨商	× 松岡彌七
雜貨商　松岡彌七夥計	○ 鈴木傳二郎
雜貨商	× 日下部平次郎
雜貨商　日下部平次郎夥計	○ 三谷保太郎
	× 川村一樓
雜貨商　東京三河屋出差	× 秦順□二
雜貨商　廣業商會出差人	× 大石兩三
旗昌洋行所僱	× 大橋忠台
	○ 菅川清

　　男性總計　二十六人，其中○表示持有護照，×表示有無護照不詳

　　女性總計　六十人中三十四人持有護照，二十六人有無護照不詳

　　如上引的紀錄，男性合計二十六人，但是上表中實際出現的只有二十三人，剩下的三名應該是包含三井、三菱兩分店的店員。男二十六人，女六十人，就是除了領事館員的僑居日本人的全數了。男女合計八十六人就是僑居日本人的人數。

　　另外從上述紀錄可以看出，作為雜貨商除了日下部商店以外，長岡佐助、末光源之助、松岡彌七、增田鈔吉等都有商店，還有松內的吳服店。但是這些店恐怕都只不過是稍縱即逝。

　　需要注意的是女性數目異常多。這個數字即使是包含屬於男性的家屬，也不免令人生疑。在此可以從明治十九年篇中得到確認，其中半數以上的女性是所謂的「娘子軍」。

　　總之，於更早的時期就有日本人在當地出入了，但數量明顯

增多是從明治十二年開始。

另外根據其他紀錄，明治十一年四月慶應組在香港開店，開始進行陶器、漆器的買賣。可惜經營不太理想，同年七月便早早地閉店了。明治十二年三月又開了「崎陽號」經營陶器、漆器，但是同年七月也閉店了。

在香港停留的船員也越來越多。他們大多在外國船上工作，常受到苛刻的對待，待遇也不好，因此向領事館訴苦的情況非常多。領事館認為可以從中斡旋，將這些人送回日本。於是把他們作為三菱汽船最下級船客送回去。

此外，還有矛盾糾紛、還借貸問題等，也來找領事館仲裁。比如，有一個生病的船員在廈門受到老闆女兒的照顧，但是該女子有沒有借給這名船員三元五十仙就成了廈門領事館的頭疼之事。因為廈門領事館的閉館，這件事就交給香港領事館。香港領事館就此事開始調查的時候，廈門領事館保管的一本紀錄書都被交予上海總領事館，所以又只能請上海領事館進行調查。

明治十三年三月，三菱汽船於下午七時左右著陸，兩名船員上岸，在集市中閒逛。看到路旁有支那人在賣酒，兩人便抱著一醉方休的心情醉倒在路邊。等兩人醒來的時候已經是午夜，急忙跑去看本該當夜乘坐的汽船，然而船已經出航了。第二天一早，兩人來到領事館，說明緣由。領事館和三菱汽船分店進行交涉。根據三菱汽船會社的規則，如果是故意或因怠慢而沒能歸船者，一律就地解僱。既然按規則已經解僱了，會社就不會再幫助這些人。領事館根據解僱地必須是僱入地的原則以及保護國人的原則，指出其處理不當。最終兩位醉酒船員由該會社負責送還回國。另外日本人中也有入獄的，兩年前一個日本婦女就曾經入獄。

十、我國貿易銀幣作為香港法定貨幣未被認可，以失敗告終

明治十二年二月，安藤領事向香港政府申請將我國貿易銀幣作為香港法定貨幣。軒尼詩總督對此持樂見的態度，但該問題由英國政府負責，認可與否全由英國本國政府決定。

英國本國政府遲遲不做決定，軒尼詩總督為此還電報請示盡快做出決定。

明治十二年決定未下，這就到了明治十三年。英國政府在拖延許久後終於決定了，但結果卻是不同意日本貿易銀幣作為香港的法定貨幣。得到通知的安藤領事非常失望，認為過去兩年的努力都化為泡影。轉達此消息的軒尼詩總督也因為沒能促成此事而感到非常遺憾。

日本貿易銀幣作為香港法定貨幣的認可問題以失敗告終。當時英國本國政府不同意的理由，即便是當時的香港政府也不清楚。明治二十五年，採用日本一元銀幣作為香港法定貨幣的問題再次被提出，這也和前述明治十二年的認可問題有關。香上銀行（編者按：即香港上海銀行）的傑克遜稱雖然對於當時英國政府為何沒有認可一事自己也還不明白，但還是能夠略知其中狀況的。

這應該是英國本國政府基於自身利益考慮決定的結果。不過，貿易銀幣認可雖然以失敗告終，但是各種面額的日本貿易銀幣實際已經在香港市場上流通了。香港市場通貨的大半都是我國貿易銀幣。

第九章

明治十四年篇

一、有栖川宮威仁親王殿下的過港

有栖川宮威仁親王於明治十四年一月十六日去往英國留學的途中順路登陸香港，並於十九日離港。關於威仁親王留學一事，明治十三年十二月二十三日榎本海軍卿曾寫信給井上外務大臣，信中說明威仁親王此次留學是以海軍少尉的身份進行，但途經的諸港口可能還在準備以皇族的儀式來接待親王，因此又發了一封通牒提前告知各相關方面不要對親王施以皇族待遇。這封通牒後來轉達至香港領事館。威仁親王一月九日搭乘法國郵船從橫濱出發，一月十六日到達香港。黑岡少佐一人隨行。安藤領事攜平部書記官迎接親王光臨，並帶領登陸的親王遊玩。

香港總督軒尼詩從安藤領事處詳細了解了親王到港以及其待遇規格等事宜，並一早就開始等待親王的到來。親王在安藤領事的帶領下訪問了總督官邸。見到親王，總督分外高興，並十分鄭重地接待了親王。總督夫婦還希望親王可以住在官邸。因有特殊情況，親王當夜歇息在旅館，但翌日即十七日便住進了總督官邸。

十七日，親王在港的英國軍艦「愛昂杜克號」上訪問了庫特司令長官。十八日親王到領事官邸，與安藤領事共同進餐。十八日晚總督府招待晚餐，陪席的有在港的法國海軍長官，法國郵船總經理以及其他政廳主要文武官員。法國司令官特意請示總督，讓自己的軍樂隊入宴會場助興。

十九日，親王搭乘另一艘法國郵船「安娜黛爾號」離港。親王登上郵船時，總督坐著汽艇從政廳前來送行。汽艇穿過英法軍艦時，兩艦甲板上水兵列隊整齊，行捧槍禮，並吹奏喇叭，為親王送行。英國海軍司令官庫特帶著一位艦長前來郵船問候，致辭送別。

親王在安藤領事以及在港日本人的送別下，離港前往英國。由於親王在港期間受到了總督的接待與照顧，德大寺宮內卿對總督表示了鄭重的感謝。親王歸國時經由美國，因此沒再去香港。

二、夏威夷國王的過港

布哇國（編者按：即夏威夷，Hawaii）國王結束對日本的訪問後，於明治十四年三月十六日從東京出發，搭乘當日從橫濱前往上海的三菱汽船「東京丸」。於四月九日隨英國汽船從上海出發，四月十二日到達香港。隨後入住了總督官邸。翌日即十三日安藤領事前往總督官邸問候國王。十八日晚總督官邸舉辦了以國王為主賓的盛大晚宴，與會人數超過四百人。安藤領事也受到邀請一同出席。期間，安藤領事坐在國王身邊時，國王對安藤領事說道：

這次剛到香港，您來找過我，但不巧我不在，沒能夠見到您，非常遺憾。然今天晚上能在這裡見到您，實在是令人高興。在日期間，日本天皇以及政府隆重地接待我，我今生難忘。今天在異國與您相見，又添欣喜，為略表心意，後天上午十点點我去拜訪領事館，跟您好好閒聊。

對此，安藤領事回答道：

您對我們的招待如此滿意，實乃我們的福氣。到港之後還未到訪其他公署卻惟獨要造訪我領事館，實在是榮幸之極。

當晚國王身著大禮服，胸間佩戴多枚勳章，在日期間所獲的

菊花勳章更是璀璨耀眼。國王向安藤領事展示了這枚菊花勳章，並說道：您看這枚勳章如何？我從國外獲得的勳章也不在少數，但是如此貴重華麗的卻找不出第二枚。今後我去往歐美國家，也定會戴著它。

次日，二十日上午十點，國王身著便裝，在軒尼詩總督的陪同下前往領事官邸。安藤領事身著禮服，攜寺田、平部兩書記官出迎。入客廳後，安藤領事夫婦，寺田、平部兩書記官上前拜見。

國王說道：

今日又來到親愛的大日本國境，與你等在太陽旗下團聚閒聊，實在是一件愉快的事。

安藤領事回答道：

您這麼說，真是我們的榮幸。若將國王造訪領事館一事稟報我天皇陛下和政府，想必他們也會很感謝這次您對下官的厚愛。

國王想喝日本的茶，遂上茶。休息約三十分鐘後，國王起駕歸去。之後安藤領事即到總督官邸，再次對國王的造訪表示感謝。國王贈與安藤領事一張在東京九段鈴木攝下的照片並簽名以作紀念。

翌日十一日下午三點半，國王搭乘英國汽船出發前往泰國盤谷（編者按：即曼谷），眾人在海邊以歡送國王的儀式送別。安藤領事前來送別自是不必論。

十七年後，布哇國就被美國吞併了，真是令人唏噓感慨啊。

三、英國兩皇孫的訪港

維多利亞女王的皇孫艾伯特殿下及喬治殿下均以英國遣外艦隊少尉候補生的身份，於明治十四年十二月二十日訪問了香港。喬治殿下即喬治五世國王。當時艾伯特殿下十七歲，喬治殿下十六歲。兩皇孫不是以皇族的身份來港的，因此沒有正式的歡迎儀式。兩皇孫到港被稱作是香港開港以來最大的盛事。

艦隊於二十日下午一點左右入港的，但該日兩皇孫都未登陸，翌日才上港，遊覽了板球場並在皇后大道一帶散步。二十二日晚，總督官邸舉辦了迎接少尉候補生的大舞會，兩殿下原本是可以參加的，但因次日有操練考試只好臨時取消。與會者大為失望。

為歡迎兩殿下，市民們懸掛了燈籠。支那人更在街上表演銀龍舞以及其他節目以示歡迎。當時又正逢聖誕節，二十四日晚上極為熱鬧。各家各戶懸掛的燈籠有支那製造的，也有日本製造的，其中以日本的居多。平時一個只賣三仙或四仙的燈籠，當時賣到了二十四仙或二十五仙。關於當時的情景，明治十四年十二月二十七日的電報報紙有以下報道：

星期日晚，全市披燈掛綵，其璀璨炫目可謂香港有史以來第一。聖誕前夕入港的汽船之多也是前所未有。二十四日晚的香港宛若一團熊熊燃燒的火，讓人彷彿置身於一個璀璨夢幻的城市。

兩位殿下跟其他一般候補生一樣，需要進行操練。二十二日的晚會兩殿下沒能出席，又沒有其他可接近的機會。但在十二月三十日晚的市會堂歡迎舞會，兩殿下終於得以出席，普通市民也得以親眼一睹殿下風采。兩殿下搭乘的「巴幹提號」和「庫雷奧巴托

拉號」一道於明治十四年十二月三十一日下午四點出發前往新加坡。當時支那人歡迎兩殿下的狂熱度如何，看看今年（昭和十年）五月七日國王登基時的狂熱度就可以想像到。明治十四年十二月二十七日電報報社就對支那人的歡迎熱度進行了以下報道：

支那人向來對歷代皇帝極為崇敬，最近更是不錯過任何一個機會對我皇室人員表示尊敬之意。這種尊敬跟對清國皇帝的崇敬有過之而無不及。對兩殿下的熱烈歡迎足以表明支那人對我皇室發自內心的尊敬，這在政治上也是極具意義的。

今年五月份國王登基時支那人的狂熱度，如前所說，著實讓人十分吃驚。儘管正苦於經濟不景氣，但支那人為此投入三百萬兩白銀，全市披燈掛綵。這次不是燈籠，而是電燈，總共使用了十萬隻電燈。

同年五月初《評論》雜誌有相關言論：

據說使用的十萬隻電燈多是日本製品。為慶祝即位的盛事不用本國的產品，這像話麼？

到底使用了多少日本製品，筆者我也不是很清楚。插入這段話，只是想和五十五年前的事情做一個比較。

四、三井物產公司及廣業商會各香港分店商貿額的提高

三井物產公司香港分公司以及廣業商會香港分公司的明治十三年度商貿額在明治十四年篇中已有涉及。兩分公司在明治十四

年之後也每月將商貿額上報領事館，但還是缺少了兩分公司的部分報告書以及相關紀錄，因此不能全數列舉於此。其中三井分店只有一、三、四、五這四個月，而廣業商會只有一、二、三月這三個月的紀錄。儘管是不完整的數據，現將此表記出來，以供參考。

三井物產公司香港分公司

明治十四年一月中進口（從日本）
毛毯 50 個，2,500 件，7,500 元，峻達號
明治十四年一月中出口（往日本）
消臭劑油，20 個，400 加侖，260 元，貝爾崎克號

明治十四年三月中進口
無
明治十四年三月中出口
消臭劑油，20 箱，400 加侖，260 元，新潟丸
紅糖，417 袋，417 擔，334 元，太那斯號
漆，30 壺，3650 斤，382 元，新潟丸

明治十四年四月中進口
樟腦，100 桶，13,478 磅，1,670 元，九重丸
手套 13 箱，55 打，450 元，門薩利號
書籍，雜貨 28 箱，150 元，門薩利號
樟腦，25 桶，2,583 斤，490 元，新潟丸
皮革，34 箱，2,748 斤，425 元，新潟丸
陶瓷器，10 箱，雜類，300 元，新潟丸
明治十四年四月中出口
無

明治十四年五月中進口
瓷器，22 個，雜類，680 元，馬六甲號
明治十四年五月中出口
無

以上是依據三井分店的報告書整理出來的數據。與前年度相比，無論是其進出口的數量，還是種類，均有減少的趨勢。這份數據表明該分店的業績不盡如人意。該店負責人金子彌一於明治十四年初歸國，一月七日，益田科三被任命為副負責人。

廣業商會香港分公司

明治十四年一月中進口（從日本）
摺附木　50 箱，1,450 元，英國汽船
一番鯣　30 個，8,500 斤，2,450 元，英國汽船
洋菜　20 個，1,500 斤，480 元，新瀉丸
合計 4,380 元

明治十四年二月中進口
摺附木　50 箱，1,450 元，隈田丸
一番鯣　41 個，11,470 斤，3,670 元 40 錢，馬六甲號
二番鯣　6 個，1,800 斤，324 元，馬六甲號
摺附木　150 箱　4,350 元，馬六甲號
合計　9,794 元 40 錢

明治十四年三月中進口
細洋菜　70 個，5,250 斤，1,575 元，新瀉丸
洋菜　30 個，2,400 斤，672 元，新瀉丸
摺附木　160 箱，4,640 元，新瀉丸
硫磺　95 個，11,600 斤，232 元，新瀉丸

乾鱈　192 個，38,778 斤，2,561 元 14 錢，九重丸

□□　50 個，3,710 斤，1,087 元 50 錢，九重丸

□□　55 箱，1,360 斤，2,148 元，九重丸

□□　10 箱，960 斤，480 元，九重丸

□□　4 箱，407 斤，203 元 50 錢，九重丸

摺附木　50 箱，1,450 元，九重丸

合計　15,935 元 24 錢

以上是廣業商會分店的商品進口額報告書。下面是明治十三
年與十四年兩年度該店實際貿易額的比較表：

一月

十三年　2,329 元 5 分

十四年　6,529 元 2 分

增加　4,209 元 97 分

二月

十三年　455 元

十四年　1,909 元 37 分

增加　1,454 元 37 分

三月

十三年　8,375 元 88 分

十四年　4,992 元 11 分

減少　3,383 元 77 分

四月

十三年　6,222 元 36 分

十四年　7,184 元 2 分

增加　961 元 66 分

五月

十三年　2,377 元 7 分

十四年　8,916 元 16 分

增加　6,539 元

六月

十三年　4,496 元 26 分

十四年　7,630 元 23 分

增加　3,133 元 97 元

七月

十三年　5,536 元 92 分

十四年　3,265 元

減少　2,271 元 92 分

八月

十三年　9,148 元 97 分

十四年　4,232 元

減少　4,916 元 97 分

九月

十三年　2,236 元 12 分

十四年　3,886 元 11 分

增加　1,649 元 99 分

十月

十三年　2,067 元 25 分

十四年　1,085 元 29 分

減少　981 元 96 分

十一月

十三年　1,850 元 25 分

十四年　1,982 元 81 分

增加　132 元 56 分

十二月

十三年　5,211 元 53 分

十四年　5,975 元 66 分

增加　764 元 13 分

合計

十三年　50,306 元 66 分

十四年　57,599 元 1 分

增加　7,292 元 35 分

　　從上述數據可以得知，明治十四年比明治十三年略有增加。且一年的總額不足六萬元，也可大體察知其規模。三井分店的貿易額沒有上報，但從前述進出口額度來看，其貿易額應該在廣業商會分店之下，估計在四五萬左右。三井分店當時面臨倒閉，且那時的物價約是現在的三分之一。

　　如今分析三井分店的貿易額時必須要考慮到這些因素。這跟現在的三井香港分店貿易額是有極大差異的，筆者推測現在三井分店一年的貿易額在一千五百萬元至兩千萬元之間。三井分店發展至今也絕非易事。

五、領事館員的變動

　　明治十四篇曾敘述過領事館的相關內容，也已清楚領事館內有安藤領事、寺田書記官、平部書記官，以及受僱的英國人佩爾

梅等。

明治十四年四月二十三日，中央官廳突然發信到領事館，信中說道：

為削減在外費用，先命領事館書記官寺田、平部歸國。

明治十二年末就開始削減在外費用，明治十三年初領事館官員大沼讓也因此被召回國。如今不僅減少館員數量，更命兩位書記官回國，領事館內只留安藤領事一人。安藤領事對此極為震驚。因此五月二日速速回信，信中說道：

我前次希望能請假歸國，已經獲得了許可。我歸國休假期間，準備由寺田書記官代為處理諸事務。此次突然命寺田書記官歸國，實在令人困惑。另外，此前英國人佩爾梅曾說七月份想辭職。如果佩爾梅辭職，平部書記官又相繼離館，會嚴重妨礙領事館事務的正常處理。鑒於上述原因，懇請中央官廳再次考慮，撤回命兩名書記官歸國的命令。

對此，中央官廳於五月七日回信安藤領事，表示願意考慮之後再予以妥善處理。五月二十一日再次回覆安藤領事，撤回了讓寺田、平部兩書記官歸國的命令，同意兩人繼續留在領事館任職。英國人佩爾梅於七月份辭職。佩爾梅自明治十二年一月份開始在領事館任職，任期剛好兩年半。安藤領事已經獲得了歸國休假的許可，因此寺田書記官代為處理事務。安藤領事於八月十日搭乘三菱汽船「高砂丸」從香港出發，踏上短期歸國的旅程。四個月後的十二月五日，返港任職。

六、寺尾助太郎及同行四人的遭難

　　大阪府寺尾助太郎、兵庫縣平民福井喜三郎、青森縣平民中島勝次郎、廣島縣平民沖本來吉、德島縣士族野村造等五人於明治十四年三月來到神戶，簽訂了為期十二個月的契約，在美國帆船「修格納特號」上當水手。三月二十二日，從神戶出帆，三月二十九日到達菲律賓的怡朗島，四月二十九日，裝滿砂糖的「修格納特號」從該地出發，一路向美國進發。離開怡朗島一個月後的五月二十七日，船隻駛到巴布亞島附近時，突然遭到暴風的襲擊，「修格納特號」損壞。船員們乘坐配備的短艇，歷經四日，於五月三十一日平安到達阿露露港。船員們在當地受到荷蘭領事館的關照，暫時住宿在領事館內，六月八日經過許可搭乘軍艦於六月十日到達西里伯斯島的馬甲撒港。一行人在官員們的保護下，在這裡又逗留了約三天，六月十三日乘英國汽船於十六日到達泗水。泗水有美國領事駐紮於此，「修格納特號」船長當著領事的面解僱了寺尾助太郎和另外四人。寺尾等五人走投無路，只好投奔海員之家。八十六天後，也就是九月十一日，四人才搭乘英國汽船離開此地，九月十五日到了新加坡。其實五人在離開泗水的前一日，美國領事將寫給美國駐新加坡領事的書信交由他們代為轉送。因此一到新加坡，五人便迅速前往美國駐新加坡領事館，並且希望送他們回日本，但駐新加坡的美國領事並沒有理會這件事。

　　不得已，五人遂前往港口事務所，向其述說了實情，希望對方能給予救助。港口事務所聽了幾人的述說，立即安排了幾人的住宿，一行人在當地呆了九天，但是野村造突然患病住院，九月二十二日晚上十一點在醫院死去。其餘四人於九月二十四日搭乘英

國汽船於十月七日到達香港。隨後立即前往香港領事館，陳說事由，希望領事館能將他們送還日本。安藤領事當時正歸國休假，寺田書記官代為處理事務，寺田書記官聽了幾人述說，遂決定由領事館墊付資金將幾人送還日本。同時也跟幾人說明墊付的資金須幾人歸國後馬上償還。四人聽後，暗下思量，反正近期內是回不去的，還不如先留在香港，尋找掙錢的門路，積攢一些路費。四人將自己的意思傳達給寺田書記官，書記官便隨他們自己的意願。至於四人後來是否真在香港工作掙錢，並沒有相關紀錄記載，因此不得而知。但不管怎麼說，這四人確是歷經半年苦難，九死一生才來到香港的。

第十章

明治十五年篇

一、三井物產公司香港分店的關閉

　　三井物產公司香港分店於明治十五年一月關閉。該分店自明治十一年八月十七日正式開業以來已持續營業了約三年半。如前所述，該店的業績並不盡如人意，遂決定關閉。明治十五年一月三十一日，安藤領事給外務大輔上野景範的書信中具體報告了關閉的事由：

　　香港三井物產公司分店結合總公司的業務需要發展至今。該分店起初的業務是代理銷售，主要負責穀物、煤炭的進口以及台灣、呂宋方面砂糖的出口。近期此類貨物銷量日漸看好，若只少量搬運該貨物，則難以獲取利潤。為維持經營，該店原想協商恢復開業以來的運輸費用收取，並定期派遣船舶以擴大業務，但三井公司目前境況不佳，不得不關閉分店。貨物搬運業務仍可繼續在本港進行。

　　由上可得知，該分店起初的業務是代理店。這種小規模的銷售方式難以獲得豐厚的利潤，曾考慮投入汽船來搬運貨物以擴大經營規模，但總公司的經營狀況並不允許，最後只好關閉。

　　由此可知居港日本人發展至今也絕非易事。我們在看今天日本的地位時，也應該了解一下明治初年我們的前輩為開拓日本的商業地位曾付出過多大的努力。明治十一年三井香港分店與廣業商會分店的成立，日本人在商業上的地位才初具雛形，但三井分店不久就慘敗關閉，廣業商會分店很快也步其後塵。回想起來，明治五年開業的駿浦號也以失敗告終，此外，明治十三年篇中提到的五六家商店如今也早已銷聲匿跡。這些都不得不讓人感慨日本人在開拓商場上歷經了多少困難。我們不能漠然地任這段歷史匆匆流過，面對

未開發的市場，我們曾壯志滿酬，但隨之而來的是磨礪挫折。這種磨礪挫折又教育了後人，並給他們留下了寶貴經驗。正因為歷經挫折與磨難，居港日本人才贏得今日的地位。由此也可以說居港日本人的歷史是一部跌宕的歷史。

二、伊藤博文參議的過港

明治十五年三月二十一日，伊藤博文參議一行從歐洲回國途經香港。伊藤參議的歐洲之行肩負著為日本制定憲法而考察歐洲諸國憲法現狀的重大使命。關於憲法制定，從明治初年就爭議不斷，明治八年四月十四日最終確定制定憲法事宜，並成立元老院，次年九月六日，元老院熾仁親王頒佈了起草國憲草案的命令，基於此命令，元老院內設立憲法調查局，開始著手考察憲法起草諸事宜。明治十三年十二月，八十七條國憲起草完畢，隨即呈獻給天皇陛下。這份國憲最終未被採用，後稱之為元老院案。此後伊藤博文起草的憲法與這份提案是完全不同的。明治十四年十月十二日，一般民眾也都知曉了依照命令政府應於明治二十三年前開設國會，制定國會等事宜。當時已有元老院提案的憲法草案，也有不少官僚或民間人士提出的提案，但起草憲法還需慎重的考察，因此派遣參議伊藤博文前往西歐諸國著手相關調查。明治十五年二月二十七日政府頒佈了派遣伊藤博文的命令，三月三日又賜予伊藤參議指示，並叮囑了需要調查的諸項目。這個調查要目中使用了「憲法」這個詞，是「憲法」一詞最早使用於公文中的紀錄。此前，這個用語並未固定，曾使用過「政則典規」、「國法」、「建國法」、「國憲」等詞。

政府下令派遣伊藤參議前往歐洲，同時又令太政官大書記官山崎直胤、參議院議官補伊東巳代治、大藏權大書記官河島淳、外務少書記官吉田正春、大藏少書記官平田東助、判事三好退藏等隨同前往。上述一行人於明治十五年三月十四日開始踏上前往歐洲的路途，翌年明治十六年八月二十四日歸國。回國後的明治十七年三月十七日在宮中設置制度調查局，伊藤博文任總裁，負責起草憲法以及各種相關制度的預案。就這樣，以伊藤博文為首，井上毅、伊東巳代治、金子堅太郎等人在明治十九年至明治二十年間致力於憲法的起草。這部憲法於明治二十二年二月二十一日以紀元節為契機頒佈。

言歸正傳，伊藤一行的訪歐原定於明治十五年三月九日出發，後推遲到三月十四日搭乘美國東西汽船「艾麗吉號」出發，三月二十一日抵達香港。當時軒尼詩總督於三月七日回國，馬殊（編者按：又常稱「馬師」，Sir William Henry Marsh，時為香港輔政司）為代理總督。安藤領事通知了馬殊代理總督伊藤一行人已抵港，因此當日「艾麗吉號」剛抵港，政廳便特意派遣汽船迎接，一行人搭乘汽船上陸。伊藤參議進入領事館官邸，其餘隨行入住旅館。二十二日下午，一行出發前往廣州，安藤領事原計劃如果時間合適到廣州後與兩廣總督會面，因此也隨行而去。二十三日伊藤參議原想會見兩廣總督，但由於在廣東逗留時間短暫顯得唐突，因此取消了會面。當日在廣州市內遊覽，參觀了監獄、貢士院、印刷局，又遊覽了白雲山寺才回到住處。二十四日仍逗留在廣州，可能是受到某方面的款待，但完全沒有關於這天的紀錄。惟獨能了解到的是當天下午前往停泊於珠江的支那軍艦內拜訪了溫氏。二十五日一行人從廣州返回香港。伊藤參議依然入住領事館官邸。二十七日

一行人搭乘法國輪船「楊曦號」前往歐洲。與此同時，三月十八日，帝國軍艦「筑波號」入港，該艦在港滯留九日後，二十六日出發前往新加坡。這點將在以下內容陳述。

三、帝國軍艦「筑波號」的入港

帝國軍艦「筑波號」於明治十五年三月十八日入港，在港滯留九日後，三月二十六日出發前往新加坡。如前所述，該艦隊在香港滯留期間，伊藤一行出發前往歐洲途中也短暫停留於香港。該艦的乘務人員表記如下：

筑波艦乘務人員

海軍中佐　笠間廣盾，海軍少佐　新井有貫，海軍大尉　田尻唯一，海軍大尉　柏尾長繁，海軍大尉　有馬新一，海軍大軍醫　豐住秀堅，海軍中尉　新納時亮，海軍中尉　兒玉利純，海軍中尉　植村永孚，海軍中尉　永井重英，海軍中尉　遠藤喜太郎，海軍中尉主計長　長井利英，海軍中尉機關士　吉田貞一，海軍少尉　阪元八郎太，海軍少尉　永峰光孚，海軍少尉　玉利親賢，海軍少尉　新島一郎，海軍少尉　吉田鐵吉，海軍少尉　由田彥八，海軍少尉　池端清，海軍少尉　安岡淳吉，海軍少軍醫　鈴木重道，海軍少秘書　森原道，海軍少尉補　郡司成忠，海軍少尉補　吉松茂太郎，海軍少尉補　佐佐木廣勝，海軍少尉補　志賀直藏，海軍少尉補　福井正義，海軍少尉補　野元綱明，海軍少尉補　今井兼昌，海軍少尉補　伊地知季珍，海軍少尉補　伊地知彥次郎，海軍少尉補　阪本□一，海軍少尉補　高橋義篤，水兵上長　奧洞元次郎，海軍副軍醫　金田一義行，海軍副主計　片岡直輝，海軍副主計　堀井常三，海軍副主計　今井弘，海軍副機關

士 山本安次郎、下條於兔丸，學徒 井上保、高木助一、木村浩吉、宮內重秋、宮地貞辰、村地正敏、豐島四教、但馬惟孝、生中大小郎、松村直吉、谷雅四郎、室田習三、今橋安就、江口一三、牟田寬六、杉阪虎次郎、阪元宗七

以上共 58 名。此外還有下士 47 名，士兵 228 名，合計 333 名。[1]

「筑波號」艦長笠間中佐原是「日進艦」的艦長。「日進艦」於明治十二年四月二十九日入港，明治十二年篇中曾提到，軍艦入港翌日，艦長因格蘭特將軍到港是否應燃放禮炮一事甚是傷腦筋。艦長當時還只是少佐，如今已陞至中佐。該軍艦在港滯留期間並無特殊狀況發生，之後平安駛向新加坡。

四、澳洲悉尼的日本名譽領事設置之議

英國貿易商人史蒂芬，自明治十年間起便在香港開店經商。這個人是個十足的親日派，日本人在香港開店或經商時，他經常會

---

1 1871 年，日本海軍從英國商人處購入已有 18 年艦齡的快速炮艦，並加以翻新，改名為筑波號，其後劃給東京的築地海軍講習所，作遠程航行的海軍學員訓練；另於 1875 年從英國訂購扶桑、金剛、比叡三艘新造軍艦。在明治初年政府資金尚匱乏的情況下，像筑波、龍驤、清輝這些遠航艦顯得特別珍貴，明治海軍通過這些艦隻在 1874 年發展其遠航制度，海軍學校學生在畢業前後均搭乘訓練艦遠航亞洲、歐洲、美洲、澳洲，為期數月至半年，其後多用海軍二線舊艦充當練習艦。凡此，對拓闊海軍學員國際視野、加強掌握各地航海及地貌經驗，都帶來莫大的好處。文中資料所見，這些艦船穿梭東西海洋，自然經常路過香港的樞紐水域，在港留下了不少官方的活動影蹤。

給予關照或建議。史蒂芬後來計劃在香港至澳洲間開闢定期航綫，為擴大澳洲貿易，考慮將總店設在悉尼。明治十五年史蒂芬會見了安藤領事，向他吐露了該計劃，也表明自己以後將在悉尼長住。史蒂芬認為日本也將需逐漸展開與澳洲間的貿易，所幸自己與在港日本人交往甚密，對日本人的感情今後也不會改變。之所以決定以後前往澳洲，也是想開拓日本澳洲之間的貿易往來，由此日本也有必要在澳洲設立領事館。

他跟安藤談到，如果日本方面能展望未來，及時設立領事館，不知能否任命自己為悉尼的名譽領事，如能獲此殊榮，將為日本的發展努力。安藤領事認為確實如史蒂芬所言，日本不久應該往澳洲方面發展貿易，但是名譽領事一事，需先上報政府徵求意見。當日兩人就此道別。安藤領事於明治十五年二月十七日向中央官廳報告了此事，中央官廳於三月二日覆信說需再斟酌後予以確切答覆。六月九日外務大輔上野景範來信說，商議的結果認為，目前既無日本人在澳洲開店，也無出差人員，加之現在正是百事節儉的時節，沒有必要急著設立領事館。先與悉尼逐步開展貿易，等現實確實需要時再開設也不遲。因此希望安藤領事婉拒史蒂芬的要求。由此任命名譽領事之事化為泡影。這中間的原委是日澳貿易史上的重要資料，故特紀錄於此。

五、有栖川宮殿下的過港

有栖川宮威仁親王於明治十五年六月二十五日前往俄國途中經過香港，六月二十九日離港。有栖川宮前往俄國是去參加俄國皇

帝亞歷山大三世的即位典禮。

亞歷山大三世的父親亞歷山大二世在位期間，多次經歷暗殺危險，甚是激憤，遂加強了極端的專制主義，用以壓制反對皇帝的虛無黨（編者按：即無政府主義者）。1877年俄土戰爭後虛無黨的勢力越發猖獗，三度刺殺皇帝未遂。1881年（明治十四年）亞歷山大二世被炸彈炸死。亞歷山大三世隨即即位，明治十五年舉行即位盛典，日本派遣有栖川宮參加此次盛典。

有栖川宮隨行人員包括工部大書記官林董、太政官大書記官兼宮內大書記官西德次郎、陸軍步兵少佐山本清堅、外務四等屬加藤增雄四人，一行人於明治十五年六月十八日自橫濱搭乘法國郵船前往歐洲。

殿下到港之事早有外務大臣通知，且沿途各港口均是以微服的儀式予以接待的，安藤領事也將具體情況告知了馬殊代理總督。安藤領事從六月十二、十三日便患上瘧疾臥床不起，六月十五日起就陸續接到殿下出行的電報，要求能讓殿下會見代理總督，但領事身體狀況不允許，甚是苦惱。六月十九日瘧疾痊癒，終於與代理總督會面，商量諸事。商議完畢後，六月二十一日，代理總督馬殊在官邸招待安藤領事，順便商量招待殿下事宜。兩人商定請殿下入住總督官邸。六月二十四日馬殊攜在太平山避暑的家眷下山回總督官邸。六月二十五號殿下乘坐的輪船「泰納斯號」終於入港。政廳派遣汽艇迎接，安藤領事、平部書記官隨同出迎。安藤領事拜見殿下，向殿下稟明此次因微服省去禮炮儀仗等事宜，官邸方面已經準備周全，請求殿下入住總督官邸。殿下在林書記官、山本少佐的陪同下前往總督官邸，代理總督馬殊在正門迎接，請殿下入座客廳，馬殊夫人也在場一起交談。之後回到安排好的房間稍事歇息。下

午，殿下前往領事館官邸，上過茶水果物後，殿下與安藤領事相談甚歡，聊至傍晚時分才返回總督官邸。當晚，代理總督招待殿下晚宴，安藤領事也陪坐在席。

六月二十六日殿下再次到訪領事館，與安藤領事共進午餐，其後在領事的帶領下遊覽市內風光。六月二十七日受到陸軍司令官的招待。六月二十八日早晨殿下到訪領事官邸，在此共享早餐。

六月二十九日殿下離港。安藤領事前往總督官邸，向殿下表達招待不周甚為遺憾之意，並祝殿下一路順風。殿下於上午十一時離開總督官邸，與代理總督等人一同出發前往法國郵船「伊諾拉吉號」。中午，郵船出帆，殿下在代理總督、安藤領事、政廳官吏、日本僑民的送別之下出發前往歐洲。殿下回國時是路經美國的，故沒再到香港來。

殿下在總督官邸逗留期間，對官邸內的黑檀木圓桌、長椅、置物台都感到十分新奇，非常希望想得到同樣的東西。安藤領事得知後，迅速聯絡「洛興號」，吩咐他們務必選取上等材料照原樣精心製作。明治十六年三月圓桌終於製作完畢，將其收納於六個木箱中，隨同三月十四日從香港發往英國的汽船寄到有栖川宮。三月二十二日貨物平安到達。全部圓桌包含郵費在內共花費三百元九十仙。「洛興號」至今仍是皇后大道上的老字號，是大方得體的傢具、古董店。[2]

<hr>

2　港島的「洛興號」，現時知者甚少，但按 1945 年中共領導下在港成立《正報》的選址，略可知道它的位置所在。蓋該報在是年 11 月創刊，報刊開始為四開小報，兩日出版一次。1946 年 7 月改為旬刊，廿四開本，逢十出版。雙日刊時，每天發行八千餘份。改旬刊後，每期發行約四千份至六千份不定。發行範圍除在香港九龍出售，及收訂戶外，還遠銷到東南亞如馬來

六、軒尼詩總督的退任和寶雲新總督的任命

明治十年篇中提到軒尼詩總督是明治十年四月二十二日上任的，任期五年。總督在位期間努力減輕對支那人的刑罰執行，並重新制定施政方針以提高支那人的待遇，因此在支那人中威望極高。總督在是否認可日本銀幣為香港的流通貨幣的問題上也曾深思熟慮。結果日本銀幣未能獲得認可，但總督親日的態度未曾有過改變。總督曾訪問過日本，對到港的我國名士又予以款待，在日本人中間也極具人望。與此相反，歐美人尤其是英國人對總督的評價卻不高。究其原因，是因為總督認為，原本香港的住民多為支那人，因此必先提高在港支那人的待遇。這其實是極為開明的想法，而其具體執行的政策則遭到英國人的非議。

普通的英國人基於傳統的殖民政策，認為要統治支那人，必須要對其施以壓制。對犯罪者必須執行嚴厲的刑罰，以此減少犯罪。而總督卻改善刑罰的執行方法以及囚犯的待遇，並重立法規，實行輕罰主義。英國人極不滿意這種做法，認為這樣不但不能減少支那人犯罪，反而會促使犯罪增加，因此強烈反對。諷刺的是，後來的統計數據顯示，支那人的犯罪確實有增無減，英國人見此更是

亞、新加坡等地；國內在廣州財政廳前設有《華商報》、《正報》聯合辦事處。此外與華北、陝北、華東等解放區新華社、《大眾日報》、《新華日報》進行交換。1947 年 7 月為擴大進步書刊的宣傳、推廣，同時做到《正報》經濟上自給，免使組織上增加負擔，《正報》便在其社址，即香港皇后大道中十號洛興行二樓寫字間開設書刊門市部。後來為配合解放戰爭的宣傳工作，還常編印新華社重要社論、毛澤東的講話及一些革命回憶錄如方方同志寫的《三年遊擊戰》等書籍。日人所指的「洛興號」就是「洛興行」的前身，自始扎根在皇后大道之中。

爭執不休。明治十一年七月七日甚至發起了驅逐軒尼詩下台的請願活動。這次請願活動最終被英國政府平息，軒尼詩總督之後仍貫徹自己的方針政策，英國人對其評價依然不好。

　　軒尼詩總督在任已有五年，因此申請歸國休假。獲得許可後，於明治十五年三月七日歸國休假半年。從香港出發途經加爾各答回國。離港前夕，支那人感恩戴德，於三月二日在東華醫院舉辦了歡送會。有七十餘名支那人的頭面人物前來參加，外國人主要有主賓軒尼詩總督，外加陪客審判長、美國領事、葡萄牙領事及安藤領事共五名。支那人還發表演說讚頌總督的豐功偉績，總督對此表示謝意，並說明今年十月份會再回港任職。三月七日總督出發當日，支那人又舉行盛大的送別會，在堤壩一帶燃放爆竹，最盛之時黑煙瀰漫港灣有如暗夜一般。此時英國人卻冷眼目送總督離港。總督曾明確表明十月份會返港任職，但英方報紙均報道總督不會再就任，並詳細解說了不再就任的原因，由此很多人也開始懷疑總督是不是真的能夠再次任職。十月將近，總督又獲得了半年的休假許可。這次休假將持續至明治十六年四月，而休假結束時間正好與六年任期期滿時間一致，因此可以確定總督不會再回港就職。媒體迅速轉移目標，開始報道下任總督相關的新聞。出人意料的是，下任總督很快就被任命，明治十五年十二月二日寶雲氏就任香港總督。曾有一段時間傳聞軒尼詩總督被任命為支那公使，但結果是到寶雲氏的任職地毛里求斯擔任總督。也就是總督與寶雲氏互換了職位。前文曾提到伊藤參議到港時，總督不在，指的就是三月七日總督回國一事。總督不在期間由馬殊代理總督職位，這也是前文所述。

七、山竹果和紅毛丹移植小笠原島計劃

明治十五年五月十一日農務局長田中芳男寄來一封請求信給安藤領事，書信中說因想將山竹果與紅毛丹移植到小笠原島，所以希望購買兩類種子各五十粒，播種於三田四國町的育種場。若香港買不到這類種子，則可以讓菲律賓諸島寄送過來。這是極為罕見的請求信，因此安藤領事接到來信後，馬上著手購買種子。香港果真買不到，諮詢了西貢方面後，得知山竹果與紅毛丹都極易腐爛，不僅是果肉，連種子都會爛掉。倒是可以將這些種子乾燥後保存，但是不知道能不能發芽。最好的辦法是切下一截小樹枝插入地中使其生根。這樣一來樹枝也可運送至日本。後來還得知十月份是最適合插種的時節。

安藤領事向田中農務局長彙報以上事項，並回覆說十月份可以在西貢進行插種然後寄送到日本。與此同時，西貢方面經安藤領事的請求，讓當地支那商人試著插種，因為當時長期下雨，插種效果並不滿意。儘管之前約定翌年三月將插種的樹枝運送至香港，但負責插種的支那商人並未遵守約定。到了約定時間的明治十六年三月，這個商人還未給出任何答覆，安藤領事加以催促，還是等不來滿意的答覆。安藤領事意識到這種商人可能辦事不利，於是決定不再依託西貢方面，轉向拜託新加坡的友人。該友人回覆說很難立即寄送，但隨後寄來十四棵山竹果樹苗。到港時只有一棵樹苗枯萎了，其餘都很蔥鬱。明治十六年四月十三日，這些樹苗被裝上從香港出發的三菱汽船「隈田丸」運往三田四國町的育種場。安藤領事又向新加坡方面申請，希望再寄送五十棵樹苗。而這五十棵樹苗是否有寄送，之前的十四棵樹苗是否成功運送至育種場，移植又是否

成功了，都不得而知。

　　私自推測，就算樹苗平安運送到育種場，移植恐怕也未獲成功。

八、閑院宮載仁親王殿下的過港

　　閑院宮載仁親王殿下於明治十五年十月二十日前往法國森喜爾陸軍學校入學，途經香港。殿下由寺內陸軍少佐及另外一名人員陪同，十月十五日從橫濱搭乘前往法國的輪船「泰納斯號」，抵達香港是十月二十日晚上八點。[3] 事先有通知說明殿下途經的港口一切照微服出行的儀式予以接待，故安藤領事也將此事傳達給了馬殊代理總督。「泰納斯號」剛抵港，安藤領事便與總督傳令官一道搭乘政廳發出的汽艇前往出迎。拜見殿下後，代理總督邀請殿下入住總督官邸。殿下同意，並攜同寺內少佐等一併入住。殿下到十月

3　閑院宮載仁親王是伏見宮邦家親王的第十六子。父親伏見宮第十二代當主，由明治天皇之父孝明天皇收他作養子。1891 年 12 月 19 日，載仁親王和太政大臣三條實美之女智惠子結婚。閑院宮載仁親王於 1877 年進入日本陸軍士官學校，1881 年畢業。1882 年明治天皇命載仁親王以武官的身份赴法國學習軍事，就是文中途經香港的原由。1894 年他從日本陸軍大學校畢業，是日本帝國陸軍中的騎兵專家。從 1897 到 1899 他任第 1 騎兵聯隊指揮官。載仁親王是甲午戰爭和日俄戰爭資深指揮官，1902 年任騎兵第 2 旅團長。1905 年載仁親王晉陞陸軍中將，1906 年出任第 1 師團師團長。1911年載仁親王出任近衛師團師團長，1912 年他晉陞陸軍大將，出任軍事參議官。1919 年閑院宮載仁親王晉陞日本元帥，是日本帝國陸軍中最年輕的陸軍元帥。1921 年載仁親王陪同攝政皇太子裕仁遊歷歐洲。1931 年 12 月 1日他接替金谷範三大將任參謀總長。閑院宮載仁親王出任參謀總長期間，日本帝國陸軍曾犯下了南京大屠殺和使用化學武器等戰爭暴行。

二十四日為止住在總督官邸內。期間代理總督稟明此次殿下因微服出行，所以省去了正式的歡迎儀式等事宜，並表示為使殿下安心居住精心安排了住宿。殿下對此安排也感到高興。

殿下希望滯留期間能參觀香港的兵器庫、醫院等地。陸軍司令官將殿下的意願傳達給少將，少將欣然應允。二十三日上午，殿下在少將的陪同下，如願參觀了兵器庫、醫院等地。參觀結束之後，少將邀請殿下視察自己的部隊。殿下認為此次是微服出行，不適宜正式閱兵。少將又邀請殿下前往練兵場參觀。殿下前往，剛入練兵場，一個連隊的士兵便隨即列隊整齊，向殿下行禮致敬。

二十四日上午十一點半，殿下從總督官邸出發，代理總督及安藤領事乘坐政廳的汽艇陪同，前往法國郵船「泰納斯號」。郵船於當日中午從香港出發，殿下一行出行前往歐洲。

前次有栖川宮到港也好，這次閑院宮載仁殿下到港也好，代理總督及陸軍司令官都熱忱地款待了，外務大臣對此表示了鄭重的謝意。

順便提一下，當時日本前往歐洲，或從歐洲歸來，香港都是一個中轉點。也就是說，香港是歐洲、東洋各航綫的終點。從前文所述，可得知歐洲航路上屬法國郵船最為活躍。又有紀錄記載，每當法國郵船入港，香港僅有的三家旅館都會人滿為患，由此可知法國船隻上乘客之多。

九、廣業商會香港分店的關閉

前文已提到三井物產公司香港分店於明治十五年一月關閉，

同年末廣業商會香港分店也不得不關閉。

　　明治十二年篇中提到，廣業商會受到政府的保護，業績勉強能維持下去。明治十四年秋，政府停止了對其保護。長期依靠政府保護的廣業商會突然舉步維艱。結果，先是香港，緊接著橫濱、大阪的分店陸續關閉。香港分店當時位於斯坦頓大街與惠靈頓大街之間，由宮川忠三郎、大石兩三負責經營。明治十五年八月七日遷至上環海旁西約門牌二十一號的地方。這是在關閉前三個月的事情。

　　明治十五年十月，總公司突然來通知要求關閉。對此，安藤領事表示十分遺憾。原本廣業商會是為促進中日貿易而設立的，經營時間才不過三四年，沒想到這麼快就要關閉。賺不了錢是因為沒有去想賺錢的方法，如能想到賺錢之計，應該可以盈利的。廢業容易創業難。突然關閉已經設立良久的分店實在是讓人倍感遺憾。十一月七日安藤領事寄了一封長信給外務省，希望能再次斟酌關閉決定。長信內容如下：

　　從廣業商會店主笠野吉次郎處得知，該商會在港分店將被關閉。我寫信給您意在阻止此事的發生。懇請您過目。在政府的保護下，該分店的發展態勢已不同於往年，但自秋季開始政府突然改變施政方案。這影響已延伸至海外貿易相關者，該店不得不面對資金方面的壓力。該店當初憑著有限的資金發展至今，如今關閉橫濱、大阪及香港的分店，實屬削減其實力，阻礙其今後的發展之舉。聽聞該分店是在政府的扶持下發展起來的，主要是為發展對中貿易。上海是維繫我國與清朝貿易的第一要地，其次是支那南部，其中廣東香港為首要據點，突然關閉，將削減該店的實力。這與商會一直以來保護扶持該店發展的宗旨是背道而馳的，也會使自試業以來積累的實力瞬間化為泡影。由日本掌握中日貿易的主導權這一夙願也無法得以實現，只能留下遺憾萬千。商會方面也應該有同感。我推

測之所以決定關閉，是因為該分店自明治十一年開業以來沒有盈利，但若該分店營業業績一直不如意，政府也不會一直予以扶持。關閉一事若能經政府同意，找出分店虧損的原因，並且找尋將來繼續發展的方法，對商會來說也是有益的，也有助於商會他日獲取商貿的主導權。希望商會能再次斟酌上述陳說。我國的產品銷往廣州、汕頭、廈門等南海諸港口，以及菲律賓、西貢、新加坡等地，尤其是銷往支那人聚集地的產品，十中八九都經由香港輸入。如您所知，香港貿易興盛，支那商人也均在橫濱、神戶、長崎等地設立分店，貿易往來互通無間，其中已成氣候的商人多達二十多名。廣業商會駐紮他鄉，獨立於支那商人之外而新設店舖，遵循著一般的商業手法，故要在市場上迅速獲得利益是有極大難度的。何況虧本也是這三四年才發生的事，由此就判定分店發展不力的話，只能說這種判斷是因為還不太熟悉香港的商貿狀況所致。不能僅從營業額上來判定該分店是否賺錢，因為該分店在聯絡香港與日本的貿易關係上起到了極大作用。其次該分店在運送貨物方面也總是能看準時機。從日本運送過來在該分店銷售的商品總是能獲得利潤。關於該分店的存留問題，我曾與總公司的人會談過，認為該分店在貨物運輸上獲得了一些利益，但總體上仍只能坐視支那商人坐收巨利。這實在是令人十分懊惱的事情。我國物產銷售狀況自去年以來又取得了發展，但因航運能力不足，故在長崎港引進了三菱、英國郵船以及其他臨時往返的汽船航綫。商會在香港開設的該分店正成為貨物直接輸往九州地方的方便之地。

另外，九州、土佐的樟腦、白蠟及其他新灶社的木造洋傘在我國與上海的銷路受阻，於是轉向香港開始銷售。若在香港銷售，則只有依託廣業分店。這類商品業已在南海諸港口以及菲律賓、新加坡等地試賣成功。今後將向內地輸入此類物產，外地的分店都在極力疏通銷路。毫無疑問，這也非常有利於該分店繼續營業，應該積極利用這些發展的機會。僅僅是因為虧本就關閉實在不是明智之舉。廢業易，創業難，今日一旦關閉，將無法發展上海以南的貿易。從商之人也會倍感挫敗與失望。關閉不僅僅關乎商會的利益，

更會影響到日後的利害關係。若該分店摸索出了繼續營業的方法以及費用概算周全後，會儘快告知總公司，懇請再次斟酌此事。

　　儘管安藤領事洋洋千言，廣業商會香港分店最終還是關閉了。該分店自開業以來僅維持了短短四年。三井分店已經不在，廣業商會分店這次也關閉。只剩下三菱汽船分店在強撐門面。廣業商會分店關閉後整理殘留的業務，到明治十六年三月全部關閉回撤。其後大部分業務均由日下部商店接手。

第十一章

明治十六年篇

一、伊藤博文參議歸國途中在香港停留

伊藤博文一行為了考察歐洲各國的憲法去歐洲的途中，於明治十五年三月二十一日在香港停留的事情在明治十五年篇中已經敘述過了。在結束行程回國的途中，伊藤博文一行又於明治十六年七月二十六日在香港停留。伊藤參議回國的事情外務省沒有特別通知，但是報紙上報導說參議最近會坐俄國船停留香港。二十六日「俄國船入港時在山頂鳴炮」，領事館覺得參議應該是搭乘該船，並安排平部書記官等去迎接，但是伊藤參議已經坐該汽船會社的小艇上岸。該書記官接著返回領事館時，參議已經到達領事館了。在這數日之前，即七月二十日領事館接到電報說巖倉具視在該日去世，二十五日以國葬的形式下葬。領事馬上把這個消息轉達給了伊藤參議。參議知道具視公去世的消息後，非常悲痛驚愕。二十六日、二十七日都非常悲傷，哪裡也沒去。二十七日夜裡八時搭乘俄國船「塔娜伊斯號」，於翌日早上出帆。八月四日參議平安到京。紀錄裡關於參議以外的隨行人員沒有記載，只記載了參議是和三井物產會社的曲木尚配一起上岸的。

二、安藤領事的歸國

安藤領事在明治十六年三月提出短時間回國的申請。理由是前年患瘧疾以來，身體一直不好，所以想短時間回國靜養一下。在明治十五年篇栖川宮到港的記敘中提到安藤領事從六月十二日，十三日左右患上瘧疾。這裡所說的瘧疾就是指那個時候吧。安藤領

事上述的申請被外務省直接批准。領事匆匆收拾行李於四月二十四日乘坐俄國船「大不恩特伊號」踏上回國的旅途。領事不在期間由平部書記官代理事務。安藤領事以靜養為理由，踏上回國的旅途，卻以離任告終。平部書記官在代理事務約半年後的十一月，町田領事被任命為新的香港領事。

回顧安藤領事被任命為日本駐香港副領事是明治七年五月二十九日，到香港履任是七月一日，正好是台灣征伐進行中。其後於明治十年十月二十五日升任領事，到這次從香港離開為止，大概經歷了九年的時間。筆者以往的敘述很多都是從安藤領事的在任紀錄中得來的。在任期間，以征伐台灣為開始，圍繞貿易銀幣的問題，日本人商社的設立，以及遇難日本人的救助等，安藤領事都做了很多事情。安藤領事明治七年受命在香港任職一事在前文略有敘述，他是從和台灣征伐相關聯的有識之士中選任的。通觀其任期內的事跡，取得成績和首肯之處還是很多的。

關於安藤領事的方針，一是推動對中貿易的增長，二是加強對在港日本人的扶持，並由此展開積極的行動。當時居港日本人的勢力非常薄弱，所以該領事向外務省的進言常常都是在這個方針的基礎之上。其中的一二個例子已經說過了。另外其主張也條理分明，關於這點，在明治十三年篇中敘述對於三菱汽船的兩名延誤船員的安置，安藤領事和三菱汽船社長巖崎小彌太的商議中已經能夠體現。也就是巖崎根據會社的規則，故意怠慢未在出帆前歸船者，要斷然在該地解僱。一旦解僱以後，就沒有保護上述船員的必要了。會社方面還提出自己的規則，當時我國施行的船員規則，以及

香港政廳的法令等來詰問安藤領事。[1]但是安藤領事首先根據日本人海外渡航者救護的觀點，一一進行了反駁，並且指出對方沒有道理的地方。這個爭論在半年間共進行了數回，直到巖崎不得不同意安藤領事的觀點。當時巖崎作為征伐台灣和西南戰役的政府御用商人，興盛了三菱汽船會社，創造出了巨額的財富，其勢有如日中天之感。所以在這兩者之間，政府也是持觀望態度，不敢對巖崎施加壓力。安藤領事就這樣結束在香港九年的工作回國，其後不久被任命為上海總領事館的領事。接著於明治十九年被任命為檀香山總領事，直到明治二十二年都在當地任職。其後退出外務省，興辦禁酒會並出任社長，為了禁酒而活躍著。

三、新任香港總督寶雲的到任

如明治十五年篇中所說，同年十二月二日被任命為香港總督的寶雲（George Ferguson Bowen）於明治十六年三月三十日在香港上任。安藤領事因為事先在政廳的回函中得到了此消息，所以同

1　大抵日本領事館的初期工作是舉步維艱的，一方面既要保護僑居香港的日本人貿易利益，另一方面又需按國際海難救援的通例，對懸掛日本旗及船上工作的成員進行人道支援，而海員與船主一旦出現勞資糾紛，或用激進方式以身犯險，或尋求領事法律的庇護，給輪船公司造成頗大的牽制，最終須巨額賠償海事上的損失。觀三菱巖琦彌太郎與安藤領事的爭議，日本欲建立國際海事的參與者角色，提供更多擔撐，便須在某程度上犧牲商社的商業利益。大型如三菱的公司，唯有繞過領事的過問，只得在第三地即時解僱勞工，避免僱員的追溯。明治政府處於發展領事外交與鼓勵海外商社的兩難之間，正是文中所形容的寫照。

日上午和他國領事一起在碼頭迎接。寶雲總督搭乘英國汽船「德次康號」和夫人及三個千金一起前來。總督上岸時儀仗兵及軍樂隊在碼頭列隊，總督在奏樂和禮炮聲中上岸。同日下午在議事堂宣讀了維多利亞女皇的任命，接著總督和參列者一起進行了奉命就任的宣誓及演說。由此在安藤領事回國前後，香港就進入了寶雲總督的施政期（現在的寶雲道就是以總督的名字命名的）。該總督於明治十六年九月和行政局議員怡和（Jardine Matheson）及洋行主席莊遜（F. B. Johnson）一起去往上海。所乘輪船是九月三日香港出帆的「波・桑號」，其上海之行的目的是為了和新任的駐華公使巴夏禮（Harry Smith Parkes）就香港施政問題進行磋商。該總督結束此次旅行回到香港是在十月二十四日，期間更是從上海去往北方各地巡遊。寶雲總督在第二年即明治十七年訪問日本，有關於此將在明治十七年篇中介紹。

四、香港市場上的我國物產

在當時的香港市場我國物產是被如何對待，且境況如何，將在以下的材料中闡明。香港市場中我國物產的時價和景況可從簡報中看出。如註釋中所說，這是明治十六年二、三月的狀況，於第二年四月被報告。這裡顯示的情況當然和今天不同，但還是適當地簡述了當時的狀況。

香港市場上我國物產的時價和景況概報

支那新年以後即我國明治十六年二月到三月之間

椎茸

在香港市場上稱為香信（在廣東也這樣稱呼）。香信有兩種，一種是無孔的，一種是有孔的。無孔的貴，有孔的便宜，市場上最喜歡的是無孔中型（大型在上海流行）。茸肉為淡黃色，產於九州向陽的地方。市價根據孔的有無參差不齊。另外椎茸的肉中有濃淡不同的鹹味，鹹味越淡價格越高。

價格　因州產（上品）百斤四十元　薩州產（上品）百斤三十八元

眼下需求漸小，價格低落

瀨戶貝

稱為淡菜，以個大、色黃、乾燥者為優，個小而潮濕，且鹹味濃重者為劣。

價格　大型　百斤十九元　小型百斤十三元

市況　不景氣且缺貨　價格低落

煎海鼠

稱為海參，此品以番號來區別價位，九番十番為第一等，此兩番都產於北海道箱館，在市場上良品以「翅」（翅在海鼠的全身都有，叫小疣）多為優，煮後易膨脹且味美。長崎產的七八番為第二等。在廣東地方此類海產收穫頗多，因此在市場上常常和我國產物在價格上抗衡。此種海鼠翅比較少，且味道也不好，唯煮過之後能夠膨脹到異常之大，所以比起我國產的海鼠來說，平民的需求往往要多很多。

牡蠣

稱為蠔，產於我國北海道的牡蠣曾經輸入市場試賣，但是得到了「膏脂稀薄，味道寡淡」的評語，所以自然在廣東遭受打壓，

沒能賣上高價。膏味饒多就是說廣東產的了，其形狀也比我國產的稍大，在整個蠔面表層都帶有黃色的脂油。不過此膏脂不是牡蠣固有的，可以在乾燥製作的時候塗抹上去。北海道出產的牡蠣可以模仿此方法製作，那麼就可以和清國產的相抗衡。

價格　清國產　百斤十七八元　且市場上沒有

乾鮑

在市場上此品大概有三種，三種之中由於鮑魚大小的不同，價格也不同。良品產於北海道，通稱灰鮑魚，即鮑的表面帶有灰色粉末而由此得名。但是據說在上海，長崎產的貴，而北海道產的次之，與香港市場的嗜好幾乎是相反的。次於灰鮑魚的是明鮑魚，由長崎及橫濱輸出。長崎港、對馬五島、橫濱、房豆等地方出產。此明鮑魚中有大中小三種及鹹味濃淡的區別，適合於市場的是大型味淡淡鹹的。位於灰鮑魚和明鮑魚之間的是焙鮑魚，其形狀和灰鮑魚類似，但是有焙臭，因此得名。

價格　灰鮑魚　百斤最高五十元　大　四十八元　中三十一元　明鮑魚　大三十八元　中二十五六元　焙鮑魚　大　三十九元中三十元上下

現在灰鮑魚的市況不好，明焙兩種的需求頗多，市價也慢慢變高。

鰑

市上一般稱為魷魚。據說在廣東地方我國首次上市的乾鰑是產於對州，所以在那之後對州鰑就是上等，五島次之，市價也差距很大。近來對州和五島產的鰑在市場上並立，原來對州產的每一頭都會用蒿繩打結綁住鰑腳，所以販賣的時候只要看那個束結就可以區別出對州產的鰑。這是一般的習俗。近來對州又使用繩子來顯示品質良否，並以此來決定價格的不同，所以現在重新使用以前的舊風俗也是為了得到一個更好的價格。鰑根據出產地方不同要注意的內容也不同。對州五島兩種有第一第二的番號，第一種又有大小的不同，第二種則是有孔沒孔的區別。但是第一種大魚主要向潮州和新

加坡再輸出，中魚則是販售於廣東市場及滿足香港的需要，而另外
的第二種則不論是否有孔都能在當地販賣。

鮫鰭

稱為魚翅，翅有黑白兩種，白色通常是良品，黑色為下等，
但是更重要的則是翅肉厚且筋條緊密。此外若其中有魚骨雜交的話
則為最下等。

價格　白翅　上百斤七十元　黑翅　三十八九元

市場現況尚可，數量逐漸增多。

寒天

市上稱為大菜，在本國稱為絲寒天，適合於當地生長，角寒
天需求減少。歷來市場上都有信州和大和產兩種。最近信州產的沒
有了，貨物以透明為優。

價格　上絲　百斤二十三元半　二番二十元左右

而且目前由於特殊情況需求量頗多，輸入又陸續斷絕，所以
市場上都囤積貨品進一步抬價。

昆布

刻昆布被稱為海帶絲，板昆布被稱為海帶行。產於北海道者
為上品，原本就在市場上為大家所熟知，販賣利潤不高，需求也
少。現在市場上儲藏的一般都是橫濱出產。

價格　海帶絲　橫濱產　二元三十仙　神戶產　二元左右　海
帶行　上等二元二十仙　下等一元七十仙

本品在廣東和上海都是一般常用的食品，病者或者疲弱者的
滋養物，根據季節的不同需求不同，市場上的價格也有明顯的變動。

鱈魚

市場上稱為柴魚，此魚的販賣時節一般在夏季，在本國也有
上市，因為恰逢連雨濕熱的天氣，所以非常容易生蟲。價格根據蟲
的有無及其多少存在明顯差異，其種類上沒有差異。在我國則根據

骨的有無，價格有時出現百斤二元有餘的差異。現在市場上無骨的很少，有骨的僅僅二十仙。所以剔除魚骨之後再行運送的方式是比較有利的。

價格　無骨　上百斤六元六十仙　有骨　六元五十仙

市況逐漸好轉，下月必定能夠每擔漲一元左右。

樟腦

市場上沒有其他名稱，本品在長崎神戶兩港輸入。此兩港輸入者多產自土佐或者日向。但是長崎的紅色居多，而神戶的白色居多。

價格　百斤十七元七十仙左右　眼下市況稍有改善，需求較大。

白蠟

也沒有其他名稱，市場上有兩種，神戶（即大阪製作）產為下等。另外神戶產的白蠟分有角和圓形兩種。有角的由於方便搬運，所以同圓形相比每百斤價格高四十仙。長崎產的白蠟脂質饒多，但就凝結方面來說要比神戶的遜色。

價格　神戶角　上百斤十一元五十仙　圓形　上等十一元

長崎　上等十元上下

眼下市況繁榮，價格變動較為劇烈。

硫磺

沒有其他名稱，現在市場上除了精製品以外的需求很少。往年曾試賣北海道產的精製品，雖販途遙遠但是收益頗豐。

價格　精製品　百斤二元四十仙

平時的價格在百斤二元到二元十仙之間，去年歲末因為市場缺貨，所以價格昂貴。

切乾大根

稱為蘿蔔絲，從歲末到歲春的時候需要，但容易受濕，所以

儲藏比較困難。

價格　箱裝　百斤上二元　包裝　一元七十仙

八角

沒有其他名稱，果實大且脹裂者為優。市場上一般是由橫濱神户兩港運出，需求量大的是出自神户的。兩者的價格差大約在三十仙上下。

價格　神户周圍　上限為百斤四元
市場現況平穩

五倍子

沒有其他稱呼，且此品在神户周圍也身價很高。

價格　百斤大約十四元上下

但是去年因需求量大因此價格增高，最高達到十七元多，但是今年的輸入量在四十萬斤以上，因此市價低迷。

半夏

同稱半夏，現下市場上的存貨非常少，每百斤在二十二元到二十三元之間。通常平均市價是在十九元上下，超過二十二元是很少見的。

五、町田代理領事的到任

安藤領事於明治十六年四月二十四日離開曾經的任職地香港，而由平部書記官代行了半年的事務，此事已經有所敘述。明治十六年十月九日，町田實一被任命為新的代理領事，前往香港任職。町田代理領事途經鹿兒島、長崎、上海，到達香港履任是在該

年的十二月十六日晚。直到明治十八年八月為止，町田代理領事一直在香港任職。他的在職期不是很長。如上所述，由於代理領事到任，本文此後的記敘都是以町田代理領事為中心。

　　町田代理領事以下就只有作為館員的平部書記官一人，明治十六年中關於該書記官沒有特別需要記敘的事情。另外，領事館的英國僱員吉‧特勒於明治十六年四月辭職，五月開始臨時僱入英國人伊‧喬治。如此一來，領事館就有町田代理領事、平部書記官，和這個英國人喬治共三人了。

第十二章

明治十七年篇

一、町田代理領事的兩廣總督及其他訪問

町田代理領事自去年十二月十六日到任之後還未曾訪問廣東，因此於明治十七年二月六日從香港出發到廣東，訪問兩廣總督張樹聲、巡撫倪文蔚、江蘇候補道台溫子紹，以及督糧道台李氏，之後於二月十日回到香港。兩廣總督張樹聲如明治十五年篇中所述，在短時間內曾轉為署直隸總督，後於明治十六年七月又重新擔任兩廣總督。之後在明治十八年八月，著名的張之洞被任命為兩廣總督，接任張樹聲的職位。目前還保存有當時町田代理領事訪問廣東的紀錄，記載了當時同兩廣總督及其他人員會面時的談話內容。當時的兩廣總督是支那的高官，對於日本的了解達到何種程度，大體上可以從會面的談話紀錄中知曉。

（1）禮訪兩廣總督的概要

二月六日（明治十七年）早上八點從香港出發的輪船於當天下午四點三十分到達廣州港，然後在廣東賓館（葡萄牙人開放的居住所）住宿。

二月七日早上，候補道台何廷勳（廣東人，現今主要作為外交官員，前些天報告的香港暴動賠款一事，[1]就是由他及候補知縣張

1　1884 年的香港暴亂，涉及碼頭幫會成員的反法國行動。1883 年 12 月，中法越南戰爭開始，港人痛恨法國無理侵略。1884 年初以來，在碼頭即採取了零星的工業行動。是年 9 月，船塢工人已堅拒為船身受損的法國鐵甲艦「嘉列遜尼爾號」（La Galissonnirer）進行維修。10 月，暴亂進入高潮，駁艇艇戶和工人發現該船為法國貨船，遂拒絕為該艘法國貨船接駁貨物。法國貨船主立即發出緊急信號，向海事處及水警求助。大批水警船隻駛來，將艇戶及貨運工人拘捕。當時很多被捕者的家人均為醫館的熟客，三合會的賴忠認

行鑒兩人作為委員處理事件。去年他經常奔波於廣東與香港之間，因此他對香港十分熟悉）前來訪問。因他昨晚從香港坐輪船出發，今天早上才到達，所以委託江蘇候補道台以及現任加布政司銜二品官員的廣東機器局總辦溫子紹（曾經與松方大藏公卿會面，對軍器非常感興趣，並且是在需要面見顯貴之時能夠從中周旋的最佳人選）安排町田代理領事與總督、巡撫、李道台會面。町田代理領事一行就於下午一點到機器局與溫子紹見面，張行鑒和何廷勳也隨同到場。然而總督、巡撫等還未正式回覆能否接見，於是就由溫氏擺上酒和點心，雙方毫無拘束地交談了一個小時三十分鐘。

町田代理領事接下來拜訪了英法德美等各國的領事、其代理領事及其海關局長。

二月八日上午，溫子紹寫信給町田代理領事，並附加總督和巡撫以及李道台的名片，請他明天上午十點開始分別拜訪他們。

二月九日上午十點，町田代理領事提前到達總督府，大概情況（擔任英語翻譯的菅川清同行，此人是從日本帶來的翻譯員）如下所述：

為被捕的艇戶及工人並無搗亂，拘捕他們是不合法的。由於他曾在香港拔萃書院就讀，懂得英語，於是便聯同被捕者家人前往水警處及海事處交涉。警方根據《商船條例》指貨運工人在工作狀態下而抵制運卸貨物即屬違法，拒絕釋放被捕人士。賴氏向聚集在警署門外打聽消息的工人轉告官方決定，一時群情洶湧，碼頭工人紛紛加入支援行列。此次事件，引發全港貨運工人大罷工，使本港貨運全面停頓，香港政府不得不派軍隊鎮壓，並動員各「咕哩館」勸說工人搬運貨物。雖然各人被強逼到碼頭，卻都刻意減低工作量，並且不肯起卸法國貨船的貨物，這次罷工由 10 月 3 日開始，至 10 月 9 日結束。事件過後各幫會發覺力量不足，必須團結起來，加速了碼頭工人與各幫會的聯繫。文中所見，早在 1884 年 2 月已發生反洋暴動之事，足見在港華人民族主義情緒的高漲。

第一重門外打響了三發禮炮，領事乘轎進入了第一、第二、第三重大門。總督帶著英語翻譯員出來迎接，然後邀請領事一行到正堂入座。

町田說：作為代理領事，去年十二月接到赴任通知來到香港。今日得以晉見總督閣下，實在感到榮幸之至。

總督說：能與領事會面，在下也感到十分歡喜，閣下一直住在香港，是何時來到此地的？

町田說：我於前天到達廣州，因外務大臣曾有吩咐，下官上任以後有機會就要登門拜訪閣下。

總督說：歡迎以後常來鄙府，互相多些談話，只要提前兩日通知我即可。(表面寒暄結束)

隨後陪同總督來到另一張桌前，那桌上擺著二十多種點心和香檳酒，居坐於主客之位的四位共舉酒杯，誠懇親切地發表了談話，(席間大多使用支那語直接交流，聽不懂的內容就借助英語翻譯員) 其大體內容如下所述。

(讀詩詞文章的口音以及四聲是如何等的談話，對日後沒有參考，在此省略。)

總督說：您了解擔任駐日本公使的那位黎公使嗎？

町田說：本國有個「興亞會」，前公使何如璋及現在的黎公使都是會員，我們同在「興亞會」裡，因此同公使結下了深厚的友誼。

總督說：日本現在流行學習清國的文章嗎？

町田說：常常會，但還沒能夠以大清國的訓讀和反讀和貴國人進行談話，因此近年來外語學校和「興亞會」都聘用了貴國的人才，以此學習音讀和語言學。這些正是為今後加深與貴國之間的友誼而培養的幾十名學生。

總督說：日本最近不是專門學習歐美的文章嗎？

町田說：不斷學習歐美文章的同時，也更多地學習貴國的文章。

總督說：學校考試時貴國的天皇到場嗎？

町田說：考試的時候天皇不在場，但會出席畢業生頒獎畢業典禮。

總督説：我曾閱覽過日本人的詩詞文章，感覺都非常地優秀。

町田説：您有閱覽過日本人最近作的詩詞文章嗎？

總督説：沒有閱覽過最近的詩詞文章。

町田説：今後還勞煩您閱覽，並請給予指點。

總督説：我也很榮幸有此機會，聽説日本近年來的礦山、鐵道、貨幣製造等行業非常發達，其中哪個行業最為重要？

町田説：貨幣製造局因為缺乏大量的金銀，所以停止了金銀幣的生產，但仍在製造銅幣。在三個行業中最發達的是鐵道，第一條是從橫濱到東京，按照貴國的路程計算大概有五十里，官吏與平民都知道其中的便利之處。第二條是從神户到大阪、西京，而眼下正在建設東京和西京之間，相當於貴國六百多里的路程。

總督説：雖然建設鐵道有好處，但是會否出現部分行業的勞動力失業，從而引起他們的不滿？

町田説：在開始施工之前本國大臣也有所顧慮，但鐵路開通後給人民生活提供了便利，就沒再出現什麼不滿了。他們會轉向其他的行業，例如開墾北海道等等。日本國土面積狹小，而且四面環海，海上可以使用蒸汽船運輸，而內陸高山連綿，水路也跟貴國的河道有所不同，因此給產品運輸造成不便。因此為將產品更加便利地搬運至碼頭，需要將開發鐵路放在首位，而且假如內陸南北一旦需要某種必需品時，沒有鐵路的話後果也是不可想像的，因此現今的當務之急莫若建設鐵路也。

總督説：每次會面時都會就此事徵詢貴國人的意見，其言都與領事所述的情形幾乎一致。我真的非常感謝貴國人對此直言相告，而且您的談話也非常真誠且道義，我深感滿足，應向閣下學習。

町田説：今天與您見面才是在下之幸。

總督説：領事何時回香港呢？

町田説：在下是為了拜見總督來廣東的，今晚就乘船回去了。

總督説：明天能逗留一天嗎？

町田説：本打算今晚回港的，倘若閣下有賜教之事必會繼續逗留。

總督說：如果領事逗留於此的話，我意欲於明日去領事的住處回訪。

町田說：能夠接受閣下的訪問實在是我等榮幸，然而在下在河南（編者按：此處河南，即珠江南岸。）的住所實在有辱貴體，閣下無需前往。

總督說：既然如此，便下午派官員去代我回禮吧。

町田說：不勝感激。

總督說：非常感謝閣下來廣州，希望以後時常會面。

町田說：很高興能與閣下談話，今後倘若再來還希望能再次與您見面。

約一個小時才結束的對話如上所述。總督來到正廳行了送別禮，領事乘轎離開三重大門後，又連發了三發禮炮。就這樣，町田對總督的禮節性訪問就此告一段落。

（2）禮節性訪問巡撫倪文蔚的概述

二月九日上午十一點前，巡撫衙門門前鳴放了三發禮炮。進入第二重門後，巡撫攜同英語翻譯員出來迎接並進入客廳。

町田說：久仰大名，今日見面倍感榮幸。

巡撫說：小弟也久仰閣下大名，聽說今天您到訪實在萬分欣喜。

（接著就入席上菜，巡撫舉起杯子表達謝意後他們展開談話。在此僅紀錄於日後有參考價值的事項。）

巡撫說：日本人自古往來我國就不乏擅長作詩寫文章之士，文筆都極好。

町田說：至今我們仍記得以往來支那那些日本人的名字。

巡撫說：貴國官場的文章是使用漢字還是西文呢？

町田說：對貴國進行詢問時，是以漢字和日本文字書寫。而對外國進行詢問時則使用西文，並附上日本文字。

巡撫說：日本的書籍，除了漢字以外還有其他文字嗎？

町田說：還有日本固有的文字。

巡撫說：與外國的「字母」一樣的嗎？

町田說：並不一樣，那是四十八個字音。

巡撫說：閣下能作詩繪畫嗎？

町田說：二十年前曾作過兩三首詩詞，之後便再也沒有作過。字倒是會寫，但也僅限於寫寫自己的名字而已。小弟雖不善詩詞，但卻很喜歡貴國的字畫，上次去北京時就帶回一百多幅字畫作為紀念，在香港的時候也時常欣賞。

巡撫說：我能看看那些書畫嗎？

町田說：當然可以，下次我再來廣東的時候帶來給您觀賞。

接著，他們又聊到日本漆器和造紙等話題，上文的雜談歷時四十分鐘結束。巡撫於會客廳門外送別。領事乘轎離開第一重門後連發了三響禮炮。由此，對巡撫倪文蔚的禮節性訪問便到此結束。

（3）對溫道台和李道台的訪問

從巡撫衙門返回途中經過機器局，在此與溫道台見了面。領事對於總督和巡撫的盛情接待，在此再次致謝。當提到想要拜訪督糧道台李氏時，溫氏說李道台今天因公事被彭大臣召到衙門去了，無法同與領事相見，所以今天早上八點來訪，委託溫氏代為接受領事的訪問。一番閒聊之後領事便告辭了，並在回程路經道台衙門時，遞進了自己的名片，隨後回到住宿的地方。

下午，作為回禮溫道台前來拜訪。之後，代理總督、巡撫回禮的官員也陸續來到領事下榻之處。如上所述，領事一行於傍晚五點從廣州港出發，十號一早平安抵達香港。

二、町田代理領事其後的廣東之行

　　町田代理領事於明治十七年二月份前往廣東，打算同兩廣總督張樹聲等人會面，其狀況如下所述。在那之後町田代理領事分別又於六月和八月訪問了廣東兩次。町田代理領事屢次訪問廣東，是因為他懂支那語（尤其是北京話）。由於他懂支那語，而此前又已習慣於同支那人來往，因此町田代理領事自然會時常前往廣州。在此不禁能感受到會一門外語的微妙作用。而此前安藤領事就會講英語，因此他在香港的時候也能同英國人甚至歐美人進行流暢的交談，而他訪問廣東的經歷，據筆者了解，他在任九年期間就曾去過四五次。我想外務省任用懂支那語的町田代理領事作為安藤領事的後任一事是經過考慮的。

　　町田代理領事此前在訪問廣東的時候，與總督約好請他閱覽近來日本人所作的詩詞文章，因此他詢問外務省可否寄送一些詩詞文章過來。不久外務省給他郵送了《鶴梁文集》、《息軒遺稿》、《遠思樓詩集》、《黃石詩集》等四本書籍，町田代理領事於六月四日到七日訪問廣東期間把它們獻給了總督。另外還附贈了漆器硯箱和薩摩生產的源氏煙草。此外他還與督糧道台及巡撫等人見面，此時的督糧道台是彭巒謙，而他的前任李氏已經不在其職了。

　　町田代理領事在那之後的八月二日再次到廣東去，並在八日返回香港。這次的訪問是為了與新任兩廣總督張之洞會面。張之洞是一個很出名的人物，町田代理領事在見面前以為他會是一個很難親近的人物，可是接觸過後，也可能是初次見面的緣故，意外地發現他非常平易近人。此次會面，張之洞聊到他在北京的朋友竹添公使和田邊參事官等人的近況，接下來其他的話題也源源不斷。會面在

愉快的氣氛中結束了。另外，這次訪問中，即八月二日到達廣東的當天晚上，町田代理領事受到了兩廣營務總辦王藻章的盛情招待，他還邀請了德國、意大利副領事和倫敦時報的通信員。之前提及的皮特曼也作為陪客，與町田領事一同搭乘珠江的花船遊玩。此時作為主人的王總辦向町田代理領事傳達了一件事情。當天下午從福州傳來的電報稱支那擊沉了三艘法國軍艦，而上海的兩艘日本軍艦突然掛起英國國旗，與英法兩國聯合起來攻打支那。町田代理領事聽了這番話以後，堅持認為日本帝國軍艦絕不可能懸掛外國國旗，其中恐怕有誤會，待對此事調查過後再向王先生說明情況。實際上，當時支那和法國之間的紛爭已在南支那一帶掀起了很大的騷動。

　　明治十七年五月十一日，李鴻章和法國艦長福祿諾（Francois Ernest Fournier）就解決前一年發生的安南事件簽訂了一個條約，兩國的關係也隨之趨於平和。然而之後很快就在安南發生了支那軍隊撤退問題，兩國的關係迅速惡化。同年七月十二日，法國公使向支那政府下了最後通牒，要求履行前面所提到的條約並賠償二億五千萬元，並聲稱如果不認同條約，法國就必須得到物質的保障。孤拔司令（Amedee Courbet）接到命令，準備佔領福州和基隆一帶。而後孤拔司令前往福州，布里葉提督（Louis Briere de Llsle）前往基隆。在基隆的法國軍艦同守備基隆的支那兵早就兵戎相見了，在福州的孤拔司令也無法預計何時會爆發戰爭。王藻章前面所說的電報恰恰正是這個時候的事情。支那官民因兩國關係存在危機而極度不安，法國軍艦在福州和基隆的一舉一動成為了關注的焦點。雖然前述電報原本就屬於誤報，但不難想像接到這個電報的王總辦是如何地憂心忡忡。王總辦提及電報一事是在八月二日，距此三個星期後即八月二十三日，孤拔司令果然在馬尾炮擊支那的軍艦並將其擊

沉。隨後，又炮擊了兵器廠和要塞，並將其佔領。在那之後經過了兩個月，於十月份開始封鎖台灣，並持續了一年多的時間。總而言之，町田代理領事八月份訪問廣東的時候，正四處瀰漫著戰爭的氣息，但他還是順利同廣東的重要官員建立了良好關係並回到香港。

三、大山陸軍卿等軍事視察團的來港

明治十七年二月二十二日，大山陸軍卿及其他軍事視察團一行在往歐洲的途中曾到香港港口停靠。去年十二月二十五日，大山陸軍卿等接到被派遣去歐洲的命令。一行人在橫濱出發時正是明治十七年二月十六日。他們的名字有記載如下：

參議兼陸軍卿　勳一等　大山巖
士官學校校長陸軍中將　勳二等　三浦梧樓
東京總督司令官陸軍少將　勳二等　野津道貫
近衛步兵第一聯隊長步兵大佐　勳四等　川上操六
參謀本部第四局長步兵大佐　勳四等　桂太郎
東京陸軍病院長軍醫官　勳四等　橋本綱常

除此之外，還有以下九位隨從：

會計局會計監督（小池正）陸軍卿傳令使步兵少佐（清水直）陸軍大學學校教授步兵少佐（小阪千尋）近衛炮兵大隊長步兵少佐（村井長寬）參謀本部海防局長員工兵少佐（矢吹秀一）步兵中尉（野島丹藏）近衛炮兵大隊副官炮兵中尉（伊地知幸介）士官學校教官步兵少尉（原田種太郎）會計局三等軍吏（吳賀致正）

此外加上兩位陸軍留學生一共十七人。上面所提到的陸軍大學教授小阪少佐，曾於明治十一年八月五日還是中尉之時，在法國返回日本的途中和廣軍吏補一起照料生病的湯川少尉。在香港停靠時，湯川少尉不幸病死。小阪中尉得到了寺田書記官的幫助，埋葬了湯川少尉，後於八月七日繼續前往日本。這件事已經在明治十一年篇中提及。町田代理領事接到通知稱視察團一行將要在香港停靠，因此他將此事傳達給了寶雲總督和沙約翰陸軍司令官，就如何接待來訪者進行了溝通，最終決定鳴放禮炮並在碼頭列兵等候他們。但是大山陸軍卿並未同意這種做法，他在出發前曾考慮無需用到禮服，因此將禮服全數收進櫃子裡了，所以他拒絕了這次需要用到禮服的儀式。

　　大山陸軍卿一行乘坐的法國郵輪「明智號」於二月二十二號上午十點抵香港。町田代理領事與平部書記，總督副官等乘坐小蒸汽船去迎接。抵達後，大山陸軍卿和陸軍士官學校教授小阪少佐住在領事館，而三浦中將、野津少將還有其他人則住在新開的法國旅館裡。二十三日上午，大山卿等人去總督官邸拜訪寶雲總督。寶雲總督非常高興地迎接他們。交談中，寶雲總督說到希望九月份去日本訪問，並十分期待那天的到來。訪問總督完畢後的當天下午，大山卿一行在巴頓中佐的帶領下來到了賽馬場，剛好有賽馬在進行著。前來賽馬場的人有總督、總督夫人、他的女兒以及陸軍司令官沙約翰，法國海軍司令米亞等等，與大山卿同行的三浦中將、小阪少佐、原田少尉等人一一和他們打了招呼。

　　二十四日星期天沒有特別的事情，大山卿一行去往市中心參觀，並光顧了支那飯店「杏花樓」。大山、野津、桂、川上、小阪、清水、町田、平部等八人列席，大山卿評價說飯店的飯菜非常

可口。

二十五日上午大山卿等人前去拜訪了沙約翰司令官，十一點去參觀大練兵。其後他們款待總督副官和英國將校吃過午餐，於下午四時在司令官邸觀看了舞會。當天晚上總督款待了大山陸軍卿、三浦中將、野津少將、川上大佐、桂大佐、小阪少佐、町田代理領事、平部書記官等。除此以外，在場的還有法官總長沙里鮑、檢察總長歐馬力、法國海軍司令官明霞少將、比利時船長巴親、美國領事摩絲登、炮兵大佐沽落夫、步兵大佐和波斯、工兵少佐羅一登、步兵中尉比亞、總督秘書官馬加一路、香港銀行總經理傑克申、議政局議員洪鑫、總務總監登部斯添等，大家一起共進晚餐，場面頗為熱鬧。

到二十六日啟程的日子，大山卿一行於上午十一點乘坐法國郵輪「沙普恩號」前往歐洲。

另外，大山陸軍卿在香港停留的時候給伊藤、西鄉參謀宛寫了以下書信。由於前述和總督的談話中，總督提到最近想要去日本，因此大山陸軍卿委託二位接待總督。

伊藤參議先生、西鄉參議先生：

（省略）我於二十二日抵達香港，昨日與寶雲總督談話中得知他將於今年的九月攜其妻子和三個女兒去往日本遊玩。去年軒尼詩先生赴日的時候，曾在外務大臣官邸住宿，並由大藏卿帶領他們去大阪遊玩，受到了特別的待遇。我希望寶雲總督此次能夠得到和軒尼詩先生同等的待遇，希望你們能準備好屆時恭候寶雲總督。我在此得到他極為熱情的款待，因此作出以上請求。

明治十七年二月二十四日

大山巖　於香港

四、三菱汽船會社終止香港航綫

明治十二年十月九日，三菱汽船會社的「新瀉丸號」作為開通香港航路的第一船進入香港以來，始終在香港和日本間每月兩次定期往返，日本人漸漸開始乘坐日本船往返於香港和日本之間。這之前已經敘述過。該會社船隻航路延長至香港是我對清貿易和對外貿易取得更大進步的體現。但是此航路也不得不在明治十七年停止。也就是說，香港領事館在明治十七年四月二十八日收到了三菱汽船會社的如下的一封信。據此可知，該會社船隻雖然和英俄美三國汽船一起維持香港航路，但是該社的航路和英美俄的各航路相比所佔比例甚小，根本不能和其他各國的航路競爭。今後繼續維持已不可能，即決定現在停止。

拜啟
　　在這春暖花開之際，祝您身體安泰。關於我公司船隻在香港開設綫路的事宜當初多虧領事館的幫助，特此感謝。在該綫路開設的五年間，英法美三國的郵船每月數回，在此綫的貨物船客的搭載方面數倍於我。所以以我國和香港之間的客貨運輸為目的，與他國開展的競爭只可能導致兩敗俱傷的結果。所以我會社決定自五月十日神戶出港的「熊本丸號」後不再繼續此綫路。敬請原諒。
　　　　　　　　　　　　　　　　　明治十七年四月二十八日
　　　　　　　　　　　　　　　　　郵政汽船三菱會社

如上所述，明治十二年十月九日「新瀉丸號」的第一次入港至明治十七年五月十日神戶出發的「熊本丸號」作為最後一艘入港的三菱會社船隻，自此以後，日本船的身影再次從香港消失了。根據上面信中所示，無法與英美俄各國航路競爭無疑是最主要的原

因，但是不得不認為有如下所示的潛在因素。前面也提到過三菱汽船自創立以來獨佔我海運界，取得了相當突出的業績。有見及此，反對三菱一派者認為該行業有利可圖，旨在與之對抗，於明治十五年七月以資本金六百萬元創立了共同運輸會社，並於明治十六年四月開業。此後在兩社之間開始了非常激烈的競爭。例如同年秋天，神戶橫濱之間航路普通旅客的運費竟然下降到了二十五塊。這樣激烈競爭的必然結果就是兩社都蒙受了巨大的損失。

於是三菱汽船會社認為不應該維持這種沒有利益的航路。根據以上所述，香港航路的停止也可以說是兩社競爭的結果。兩社激烈的競爭最終導致兩敗俱傷的結果，所以大家也漸漸認為必須讓兩者之間無用的競爭盡早停止，並且逐漸傾向於將兩社合併發展。明治十八年七月政府向兩社發佈內訓，勸說兩社合併。兩社合併後組成的新的日本郵船會社於十月一日開業。日本郵船會社旗上兩條紅色的橫綫意味著兩社的聯合。這種做法也得到了很多人的認同。日本郵船會社成立後海外航路僅僅只有橫濱、上海間，長崎、浦盂間、神戶、仁川間三綫，該社航路延伸到香港是創立後的第五年，即明治二十三年的事情。

五、寶雲總督的訪日

明治十七年二月，新任香港總督寶雲在履任大概一年後，對町田代理領事說自到任以來公務繁忙，一直沒有機會訪日，目前公務慢慢地也告一段落了，所以想乘此機會訪問日本，只是很難馬上出發，大概要等到九月份才有機會。訪日之事同月總督也對來訪的

大山陸軍卿提過，此前已經敘述過。前總督軒尼詩在任期間訪問日本受到了熱烈的歡迎，該總督表現出的親日態度更是得到了日本方面更多的好感。這次寶雲總督訪問日本，日本方面非常地歡迎。町田領事聽完總督的話直接向政府傳達了上述的意思，並且把這件事情報告給了外務省。

根據寶雲總督的想法，訪問日本時想和夫人及三個女兒同行，但是，七月以來總督夫人一直在生病，身體很虛弱。醫生說在香港無法徹底治癒，所以建議最好回英國。七月三十一日，總督夫人為了療養，乘坐英國郵船「鋼吉斯號」向本國出發。這樣，總督就在沒有家人陪伴的情況下訪問了日本。

寶雲總督一行，預定九月十三日乘坐從香港出發的英國船「特赫蘭號」，但是九月十一日到十二日有颱風，所以該船的出發日期改成十四日，後來又改為十五日前往神戶。除了總督外，同行的還有香港上海銀行經理莫里斯、秘書布林庫利和托侖契，另外還有從者三人，共計七人。一行人從神戶出發直接上京，進入英國公使館。雖然在東京停留的行蹤不明，但是應該受到了熱情款待。一行人從十月二十日到十一月三日的十一天遊覽了京都及奈良等地方。當時這一行人的行蹤，從作為他們嚮導的外務省鍋島桂次郎的出差報告書中可以詳細知道。據此報告書一行人的行蹤應該如下：

十月二十日，參觀京都，上午參拜御所，參拜北野神社以後，回到了宿所迎賓館。下午因為下雨取消了參觀。夜裡，在祇園的中村屋吃日本料理。

十月二十一日，本來打算去奈良，想清晨坐人力車去，但是由於下雨中途返回。接著參觀西本願寺，由該寺赤松氏擔當嚮導，該人精通英語，所以總督非常高興。下午，參觀西陣織工廠和金閣寺。

十月二十二日，早上向奈良出發，途中參拜了黃檗山萬福寺，更在宇治平等院的宇治菊屋休息進食，傍晚到達奈良，在武長野伊藤長七處落腳，在大阪的自由亭吃飯。總督非常喜歡奈良，最初預定參觀一天，後來延長一天，共停留了兩天。

十月二十四日，下午一點半從奈良出發，下午六點到京都（也就是說，一行人坐人力車，費了四個半小時。現在坐電車只要四十分鐘）。

十月二十五日，再次參觀京都，遊覽七寶燒粟田陶瓷、智恩院、清水寺、西大谷，下午參觀西村總左衛門的友禪染及刺繡，還參觀了東本院寺、相谷邸、四條道場的女戲班。

十月二十六日，遊覽琵琶湖

十月二十七日，庫拉庫及托侖契去保津川下里，總督參觀土手町的府立女子學校，在河原集產場購入清水燒的茶器等，接著參觀府立畫學校及盲啞人學校。

十月二十八日，從京都到大阪，參觀大阪城、炮兵工廠、造幣局等，下午到達神戶進入待賓館。

十月三十日，去有馬溫泉。

十一月一日，從有馬回神戶。

十一月二日，參觀神戶市區，同日是總督的生日，所以同夜總督招待一行人，隨行的鍋島桂次郎首先舉杯祝賀總督。總督舉杯說：請稍等片刻，明天是貴國天皇陛下的生日，在此我先祝天皇陛下萬壽。

就這樣總督的日本訪問結束了。從九月下旬開始一個月有餘的時間，總督一行遊覽了日本各地。十一月三日總督和庫拉庫等乘坐英國汽船「特赫蘭號」從神戶出發，十一月九日平安到達香港。一行人中香港上海銀行經理莫里斯由於在途中生病，布林庫利和托侖契也因為有事，三人就先回到了香港。

總督回到香港的當夜馬上在官邸招待了町田代理領事及田邊

書記官（該書記官在香港任職的事接下來再敘述）。檢察長歐馬來及副官列烏斯作陪共進晚餐，總督從晚餐開始到結束都一直說著日本遊覽的事情，反復地對在日本受到了非常周到的款待表示感謝。

六、英國汽船「西藏號」對日本人的救助

英國 BO 會社汽船「西藏號」（Tibet）明治十七年十九日在前往香港的途中在長崎縣樺島海面上航行。航行途中在較遠的海面上發現一道黑影。監控中的船員凝視著這不可思議的黑影。隨著汽船的前進，這個黑影越來越大了，已經可以看清楚是有船在隨波漂流。仔細看還可以看到船上有十餘個人影。汽船很快調整航向向該漂流船靠近，確認有揮舞著雙手呼救的人。慢慢靠近該船後，發現該船已經傾覆了，還有十三個日本漁夫緊緊抓住傾覆的船底。「西藏號」很快放下小船救助這十三名漁夫，並把他們都收容在船內。

這些日本漁夫已經疲憊到了極點。船上的人非常熱情地照顧他們，船醫波次塔還給他們一一分發藥品。幸運的是大部分人都慢慢地恢復了元氣，其中的數人因為達到了疲勞的極限所以沒有那麼容易恢復。九月二十三日「西藏號」停留在香港。BO 汽船會社香港分店很快在同日向日本領事館轉達了這一消息，並把恢復元氣的人一同帶到了領事館，需要治療的四個人被直接送到了醫院。領事館聽取了上述的遭難者其遭難的始末。

遭難者有長崎縣彼杵郡野母村的福島德太郎（四十五歲）、峰芳太郎、小森德松、土井助松、今村平治郎、今村種一、三浦長次郎、峰小太郎、內野萬太郎、巖水勝藏、內野宗五郎、松尾增太

郎、山田關太郎十三人。這些人都是野母村的漁夫，在同村豐清八所擁有的漁船上。除船老闆豐福太郎以外，為討生計，有十六名船員九月十五日在樺島停留，十六日出發，到海面上捕魚。那天晚上凌晨一點突然起了暴風雨，大家拚命地駕船向陸地靠近，但是風力非常強，反而被越吹越遠。浪變得越來越大，船最終翻了。船老闆豐福太郎及三名漁夫被巨浪吞噬，下落不明。剩下的十三名漁夫緊緊抓住傾覆的船底才保全生命。這些人攀附船底漂流了三日，因為飢餓疲勞已經奄奄一息了，只能聽天由命。十九日遠遠地看到前方有汽船駛來，所以開始呼喊求救。並且如上所述，由於「西藏號」的救助得到了重生。

聽到以上陳述的町田代理領事非常感激「西藏號」的幫助，隨即拜訪 BO 分店，並向該店經理馬次庫比路及船長尤帝表示了萬分的感謝。BO 分店經理表示願意把上述的遇難者再用該會社的汽船無償地送回日本，並且非常謙虛地表示這些救助只是應該做的。十三人中小森德松、土井助松、今村種一、峰小太郎四人住院，不到一個月就平安出院了。一行人就這樣平安地被送回國了。町田代理領事迅速地把這件事的始末向外務省報告了。十一月末外務省以外務大臣的名義向尤帝船長寫了感謝信，並贈送了一對非常好的銅製花瓶。

七、帝國軍艦「天城」及「扶桑」的入港

帝國軍艦「天城」於明治十七年九月十九日進入香港。「天城」的船長是我國的寶貴人物東鄉平八郎，當時是海軍少佐。因為東鄉

船長在明治十七年五月生病了，暫時在長崎靜養，因此，「天城艦」也停留在當地。東鄉船長不久就康復了，於六月末前往上海。本來「天城艦」應該和在長江一帶巡航的艦隊司令官松村（淳藏）少將乘坐的「扶桑艦」同行，但由於東鄉船長抱恙，所以「天城艦」未能同行。說起東鄉船長的病，筆者曾經看過東鄉元帥的自傳，記得當中說道他年輕的時候身體不怎麼強壯。

「天城艦」從上海開往福州，然後九月十七日上午五點從馬尾起航，十九日早上進入香港。

「天城艦」的全體船員名單如下：

海軍少佐東鄉平八郎，海軍大尉安田虎之助，海軍大輪機員朝倉俊一郎，海軍中尉德久武宣、安岡淳吉、林讓作，海軍中軍醫三宅貞造，海軍中會計飯村知，海軍少尉成川揆、福井正義，海軍少軍醫牧虎文，海軍候補少尉西紳六郎、新井次郎、和田重次郎和岡部卯，海軍候補輪機員星清次郎，海軍候補會計濱武岸生，海軍下士官長宮副卯三郎，海軍輪機長矢部鉞藏和橫瀨清三郎。除了這些人之外，還有 24 名下士官，92 名士兵，17 名準士兵。

該艦停泊在香港直至十月三日，並於當天上午九點前往台灣基隆（當時被稱為雞籠）。

另一方面，松村少將乘坐的「扶桑艦」從上海巡航到長江一帶，經過北部支那各港口，於十月初再次來到上海。十一月十七日從廈門起航，後到達香港，並一直逗留至十二月三日。「扶桑艦」的全體船員如下：

中艦隊司令官兼海軍少將松村淳藏，船長兼海軍大佐伊東祐亨，副船長兼海軍少佐中溝為雄，海軍會計中監奈良直志氣，海軍

輪機少監谷木義為，海軍軍醫少監河村豐洲，海軍大尉吉田重親、片岡七郎、遠藤喜太郎、內田正敏和天野才藏，海軍大輪機員通口則重，海軍大軍醫管原思朗，海軍中尉東鄉正路和川村正助，海軍中輪機員近藤格，海軍中會計渡邊直邦和森原造，海軍少尉北古賀竹一郎、中村靜嘉、高橋助一郎以及濱田宗一郎，海軍少輪機員山原春海和永嶺謙光，海軍少軍醫水落璋之助，海軍少會計堀井常三和平野文夫，海軍候補少尉今泉利義、伊地知源五郎、松居銓太郎、沼崎甚三、井上保、松村直臣、石橋甫、西山保吉、名和又八郎，海軍候補輪機員下條於菟丸、大塚文倫、志水正直、義野善八郎、桓山德藏、武田秀雄以及長沼賢卿。除了這些人之外，還有下士官長共 2 名、木工長 1 名、輪機員長 3 名、勤務兵 1 名、下士 82 名、士兵 199 名、準士兵 37 名、樂隊 19 人。

「扶桑艦」一駛進香港，松村司令官以及伊東船長就對總督以及陸軍司令官分別進行了正式訪問。從二十日到二十五日為止，除了遊覽市區之外，他們還得到了各個方面的招待。二十六日上午八點松村司令官、伊東船長、遠藤大尉、吉田大尉以及町田代理領事一起坐船前往廣東（編者按：此處廣東即為廣州），於下午四點到達廣東。就這次訪問廣東之事，町田代理領事事先向在廣州的美國領事發了一份電報，希望他們能夠對來廣州訪問的一行人提供方便，所以司令官一行到達廣東之後，在廣州停泊的美國軍艦「阿特拉號」船長就坐著小船去迎接他們，一行人一起進入了美國領事館。當天晚上，松村司令官和吉田大尉在美國領事館，遠藤大尉和町田代理領事在廣東俱樂部投宿。二十七、二十八日兩天遊覽廣東市區，二十八日晚上美國領事邀請司令官共進晚餐，英美的船長以及軍官和在廣東居住的 24 名外國男女在那裡陪席，非常熱鬧。

二十九日早上一行人到美國領事館告辭後，乘坐美國軍艦的

小船換乘前往澳門的「江平號」。「江平號」八點出發，下午四點到達澳門，然後一行人投宿於興記號。三十日遊覽了市區，十二月一日早上八點乘「九江號」從澳門出發，上午十一點回到香港。那天晚上，總督邀請他們共進晚宴，由於某种原因不方便參加晚宴，他們謝絕了，但是第二天還是接受了邀請。十二月三日該艦從香港起航，開往長崎。

八、明治十七年在香港停留的船舶

明治十七年即 1884 年，香港停留船舶的船籍、隻數及噸數如下。但是這裡僅給出的是明治十七年的部分，不能由此來確認香港作為貿易港的地位。為了知道香港的地位，至少要對過去數年甚至數十年的船隻數量進行統計，不然无法確切知曉。筆者這裡給出這些統計資料，僅僅是想讓這些資料能夠直觀表明當時日本船舶和列國相比到底佔據何種地位。

船舶	船隻數	運貨噸數
美國	133	177,729
澳洲	12	22,251
白耳義	1	1,001
英國	2,364	2,663,346
清國	32	24,531
支那戎船	151,011	196,128
丹麥	11	2,984

荷蘭	24	31,043
法國	103	155,262
意大利	2	1,671
日本	16	19,851
挪威	4	1,441
俄國	4	5,374
暹羅	14	6,477
德國	443	289,424
西班牙	40	16,349
合計	18,304	4,614,955

　　如上所見，支那戎船除外，在入港船舶的隻數以及運貨噸數
上佔據第一的都是英國，完全壓制別國。其次，該數据也如實反映
了新興國家德國的振興。第三位是美國。日本一整年入港船舶的隻
數僅僅只有為數不多的十六隻。明治十七年五月為止，三菱汽船的
一個月兩次往返的香港定期航路一直在進行，所以可以推算出這一
年五個月期間大約有十隻船舶入港。五月該航路廢止到該年年末的
七個月間僅僅只有六隻日本船入港。

　　五十年歲月之間其變遷如何如下所示。根據昭和九年即
一九三四年的香港入港船舶表可以明確知曉。（單位千噸）

船籍	船隻數	噸數	船籍	船隻數	噸數
英國	2,404	6,000	意大利	41	305
美國	229	1,396	日本	853	2,508
白耳義	2	10	挪威	543	911
支那	666	729	葡萄牙	61	36

丹麥	133	342	巴拿馬	8	29
荷蘭	243	877	希臘	7	20
法國	176	601	瑞典	28	99
德國	136	585	合計	5,530	4,437

　　如上所見，英國沒有了之前一貫的優勢地位，日本的崛起讓人刮目相看，與此相對應的是西班牙的衰落，真是非常地有趣。

九、領事館員的變動

　　明治十七年，在前一年作為領事館員的町田代理領事和平部書記官繼續管理館務，其下屬的英國僱員喬治當然也在，關於町田代理領事沒什麼需要特別說明的。該代理領事屢屢訪問廣東並與廣東主要官員都保持非常友好的關係。這個已經敘述過了。平部書記官在九月末接到了來自外務省的准他回國的命令。被任命為他的後任的是田邊貞雅書記官。田邊貞雅曾經在廈門工作，廈門領事館關閉後又被命在上海工作。田邊書記官上任是在十一月初，寶雲總督從日本回來的當夜招待町田代理領事的時候，該書記官還一同出席了。那是在該書記官到任後不久的事情，平部書記官還在香港。平部書記官在十一月十九日坐美國汽船離開香港。他作為實習二等書記官被領事館錄用是明治九年十月十六日的事情。其後明治十三年二月四日作為書記官繼續工作，到這次離港為止，在領事館工作已經滿八個年頭。該書記官會英語和廣東話，安藤領事訪問廣東的時候經常帶該書記官一起。安藤領事也非常看重這位書記官。

第十三章

明治十八年篇

一、澳門狀態一覽

關於明治十八年八月澳門總督交接的事情，當時代理領事館事務的田邊書記官去澳門出差，其出差的報告書已經送交外務省。這件事情的記敘也是基於此報告書。當時的澳門總督是羅沙（Tomas de Sousa Rosa），但是後來高若瑟（Firmino Jose da Costa）被任命為新的總督。新總督高若瑟於八月中旬在澳門上任，八月十七日舉行新舊總督交接的宴會，田邊書記官也受到了招待。該書記官八月十七日既是去澳門考察也是去出差。他和新總督會面後，在八月二十一日回到香港。新總督高若瑟氏同時也兼任日本、暹羅的公使及葡領啟莫露島的總督，所以田邊書記官在和新總督會面的時候呈遞了邀請他去日本的國書。另外前總督羅沙氏在八月二十一日從澳門出發踏上回國的旅途。

根據田邊書記官的報告書可知。當時澳門在住的日本人有男七名，女四名，共十一名，其中畫工一人，開的咖啡店有兩家。日僑民沒有任何異常。關於澳門的市況貿易狀態則如下報告所示：

1. 該港因為是自由貿易港，所以進出口情況都不是很明了，其貨物經過支那商人之手出入，澳門本地的產物則很少見。

2. 販賣日本商品的支那人店舖有如下：屬於上等的店有亨泰、煥文、南盛、南泰、元亨；屬於下等的店有宜昌、泰昌、興昌、順泰、榮盛、合利。日本海產品店有成源、祥鑫、萬源、公昌、建容、廣安榮、大豐、義德、德源、萬生和等。

3. 日本海產品有相當數量，每年金額大概二十萬元，都是由香港輸入，轉賣到南方的諸港及廣西省諸縣，在碼頭內買賣的很少。

4. 歐洲織品由香港輸入轉輸到南方諸港，年額大概二百萬元。

5. 出口品以茶葉為主，茶在泰山縣培育製成後主要由香港向

倫敦輸送，其中也有少量運到澳洲。其出口額每年六百萬斤至八百萬斤，價額一百萬元至一百三十萬元，品質多為下等。

6. 輸入下等鴉片之後再精製成上等貨輸出，年額三百萬元。

7. 輸入品質粗劣的物品然後向印度孟買出口，年額大概二十五萬元。

8. 茴香於廣西諸縣輸入，後輸向支那諸港及向歐洲出口，年大概八千擔，一擔大概三十元，年額大約十六萬元。

9. 肉桂油也向歐洲及美國出口，年出口額大約五百擔，一擔價格八十元至八十六元。

10. 砂糖從廣西平南島輸入，輸向支那各港及向日本出口，年額三萬擔，總金額二十萬元，屬於下等品的大約二萬五千擔，價額大約佔十萬元。

11. 米是在該港附近州縣生產，向在美國及澳洲居住的支那人出口食用，年額五百萬擔，金額一百零二萬元

12. 支那竹、綿、緒及蒿制的支那紙多數集中在碼頭，然後向各港出口，年額八十萬元。

13. 藍，在廣西地方把水藍放入桶後出口到上海地方，年額為二十萬元。

14. 煙草在富山近縣生產粗製後輸入然後精製以後出口到新加坡及加利福利亞，年額一萬擔，十五萬元。

15. 牛及水牛皮類在南方諸港輸入曬製以後從支那各港出口，年額四萬元。

16. 除了以上外，支那人日用品雜貨等的出口年額大概二百萬元。

17. 以上各出口入品的輸送都是用香港間通航的小蒸汽船或者支那戎船，卡塔美西洋型船舶在碼頭出入甚少，因為港灣深淺的關係，都是在三海里外的外道島停留。

在明治十八年澳門居留的日本人如上所述是十一名，本年（昭和十年）十月一日的第五次國情調查中澳門居留的日本人是男六名，女十名，共計十六名（其中本國國內人男五名，女六名，台灣人男

一名，女二名，朝鮮人無男，女二名）所以和五十年前沒有增減。

另外，根據報告書的末稿可以知道，五十年前在澳門是很少有大船停留的。

二、法國的安南攻略與香港

關於法國和清國間的安南問題，其糾葛已經在前一年篇中略述過了。法國對支那實行積極壓迫政策，孤拔司令攻擊福州。另外布里葉司令向基隆靠近，從明治十七年十月開始對台灣沿岸進行封鎖。孤拔司令更有意圖從福州北上佔領旅順港和威海衛。隨著法清兩國紛爭的繼續，南支那一帶的支那人的形勢開始不穩，進入明治十八年以後即使在香港各處也能看到支那人的反法運動。這不僅僅是針對法國，還有波及到其他外國人的態勢。同年初，在香港的支那船員和運貨的苦力屢屢有不穩的行動。這些都遭到了政廳的鎮壓，沒有變成大事。

直到有一件大事發生。按前面所說法國斷然對台灣進行了封鎖。這種封鎖在風高浪急的台灣海峽進行，過程中伴隨很大困難，但法軍繼續為之。佔據香港的英國對於法國這種粗暴的行為並不贊成。英國打算獨佔廣東，認為有必要加入進來對於法國這種行為進行痛擊。英國表面上在法清兩國間持中立的態度，但是明治十八年（1885年）初開始禁止法國船在遠東海港運送石炭。

對於法國來說這種情況非常不利，所以對英國的態度非常憤慨。法國發佈了在支那沿海對搭載戰時禁製品的船隻進行臨檢的命令，更禁止向廣東以北輸送大米，使支那陷入饑饉當中。大米的輸

送主要是以英美兩國的船隻進行的,所以對於法國的這一處置,英美兩國都提出了抗議。從這件事件開始,法清兩國間的問題就變成了法英間的問題。在香港的英國人等對於法國的措施也採取攻擊的態度,進而在香港形成了英清共同抵制法國的態勢。在這樣的形勢下,法國如果繼續與清國的紛爭,那麼結局一定是不利的。另外一方面,清國對法國也採取同樣的態度。恰好這時在上海的總稅務司赫德(Robert Hart)就支那登台用船被法國海軍扣押這件事,從倫敦派出了非常有手腕的金登幹(James Ducan Campbell)去巴里(編者按:即巴黎),就航海保全問題向法國政府發出警告。由此,法清兩國間衝突的和平解決道路被打開。在赫德的斡旋下,法清兩國的紛爭慢慢得到解決,在明治十八年四月四日簽署了巴里覺書(編者按:即巴黎備忘錄),宣告兩國的紛爭結束。[1]

1　赫德(Robert Hart,1835—1911)在 1854 年來華,先後在英國駐寧波和廣州領事館擔任翻譯和助理。1859 年起任粵海關副稅務司。1861 年起,代理總稅務司職務。1863 年 11 月任海關總稅務司。1908 年休假離職回國,仍掛總稅務司的頭銜。這裡應該指出,在 40 多年的總稅務司任期內,他在清國的貢獻尤多,並不止於上述中法的政治調解。例如 1864 年太平天國之亂未止,戈登與李鴻章發生衝突,赫德在蘇州從中調解,使他們一起鎮壓太平軍,同時參與了攻打駐紮常州的太平軍之戰。1866 年,赫德經手以關稅償清全部英法賠款(庚子賠款)1,600 萬兩,得到清政府的讚賞。1868 年,他建議清政府商得英、美、法、德、俄五國公使同意後公佈《引水總章》,由當地領事與海關稅務司會同辦理各口岸引水事宜。1869 年,海關正式代辦郵政,由赫德兼任郵政司。1876 年,他配合李鴻章與英國公使威妥瑪爵士,在煙台解決中英之間由 1875 年馬嘉理被謀殺案而引起的爭端,成功簽訂《煙台條約》。此外,又積極協助李鴻章購置洋艦,完備北洋海軍事業,經常巡視各港口的海關運作,建立了中國海關稅收與人事調遷的現代制度。至 1901 年,赫德仍參與清政府與八國聯軍的議和談判,並草擬賠款節略,向外務部提出賠款和新關兼管常關的辦法,身份上儼然為清政府倚信的外交中介人。

法清的紛爭對於在香港的日本人來說沒有直接的關係，但是關於法國的安南攻略，在外公館情報是由香港領事館得到的，所以由町田代理領事所寫的報告是極盡詳細和曲折的。筆者在此特別紀錄了這一項。

三、領事館員的變動

　　從去年開始一直在領事館工作的有町田代理領事和田邊書記官，但是明治十八年八月町田代理領事接到回國的命令而離開香港。這一年的三月，內閣顧問黑田清隆等一行到香港、廣東、澳門考察時，町田代理領事曾經和他們一起前往香港、澳門出差。該代理領事在三月二十三日和菅川清等一行前往廣東，停留數日後，二十七日從廣東前往澳門，停留兩三日後，於三十日回到香港。町田代理領事接到歸國的命令是在七月，七月二十三日還曾經為了拜訪關係要好的兩廣總督張之洞及其他主要官員前往廣東。張總督是去年七月前來赴任的，雖然同年八月二日才初次和町田代理領事會面，但是町田代理領事會說中文，也習慣和支那官員交際，所以獲得了張總督的好感。領事告知張總督「此次很快將要回國」，而張總督一再表示「非常遺憾，剛熟悉不久便要離別」，並與領事告辭。隨著該代理領事出發的日子日益臨近，有通知說作為該代理領事後任的南貞助領事被任命在香港任職。町田代理領事於八月二日乘坐英國船「凱西加露號」從香港出發，踏上歸國的旅途。澳門方面由田邊書記官暫代事務。在前面所說的田邊書記官於八月十七日在澳門總督更替之時前往該地出差的

事，就是指赴澳門代理領事事務。

八月二十八日南領事前來赴任。這樣領事館就有南領事和田邊書記官在職，旗下有英國僱員簡・泰勒。進入十月，泰勒提出辭職，於是為了替代他僱入了約翰・衛利阿姆・鍾斯。前面所說的皮特曼依然在香港。這裡要說一下的是關於領事館的事情。明治十八年，依然使用的是明治十一年十一月五日也就是安藤領事在職時從沙遜公司以每月一百元租入的堅道的屋子。這個屋子大部分已經老舊了，需要修理。南領事認為與其修理以後繼續租借，還不如另外尋找別家更有利。於是去各個地方尋找，但是沒有那麼容易尋找到恰好合適的屋子。明治十八年就這樣過去了。

四、日本輸入的章魚中毒問題

從明治初年開始日本產海產品大量的輸入香港，並且還輸入到廣東廣西等支那內地。這件事已經介紹過了。明治十八年以前從未被輸入曬乾的小章魚（編者按：章魚即俗稱的「八爪魚」）被支那商人輸入。以前支那人是不吃章魚的，但是一部分支那人輸入這個「冷門貨」，剛好符合喜歡「冷門貨」的廣東人的喜好。

這個意外符合了廣東人的喜好，得到了非常好的評價，但是六月三十日在香港的各中英文的報紙披露說有吃了乾章魚中毒的支那人。政廳無法置之不理，只能迅速地把這些章魚乾送到衛生局，由醫官顧羅與葛拉斯等對其進行解剖，但並沒有發現和中毒者一樣的毒素。乾章魚是從日本輸入的產品，一般都是被信任的。町田代理領事認為如果從日本大量輸入的海產品引起中毒的話，不僅關係

到日本海產品的信用問題，甚至還會對一般的物產販賣產生一定的影響，所以迅速地將這件事向外務省發電報報告，拜託調查最近從我國向南支那香港出口的海產品中有沒有乾章魚。

五、日本人橫手梅次郎的墓

在日本人墓地有海軍四等水兵橫手梅次郎的墓碑。這個墓碑是明治十八年十月三十一日香港領事館受海軍省的委託建立的。明治十九年八月製作費花費了二十元。關於橫手梅次郎的來歷有如下說明：

明治十一年十二月他作為志願兵在「迅鯨艦」上工作，但是在明治十六年四月期限未滿之際就離開「迅鯨艦」。在三菱會社船「新瀉丸號」上工作了七個月，然後又換到英船上工作，經歷了七個月的定約，在支那廈門下船，停留了一個半月。在德國「阿波託路斯號」上工作了三個月，下船數日，接著在「特布利其次斯號」上工作。四個月後在天津下船停留了十日，幸運的跟著英船「額金號」來到上海。在上海在英船「薩次曼號」定期工作三個月停留過諸多港口之後回到長崎。又在德船「多露斯號」上工作期間前往上海。在上海被英船「娜赫路多號」催傭前往廈門，下船停留七個月後乘坐英船前往香港，不過數日就罹患重病，漸漸病重。由於缺乏治療的資金，為了儘快恢復，不得不依據人民救助的公法申請回國。

橫手梅次郎

六、香港政廳相關的事件

明治十八年六月九日，香港政廳殖民地秘書（編者按；即
Colonial Secretary，又稱輔政司）馬殊得到了短暫休假的機會。他
搭乘英國汽船「歐西尼亞號」從香港出發，此船經由日本、美國回
到英國。這個馬殊在明治十五年，在時任總督軒尼詩不在期間曾擔
任過代理總督。同年三月參議伊藤博文為了憲法制度的調查去往歐
洲，途中在香港停留之際，作為代理總督的馬殊對他進行了熱情的
款待。另外同年六月有栖川宮仁親王殿下到港之際，馬殊邀請親王
在總督官邸住宿，並和他夫人一起進行了周到的接待。在接待有栖
川宮殿下之時，殿下似乎告知對方若來日本必定妥善接待。馬殊一
直記著殿下的話。此次回國時他想起了殿下的話，便希望中途在日
本停留的時候得到殿下的照拂。於是他會見町田代理領事，講述了
事情的經過，並就殿下照拂一事委託領事斡旋。町田領事接受了這
個委託，很快向外務省和有栖川宮家的蔣井璞希送交了以上的報
告。我想馬殊應該是拜見了殿下，但是以後的事情就不知道了。

七、寶雲總督的離任

香港總督寶雲在明治十八年十二月十九日，從香港出發踏上
歸國的旅途。寶雲總督按照之前記敘的那樣於明治十六年（1883
年）三月三十日到香港上任，總督的任期大概是五年，所以其歸國
並不是因為退任的緣故。但是總督在明治二十年（1887年）十月
六日新總督德輔爵士到任之前都沒有回任。

寶雲總督歸國之時，在前面已經敘述過的輔政司（Colonial Secretary）馬殊短期回國後已經回到香港，再次成為代理總督。另外如下面內容所述，這年八月伏見宮貞愛親王殿下在去歐洲途中，在香港停留之時，陸軍少將金馬倫（Mayer General Cameron）正式代理總督。這時寶雲總督正在旅行中，而本該是代理總督的輔政司馬殊如上所述又在歸國的途中，所以少將金馬倫就成了代理總督。這個金馬倫少將在明治二十年再次成為代理總督，會在後面敘述。

八、伏見宮貞愛親王殿下的到港

　　在明治十八年七月二十四日及八月一日的公函中，外務大輔吉田清威給町田代理領事下達了這樣的通知：陸軍步兵中佐二品一等勳伏見宮貞愛親王殿下為了這次兵事調查的事情，要趕赴歐洲，炮兵大尉村木雅美、伊地知幸介隨行（伊地知大尉當時已經在德國留學，殿下在到達德國後隨行），八月九日搭乘從橫濱出發的俄國郵船「塔那伊斯號」經由香港在馬耳塞（編者按：即馬賽）登陸，在巴里短暫停留後，前往德國柏林。殿下的旅行是以微服出巡，也就是以陸軍中佐的身份巡遊的。

　　雖然以上的公函原定收信人是町田代理領事，但是按照之前所述町田代理領事已於八月二日乘坐從香港出發的英船「凱西加路號」回國了。公函到達的時候已經是田邊貞雅書記官在代理事務。另外有參議院議官兼內閣書記官子爵土方久元及侍從子爵藤波定忠與殿下同船。田邊書記官只管靜候殿下的到來。八月十五日上

午六點殿下平安的到達香港。「塔那伊斯號」入港時，田邊書記官乘坐小船迎接，接待殿下直接去香港大酒店暫時休息，然後再駕臨領事館官邸。在官邸用完餐後，不久總督副官松莫路沃路作為代理總督的代表來訪，對殿下平安到達香港表示歡迎之後，表明有意向於十六日在山上的別墅設宴款待殿下，並請土方議官、村木大尉及田邊書記官同席作陪。詢問殿下的意見時，殿下馬上答應了這個邀請。殿下十五日晚上在領事官邸用餐後，於晚上十點左右回到酒店。

第二天，十六日，按照前一天的約定，殿下在下午十二點半到達總督的別墅，和代理總督金馬倫少將用完餐後，下午四點下山，在領事館短暫休息後回到大酒店。同夜田邊書記官按照殿下的要求，在酒店伺候，預備晚餐。十七日因為殿下必須前往廣州，上午八點乘坐「河南號」從香港出發。田邊書記官雖然申請同行，但是因為他是領事館唯一的館員，所以不能隨行，其他的隨行人員都一起同行。殿下一行人在下午三點到達廣州，事先接到代理總督通知的英國領事及副領事在碼頭迎接。殿下在他們的帶領下進入了英國領事館。殿下來臨之際，兩廣總督特地派來了二十個護衛兵。殿下從英國領事館出發去微服私訪，這些護衛兵便退下了。在該館內休息一會後，殿下就坐上了準備好了的轎子去城內巡遊。結束巡遊之後，當夜就在「河南號」上寄宿了。

十八號上午八點殿下從廣州出發，下午三點到達香港，田邊書記在碼頭迎接。殿下直接進入領事官邸，當天晚上同隨行的人一起在官邸就餐。殿下跟村木先生、土方先生一起寄宿於官邸。

十九號下午一點殿下應代理總督金馬倫少將的邀請赴午餐宴會，下午五點開始檢閱軍隊。殿下到達練兵場時，樂隊奏起了「君

之代」的樂曲。在那之後殿下依次檢閱了兵員，最後還觀看了各種操練。這天晚上八點，應代理兵營長漢米爾頓的邀請與其共進了晚餐，十一點回到酒店休息。

終於到了要出發的二十號，當天上午十一點殿下從酒店出發，前往從政廳碼頭來的小蒸汽船「那」。「那」蒸汽船是政廳調派過來的。代理總督金馬倫少將因為不得不處理公務，所以無法親自到場送殿下。另一方面，雖然殿下已於前一晚對此表示推辭，但他仍舊派出了副總督代其送殿下。就這樣，殿下在八月十五號到二十號的五天裡，不顧炎熱的天氣，一直在香港逗留，並且還前往了廣州，之後又順利地從香港出發一路前往歐洲。

第十四章

明治十九年篇

一、明治十九年六月在港的日本人

本稿起筆於明治六年，現已講到明治十九年（1886年），但卻一直未能找到這十三年間所有在港日本人的姓名與職業等相關紀錄。

雖然有點遲，但是到了明治十九年，筆者卻發現了符合要求的紀錄。即發現了從明治十九年六月七日距今為止有關在港日本人的姓名、族籍、住所、年齡、原籍等詳細而正確的紀錄。發現這個資料時的喜悅只有資料探究者才能體會。同時，此紀錄的時間可以斷定為明治十九年六月七日。如下所述，筆者希望補寫下這些苦心尋找到的東西，更想留住一番苦心得到回報時的喜悅之情。

以下紀錄是摻雜在其他雜亂無章的紀錄中被發現的，而製作名冊的年月日完全沒有註明。在初獲得紀錄的一陣狂喜之後，便需要推斷名冊製成的年月日了。不過，在這沒有開頭的紀錄一角可以模糊看到鉛筆寫下的六月七日。這是解決問題的一綫希望。但是又出現一些疑問：這個六月七日是哪一年的六月七日？此外這個六月七日是調查人口的日期還是名冊完成的日期，或是誰胡亂寫畫的呢？然而可以斷定是明治某一年的六月七日。而從香港居留民為一百四十六名這一數字來看，可以暫且將其推斷為明治十五年到明治二十七八年為止的名冊。而且，筆者還調查了名冊中紀錄的人物在現實中存在與否，發現了日下部平次郎的名字，但是這個資訊對上面的推斷也未起到任何作用。之後又同後述明治二十三年的名冊對照，可以斷定那是明治二十三年以前的名冊。而從這個日下部平次郎被標註為三井物產香港分店店員這一點來看，又可以進一步判定這是明治十九年一月以後的名冊。

再逐一檢查名冊，筆者發現小島治三郎這個名字的備註中被註明「死亡」二字。也就是說該人在調查時還活著，是在製作名冊過程中才去世的。如果深入調查小島治三郎的死亡日期，就可以確信時間問題可以當即解決了。想要知道他的死亡日期就必須前往日本人墓地去尋找小島治三郎的墓碑。即使那墓地沒有小島治三郎的墓碑，我相信根據其他墓碑也肯定能找到解決問題的關鍵。因此如後所述，昭和十年（1935 年）十二月十五日，日式飯館兼旅館「千歲」的主人關氏和日本人地方書記谷口先生一起去了日本人的墓地。他們把明治三十年為止的各墓碑上銘刻的東西全部抄下來帶回去，然後再整理好。仔細一看，小島治三郎的墓碑文也在其中。這個墓碑正面刻著小島治三郎，右邊刻著明治十九年六月十日，左邊刻著東京武藏日本橋箱崎町三蕃地平民。於是問題在這裡就全部解決了。也就是說這個紀錄是在明治十九年六月七日調查的。因為其中尚在人世的小島治三郎是在調查後三天去世的，所以在記入名冊時該人的姓名備註欄中標記著「死亡」二字。筆者為了更進一步明確這個判斷，又深入調查了此名冊中出現的其他人物的墓碑文，結果發現了名冊中一個名叫土谷穗乃的婦女的墓碑文。這個墓碑正面刻著土谷穗乃之墓，左邊寫著明治二十四年二月一日，神奈川縣大磯町字小磯平民仁助之女土谷穗乃二十三歲。而後在名冊中有個土谷 Hona（編者按：原文為片假名，漢字可寫作穗乃），作為官野芳治郎的女傭，她當時十七歲，和其死亡時間明治二十四年該人二十三歲相對照，就可以證明這個名冊是該人十七歲時即明治十九年製作的。如上所述，製作名冊的年月日就可以判明了。這個紀錄的具體情況如下所示：

姓名	在香港寄居地	職業	府縣族籍	年齡
三浦兼吉	擺花街三十四號	出租屋及日本料理商	大阪府平民	42
鈴木水津	同上	同上	同上	30
菊地花	同上	寄宿人	神奈川縣	23
山村鹿目	同上路八號	外國人馬庫賓催傭	長崎縣	18
山村船	同上	同上	同上	23
大橋忠基	史丹頓道十號	詹姆斯催傭	佐賀縣	36
生貝吉舍	同上		神奈川縣	24
生貝道之助	同上		同上	14
福原榮太郎	擺花街九號	三井	山口縣士族	26
小寶三吉	同上	同上	大阪府士族	23
高柳豐三郎	同上	同上	佐賀縣士族	23
大野市太郎	同上	同上	福岡縣士族	23
篠原千代	荷李活道十三號	外國人亨列克催傭	神奈川縣	37
鈴木春	同上	女傭人	同上	20
小泉佐田	同上	外國人催傭	同上	30
星野輝	荷李活道十九號	同上	同上	26
林田熊	同居人	同上	長崎縣平民	22
山本志崔	同上	三味綫教師	兵庫縣平民	30
監增時	鴨巴甸街十五號	外國人催傭	長崎縣平民	28
監增豐吉		同居人	同上	18
橫瀨要吉	鴨巴甸街十三號	出租屋商	同上	35
橫瀨加藤	同上	妻	同上	30

姓名	在香港寄居地	職業	府縣族籍	年齡
橫瀨真砂	同上	女傭	同上	22
小山周吉	同樣是寄宿人		佐賀縣平民	25
小島治三郎	同上	（死亡）	東京府平民	33
島津藤助	同上	宮野芳次郎方行	大阪府平民	25
岡山兵助	同上		同上	27
西村榮太郎			同上	23
大倉秀吉	同上	綢緞商	長崎縣平民	26
古賀兵太郎	荷李活道八十五號	出租屋商	同上	34
古賀瀨木	同上	妻	同上	26
荒木豐三郎	同上	店員	同上	21
立林孫四郎	同上路的七十一號	陶瓷器物商	同上	34
立林菊	同上	妻	同上	30
立林喜八郎	同上	長子	同上	7
立林澤	同上	次女	同上	3
向井喜四郎	同上		長崎縣士族	26
山本龜四郎	同上		佐賀縣平民	26
山本松四郎	同上		同上	24
戶田熊山	同上	縫紉物商	長崎縣平民	41
福井兵	同上	妻	同上	36
福井森	同上	長女	同上	9
松崎甚七	波斯富街七號	綢緞商	西安府平民	3
松崎松	同上	妻	同上	25

姓名	在香港寄居地	職業	府縣族籍	年齡
松崎初	同上	長女	同上	6
松崎甚吉	同上	長子	同上	4
鈴木室		外國人催傭	兵庫縣平民	36
藤原京	威靈頓街一百二十號	咖啡茶商主人	長崎縣平民	35
松尾室	同上	女傭	同上	24
伊藤桂	同上	同上	同上	17
山本清	同上	同上	兵庫縣平民	22
豐竹松	同上	同上	同上	22
安部萬次郎	同上	店員	福岡縣平民	26
宮野芳次郎	卑利街	咖啡茶商主人	神奈川縣平民	33
宮野松	同上	妻	同上	30
宮野春	同上	次女	同上	8
鈴木吉	同上	女傭	同上	20
土谷細	同上	同上	同上	17
堂本菊	同上	同上	兵庫縣平民	22
三棟崎	同上	同上	長崎縣平民	16
內藤落	威靈頓街七號	外國人催傭	西京府平民	37
下村伏見	同上	同上	同上	25
下村室	灣仔道十七號	同上	神奈川縣平民	27
比見音吉	香港賓館	梳頭商	同上	30
森田作市	同上	同上	長崎縣平民	35
本木春	灣仔道外國人馬妻連內	外國人催傭	大阪府平民	29

姓名	在香港寄居地	職業	府縣族籍	年齡
本木紀伊	同上	同上	德島縣平民	27
宮安歌	柏架山道三十四號	梳頭女	長崎縣平民	24
增原虎吉	寄宿閣麟街三十一號	理髮師	東京府平民	36
神田新	史丹利街四十六號	出租屋主人	石川縣平民	29
松尾雪	同上	同所	長崎縣平民	23
別府高	同上	同上	同上	17
內野井上	同上	同上	同上	18
林田一戶	同上	同上	同上	20
林本	同上	同上	同上	19
藤田志茂	史丹利街三十八號	出租屋主人	長崎縣平民	29
大高清	同上	同所	同上	30
山下伊勢	同上	同上	同上	24
山口京	同上	同上	同上	1
田崎理世	同上	同上	同上	22
木村早津	同上	同上	同上	18
三池金	同上	同上	同上	21
前田古戶	同上	同上	同上	17
清水八戶	荷李活道六十五號	出租屋主人	神奈川縣平民	25
岡田恒	同上	同所	愛知縣平民	22
田浦鬱	同上	同上	長崎縣平民	22
草野地尾	同上	同上		25

姓名	在香港寄居地	職業	府縣族籍	年齡
中村雪	同上	同上	同上	25
松藤治友	同上	同上	同上	23
藤原一	同上	同上	同上	24
伊藤松	荷李活道七十五號	出租屋主人	長崎縣平民	31
長永鹿目	同上	同所	同上	21
宇戶野柚	同上	同上	同上	23
中野馬瀨	同上	同上	同上	23
中野水津	同上	同上	同上	21
吉田對馬	同上	同上	同上	26
大仁田堤	同上	同上	同上	18
津山三佐	嘉咸街	出租屋主人	長崎縣平民	25
津山須賀	同上	同所	同上	18
馬嶋佐田	同上	同上	同上	26
白井須磨	同上	同上	同上	19
竹中采女	同上	同上	兵庫縣平民	19
浮島富五郎	閣麟街三十一號	出租屋主人	千葉縣平民	40
浮島泉本	同上	妻	同上	34
深田	同上	妻	同上	19
平野都	同上	同所	同上	19
原田秦	同上	同上	同上	35
美野田都	同上	同上	同上	19
吉橋植	同上	同上	神奈川縣平民	26
伊藤彌五郎	閣麟街二十七號	出租屋主人	兵庫縣平民	39

姓名	在香港寄居地	職業	府縣族籍	年齡
伊藤英	同上	妻	同上	36
伊藤衣	同上	長女	同上	13
谷原分駒	同上	同所	大阪府平民	18
梶原	同上	同上	同上	19
川崎榮	同上	同上	神奈川縣平民	36
加藤神	同上	同上	長崎縣平民	20
德永城間	同上	同上	同上	19
尾片松	同上	同上	同上	18
柳居長一郎	同上 二十九號	出租屋主人	長崎縣平民	30
永見雅	同上	同上	同上	30
堤著	同上	同上	同上	21
高松久米	同上	同上	同上	25
黑瀨萱	同上	同上	同上	18
松田寧	同上	同上	同上	30
岡村熊	同上	女傭	同上	44
岡村留一郎		美國汽船公司催工		
壽藤莊四郎	投宿古賀		千葉縣平民	38
林元	同上		長崎縣平民	24
秀美正藏	同上		高知縣平民	31
日下部平次郎			大阪	
荒井弟次郎			東京	
寺家村太郎			同上	

姓名	在香港寄居地	職業	府縣 族籍	年齡
村田多吉			神奈川	
片倉耕作			大阪	
灘穀松			兵庫	
小田幸			長崎縣平民	24
上野彥馬		照相業	同上	47
神代延祥		同上	同上	22
渡瀨定太郎		同上	同上	25
西森榮吉郎		陶瓷商	大阪	
岡山兵助		同上	同上	
松本虎松	灣仔道六十一號		長崎縣平民	34
松本佐田	同上		同上	30
小島兼美	上環西約海傍第 二十七號廣福和 號內			
岡田竹藏	神戶區榮町通一 丁目四十五號			
重藤喜太郎				
多多良榮藏	以下茂羅街 三十六號	黑船宿止人		
廣藤忠尾	摩囉街黑船旅館	黑船乘務員	廣島縣平民	25
熊岡男	同上	同上	長崎縣平民	23
長谷川新次 郎	同上	同上	大阪府平民	26
田葉松太郎	同上	同上	兵庫縣平民	28
池田幸次郎	同上	同上	鹿兒島縣平 民	22

姓名	在香港寄居地	職業	府縣族籍	年齡
松田多一郎	同上	同上	石川縣平民	22
金子音吉	同上	同上	三重縣平民	27
佐佐木彌七	同上	同上	千葉縣平民	32
嶋森福太郎	同上	同上	神奈川縣平民	38
歌山勝	同上	同上	和歌山縣平民	28
藤本正吉	同上	同上	熊本縣平民	23
首藤佐市	同上	同上	大分縣平民	34
本間音藏	同上	同上	新潟縣平民	27
佐藤松之助	同上	同上	長崎縣平民	23
三宅源太郎	同上	同上	佐賀縣平民	25
真山貞作	同上	同上	東京府平民	29

以上滯留香港的日本人有十六名，僑居者一百四十七名，總共一百六十三名

從上述紀錄來看，明治十九年六月七日，在香港的日本僑民共一百四十七名，加上滯留者十六名，總計一百六十三名。不過除僑居者之外還必須包括南領事家族以及領事館成員齋藤書記官家族。

接下來按職業進行分類，由此可以看出除領事館外，有四人於明治十九年一月在重新開業的三井物產香港分店工作。私人商店包括上野彥馬的攝影館，日下部商店，立林孫四郎的陶瓷器商店，松崎甚七的綢緞莊，除此之外還有三家出租屋。這三家出租屋分別是三浦兼吉、橫瀨要吉、古賀兵太郎經營的。除了這些以外，再沒

有其他人的經營可以稱得上是商業了。增原虎吉的理髮店，在香港酒店工作的理髮師兩位，梳髮女一位，做針綫活的一位，教三味綫的老師一位，受外國人僱傭者一位，服務於外國人的女傭十三人，咖啡館兩間，出租屋八間。這裡要特別說一下那八間出租屋，總計女傭四十四人，再加上與之情況類似的兩間咖啡館，總人數約佔在香港的全部日本人的一半。這個紀錄的數字（資訊）能夠如實表現出明治十九年為止在港日本人的地位如何。

筆者一直在寫自明治六年以來的十三年間的內容，但是關於在港日本人的內容是少之又少。在日本人的地位相關方面是否應該留下以下紀錄呢。遺憾的是，資料中關於日本僑民的紀錄有所欠缺。不過，若從這些日本人的地位來看，這種情況似乎也合乎情理。而且，明治十九年的居港日本人中，除了三井物產香港分店，日下部商店，一間攝影館，一間雜貨商店，一間陶瓷器商店，一間布莊之外，若再除去幾間飲食店的日本人，剩下的日本僑民幾乎都是婦女。再從分佈狀況來看，大部分日本人都是以荷李活道和威靈頓街為中心居住。現在的德輔道是當時的海岸大街，日本人都集中在英皇道至西邊中央市場之間的近山處，極少人會住在灣仔那一帶。只有摩囉街的黑船旅館那裡住了十六個日本人。這些人都是作為船員去那裡找工作，而被外國船僱傭的。所謂的摩囉人就是印度人，摩囉人日本人黑船旅館則是指由印度人經營的，日本人船員在此投宿的地方。這種旅館當時有兩家。

三井物產香港分店店員住在鴨巴甸街，就是現在的維多利亞拘留所的上方。當時日本僑民當中，在港時間最長的還是日下部平次郎。這個人的名字早在明治十三年篇介紹雜貨商時出現過了。

立林孫四郎在前一年即明治十八年開了一間陶瓷店，也賣日

常用品。這家店並不長久，明治二十三年八月就倒閉了。宮野芳次郎開了一間咖啡館，之後改了布莊，拓展狀況相當不錯。橫瀨要吉當時經營一間出租屋，明治二十五年就以旅館為名開張了。那裡正是現在的東洋館。橫瀨要吉的父親豐太郎於明治十五年五月四日去世。在前面所講的明治十三年篇中並未提到橫瀨要吉的名字，因此他的出租屋是在明治十四年左右才開業的。美國汽船公司職員岡村留三郎於明治十九年十月辭去了工作，之後開了檯球場和咖啡館。此外，松崎甚七的布莊之後改為漿洗舖。以上的幾間商店在幾年或者十幾年後都倒閉了。現今既存的只有三井物產香港分店和東洋館了，以及改行之後的兩三家店舖。三井物產香港分店和東洋館，可以說是日本在香港最古老的商店了。

　　日本人的墓地裡有福源香世子的墓。據碑文記載他出生於明治二十五年一月五日，同年三月二十八日夭折。他是福原榮太郎的兒子，出生後不久就夭折了。三井物產香港分店之後的業績和以往大為不同，過去一直經營慘淡，而現在卻越來越興旺了。歷經十六年，到了明治三十五年，它的職員已有五十一名之多。在這裡尚未提出的四名三井職員中，福原榮太郎還健在，此前一直擔任小野田水泥的董事，他現在隱居於山口縣長府町。此外，小室三吉先是擔任上海和倫敦各個分店長，之後成為東京海上保險公司的董事，同時也是三井合名公司的參事。他現在已經去世了。大野市太郎擔任東京礦業董事，但是至於他是否還健在就不清楚了。

二、日本人墓地

　　筆者已講述過在香港死亡且被埋葬於此處的數個僑居香港的日本人。此前筆者想去參拜日本人的墓地，順道到現場詳細調查一下，但是一直機緣不巧。就這樣拖到昭和十年年末，由於原稿起稿以來已將近一年，所以就下定決心一定要趁此機會去掃墓。昭和十年十二月五日，在旅館主人關氏和日本人地方書記谷口先生的陪同下親自去了墓地，在那詳細調查了明治三十年為止的石碑，並抄寫了刻在石碑上的全部文字。前些天，關氏和谷口二人根據谷口先生帶回來的日本人墓地圖表，核對了墓地序號和石碑的所在地，並在各個石碑上都追加了說明，而後按順序進行介紹。整理好的碑文狀況將在下文中描述。

　　首先，筆者只打算在此描述關於明治二十年以前的墓地。此階段並沒有預想中數量那麼多，總共也就只有二十個人的墓。其中，最早的是湯川少尉之墓。湯川少尉是於明治十一年八月六日去世的。此外沒有找到比他更早的墓了，但是不能由此判斷此前絕對沒有日本人在香港去世，一定有日本人被埋葬在香港而沒有立碑。因為未設領事館的時候是沒人為他們製作石碑的。此外，我們還猜測有些逝者沒有被紀錄為日本人，因此也就沒有墓碑了。

　　那麼，接下來講述湯川少尉的墓碑一事。關於該少尉死亡，曾在明治十一年篇第五節「湯川少尉之死」中有所記述。他的墓碑更高，也更加宏偉，正面刻著「大日本陸軍少尉湯川溫作墓」，下方的四角形大理石上則用法語寫著「軍官湯川溫作之墓，他於一八七八年八月五日從巴黎歸來香港的途中死亡，年僅二十一歲」。筆者是在撰寫了該少尉死亡的事情之後，才進一步了解真相

的。站在少尉墓地之前，湯川少尉死亡的狀況立刻浮現在腦海中，令人感慨萬千。雖然在法語中所寫的死亡時間是八月五日，但是我們認為筆者記述的八月六日下午兩點才是準確的。

此外，在明治十一年篇第九節中曾記載理髮店的平澤錄治郎於明治十一年十月二十六日在政府醫院去世，他的遺體是被埋葬在耶穌教墓地。但此後筆者並未能找出平澤的墓，也許是看漏了。

繼湯川之墓後最早的是水兵清水之墓。水兵清水的墓碑正面寫著「一等水兵清水政之助墓」，右邊寫著「明治十二年五月十日，船舶停泊在黃埔時去世，享年二十二歲」，左邊寫著「大日本帝國軍艦日進號船員，出生於和歌山縣紀伊國名草郡九家之町七號」。這個「日進艦」是明治十二年四月二十九日進入香港港口的。大約一個月後的五月二十八日，出港開往廈門，船在黃埔停泊時清水去世了。其原因在明治十二年篇第四節「帝國軍艦『日進』及『筑波』的入港」中有記述到，那個紀錄和水兵清水的墓碑碑文完全一致。

再者，繼清水墓之後較早的是本田政治郎之墓。他的墓在日本人墓地右側一個微微凸起的地方，那是個相當大的石碑，正面刻著「本田政治郎之墓」，右邊刻著「明治十三年十二月二日去世」，左邊寫著「前郵船三菱公司香港分店經理」。正如墓碑文所示，這墓是明治十二年夏天開設的三菱輪船香港分店經理的。關於該人死亡的事在明治十三年篇有記述。

接下來是近藤貴藏之墓，記述中或有遺漏之處。墓碑的正面寫著「日本近藤貴藏墓」，右邊在該人履歷處寫著石碑建立的事，並談及他的所有情況。具體文字如下：

他姓近藤名貴藏，族籍為肥後國熊本縣士族，其父名叫敬

藤，母親為三池氏。他出生於安政二年十二月三日，明治六年進入工部大學校，明治六年十二月就已是工學士了。明治十三年他受命前往英國，但因病而歸。明治十四年十二月二十七日去世，享年二十七歲。安藤領事因此徵求友人之意於後建立此墓碑。

　　碑文中並未提到他是在香港去世的，而可能是在香港港口停留時去世的。也許安藤領事正是和朋友商量之後才建了這個墓碑。

　　此外，前述本田政治郎的墓旁是同屬郵船三菱公司香港分店的店員村上秀士之墓。上面用英文寫著 1881 年（明治十四年）6月 8 日死亡，年方二十一歲八個月。這裡的記述也有遺漏，但由此處可以判定該分店有村上秀士這個人。

　　接下來是在明治十九年篇第一節中曾有記述的東洋館創立者橫瀨要吉之父橫瀨豐太郎之墓，是於明治十五年建造的。墓碑正面寫著「橫瀨豐太郎之墓」，左邊寫著「明治十五年五月四日去世，九月十五日建此墓碑」。此外墓地中沒有明治十六年的墓，而在明治十七年的墓中，有墓碑正面寫著「木谷佐喜（女）之墓」，右邊寫著「長崎縣長崎區櫻町五十六號平民」，左邊寫著「明治十七年六月八日死亡，享年三十歲，同年七月十二日建此墓碑」。同樣在明治十七年的墓中，還有墓碑正面寫著「士族近藤重吉之墓」，右邊寫著「大日本長崎縣肥前西松浦部五島九友村七十五號」左邊寫著「明治十七年十一月三日於國家醫院去世，享年二十九歲」。關於近藤重秀吉的墓，遺憾的是記述中遺漏了對他本人的描述。接下來是明治十八篇中已述水兵橫手梅次郎去世一事，而且，碑文中也附註了該人建立石碑的原因。筆者很難相信這個墓碑是花費二十元建成的。該人如前所述，也有漏記的地方。打著水兵名號的墓碑比其他墓碑更小，甚至不如所謂的出租屋女傭，不得不讓人感慨萬

分。

在明治十九年的墓中，有墓碑正面寫著「吉開美幾（女）之墓」，右邊寫著「大日本熊本縣下築後國柳川三池郡大牟田平民」，左邊寫著「明治十九年一月十五日」，下方還寫著「暫居於香港的日本人」。如果筆者的推論沒錯，吉開美幾女士和前面提到的木谷佐喜女士就是所謂的出租屋女傭。總之此處所記於明治二十年以後被推定為女傭的墓很多。這些墓中的女士很多都是十八歲或者二十三歲的。其中有這樣一個墓，其正面寫著「法林惠照信（女）墓」，右邊寫著「明治十九年三月六日去世，享年十八歲」，左邊寫著「柳井長一郎建之」。柳井（居）長一郎在本篇第一節的日本人名冊中寫到他是出租屋的主人。

最後要介紹的是小島治三郎之墓，他的墓在本年篇第一節中日本人名冊的年月日判定上起到很重要的作用。墓碑正面寫著「小島治三郎墓」，右邊寫著「明治十九年六月十日」，左邊寫著「東京武藏國日本橋箱崎町三號平民」，記載跟前述一致。

如此，筆者大致對明治二十年以前的每一座墓的情況都已予說明。

在結束此項之際，筆者想講述一件做夢都沒想到的事，此行參拜日本人墓地之時居然找到中學友人之墓，還在此為他祈福。

過程是這樣的。圍著日本人墓地轉了一圈之後，終於到了回程的時間，關氏和谷口先生走在筆者的前面。筆者把記下石碑文的記事本放進懷中之後，無意中發現了旁邊一個小石碑上面刻著「荒川清」這個名字。荒川清，荒川清，筆者不禁脫口而出，又不由得就停住了腳步。這個名字好像有種特別的吸引力。被筆者聲音所吸引的關氏回頭看了看，說道：「他是一個名叫荒川的雜貨商的兒

子，一同寫在碑文中的是父母兒子三人，父親是從長崎回家途中在船上去世的。母親和兒子都精神失常了，最終父母兒子三人都相繼去世了。」還沒等關氏講述完，筆者腦海裡就閃現出一件件關於荒川的事，郡山中學⋯⋯小個子的荒川⋯⋯校友會名冊中的香港⋯⋯死亡等等。「他是我中學時的朋友」，筆者大聲說完之後悲傷地注視著墓碑。墓碑上整齊地寫著「荒川清，大正十一年十一月二十五日去世，享年二十歲」。也就是說他是於中學畢業後的第二年去世的。和這句話並列寫在一起的內容正如關氏所描述的一樣，「其父荒川忠昭於大正十一年十月十四日去世，享年五十一歲，母親八十於大正十一年十一月二十一日死亡，享年四十三歲」。內容表明荒川在母親去世後四天也去世了。筆者不得不對這場畢業十五年後不可思議的邂逅而感到悲傷。總覺得被荒川挽留了好久，最後只能茫然地為他默默祈禱。

三、帝國軍艦「清輝」的入港

帝國軍艦「清輝」於明治十九年二月二日從上海啟程，經過寧波、福州、廈門各港之後，於二月二十七日開入香港港口。艦長是海軍少校野村貞。該艦入港時和停泊在港內的所有外國軍艦都交換了禮炮。除了因為當時英國支那艦隊司令長官去了新加坡，不在那裡，未能交換。未過多久卻接到了英國艦長的抗議，詰問為何不進行禮炮的交換。於是船長解釋說因為知道該司令長官不在船上，且對於英國艦長的地位並不十分了解。隨後艦長說明了其地位，並告知交換禮炮為必行之事，因此又重新交換了禮炮。

由於「清輝艦」在入港時發生了故障，為進入香港黃埔船塢公司九龍船塢，於三月三日把該艦開近右船塢，但由於公司弄錯了，該船塢已經被其他船隻佔滿了。因此應公司方面的請求，不得已移往香港仔船塢，而這個船塢卻不足以容下「清輝艦」，所以不得不再次折回九龍塢。那時，該船塢已有空位，但是該位置也不足以容下軍艦。結果不得不等容得下該艦的船塢空出來。因為船塢公司的疏忽，「清輝艦」陷入了突如其來的麻煩，所以「清輝艦」艦長質問船塢公司。公司方面誠摯地道歉，並希望延期到三月九日。當日，該艦終於可以開入船塢了。

該艦在香港停泊期間的三月八日，艦上四名水兵和支那人發生爭吵，因反抗制止爭吵的巡警，四人都被帶到了法院，並被判決有罪。

「清輝艦」入塢之後不久就修好了，三月十二日就從香港開往廣東。此次，領事館的田邊書記官也一同前往。在廣東停泊兩天之後立即返回，並於三月二十三日向上海出發。

「清輝艦」是一艘小軍艦，長一百九十三呎一吋，寬二十七呎八吋，排水量為六百四十九點四噸，吃水量為十四呎五吋。

四、陸軍中將谷千城以及品川公使一行訪港

農商務大臣陸軍中將子爵谷千城，統計院長陸軍中將子爵鳥尾小彌太，文部大書記官兼東京大學副總管濱尾新等一行三十八人被派往歐洲考察。明治十九年三月十三日從橫濱出發，搭乘法國輪船前赴歐洲途中，於三月二十日在香港寄住。因為一行寄住香港之

事是事先接到通知，因此二十日下午三點左右法國輪船一進港，南
領事就乘上準備好的汽艇前往港口迎接。該船除了谷中將一行之
外，還有去德意志赴任的品川彌二郎公使。大家一起結伴而行，一
同登陸。谷中將一行住進了香港酒店，品川公使住進了維多利亞酒
店。因為當日已經沒有時間了，所以，谷中將一行人沒有參加特別
的儀式活動，只是在夜間，隨行的夫人們拜訪了領事官邸，和領事
夫婦聊著聊著時間就過去了。第二天，二十一日，谷中將和品川公
使不知為何事聚在一起，因為氣氛不怎麼對勁，所以就取消外出，
呆在酒店里。來港一行人中的井上書記官拜訪了代理香港總督馬殊
和陸軍司令官金馬倫少將，並表示了敬意。對金馬倫少將，谷中將
特別傳達了希望參觀兵營的心願。該少將很爽快地答應了。

第二天，二十二日，谷中將及部分隨員巡視了陸軍兵營，至
下午三點結束。託金馬倫少將的好意，他們還特別巡察了新建造的
炮台。原本這個炮台是不准外人視察的，但金馬倫少將特意為谷中
將而開放。金馬倫少將除特別調派陸軍附屬汽艇外，還派了陸軍大
佐某去當嚮導。就這樣天黑了，第二天即二十三日上午十點谷中將
一行搭乘了原先的法國輪船離開，代理總督馬殊還特別提供了政廳
的汽艇，還派了副官去目送他們。就這樣，法國輪船在正午時從香
港出發，一行前往歐洲。南領事報告了一行人的逗留情況：最近
從各地來香港的日本人很多，敝官上任以來已經超過兩百人了。而
且，除了日本軍艦外，還有搭乘其他輪船來港的客人，接待非常繁
忙。

當時的情況就如上所述，除了那一行人之外，還有很多知名
人士訪問香港。

五、陸軍司令官金馬倫少將訪問日本

　　陸軍司令官金馬倫少將除了對訪問香港的我國高官格外熱情之外，對其他人也很周到地接待。就如前述。該少將非常喜歡日本，心想一定要來一次日本，但卻一直都不易有機會來。到了明治十九年六月，少將終於可以實現這個夙願了。少將於六月六日從香港出發，搭乘英國輪船，和夫人、女兒及秘書官四個人去日本遊覽。因為南領事向外務省傳達了少將一直以來的善意，拜託外務省除了指導遊覽之外還要給予他們方便。少將他們在日本逗留期間受到了特別的歡迎，度過了愉快的旅行。他們四人首先在神戶登陸。英國輪船在神戶停泊的短時間內，他們依次周遊了神戶、大阪，還有京都等地方。其後從神戶再次乘坐該船前往橫濱，進入東京。在東京，他們感受了外務省和陸軍省所盡的地主之宜，參觀了許多地方。此前谷中將等人在香港訪問時，少將讓谷中將等人視察了通常不對外人開放的炮台。訪日期間，少將特別提出希望能參觀日本陸軍的近況，因此作為回報，陸軍省也盡可能地開放許多地方讓他們視察。

　　他們一行四人在九月初就回到香港了。因在日本受到了善意的接待，金馬倫少將不斷地感謝南領事，還特別感謝京都府知事北垣造先生的好意。金馬倫少將於第二年，即明治二十年代替馬殊當上代理總督。

六、南領事赴菲律賓調查

南領事（編者按：即南貞助）受井上外務大臣的命令，於明治十九年三月十二日出差前往菲律賓，詳細調查當地的情況，彙報要旨。之所以從井上外務大臣那接到這麼突然的命令，是因為發生了如下狀況。大家都知道菲律賓當時是在西班牙的統治之下。而西班牙直到當時為止都沒在日本設置過領事館。到了明治十九年初，西班牙向橫濱派遣了領事，企圖和我國進一步加強通商關係。當時駐紮在東京的西班牙公使德拉拔（Don Jose Delevat）特別拜訪了井上外務大臣，就增進兩國通商關係進行討論。他們談到「離日本最近的西班牙領土是菲律賓，目前日本若開始增進同菲律賓的通商關係，狀況將會如何」，公使還勸告井上外務大臣要在西班牙設置日本領事館。雖然我國政府很贊同增進和菲律賓的通商貿易，但是關於設置領事館，外務省的意見是「由於當時日本和菲律賓還沒有直接的交通，再者，也沒有日本人居住在那個地方，所以沒有必要特別設置領事館」。但是，關於增進貿易這件事，首先有必要搞清楚菲律賓的情況，當時日本幾乎都不知道菲律賓的情況。菲律賓也一樣，不太了解我國的事情。因此，西班牙公使的提議是一個好機會，可以理所當然地派人去菲律賓。親自深入調查當地的情況有助於增進通商，所以很有必要派人去當地，於是井上外務大臣就命令南領事出差去菲律賓。

井上外務大臣在出差命令中列舉出需要在菲律賓深入調查的各個項目，把這些項目歸納起來則如下所示：

（1）調查物產及市價。（2）調查對菲律賓進出口物品及有望從我國進口的物產。（3）是否有希望進口我國的陶器和紙巾。（4）

進口到日本的菲律賓糖和台灣糖的比較。(5)通往菲律賓的交通。(6)主要物產的運費。(7)煙草的調查。(8)是否有必要設置我國名譽領事等。

這些項目涉及了很多方面。

三月二十日訓令送達南領事那裡，南領事一早就做好準備，於四月七日從香港出發，十日就到達了馬尼拉。當時的菲律賓沒有日本人的居住地，領事拿著一封在京西班牙公使寫給菲律賓總督和其他主要官吏的介紹信，經外務大臣遞入，立刻拜訪了總督府。期間，領事會見了總督尤斯特·馬丁·施奈斯和總務長官與瀨·沙恩斯·德·巴倫達，以及山林局長塞瓦治安·韋達·索拉。領事說明了此次來菲律賓的目的，並拜託他們提供方便。此外還拜訪了漢邦牙縣知事艾米洛·瑪律丁·巴拉納蘇以及遷都遺址的德羅縣知事尼克拉斯·斯易路·羅達等各方面的人，同樣也希望在考察上獲得幫助。之後他立刻僱傭了三名本島人當翻譯兼助手，並在各個地方進行實地考察，特別是在物產及其他方面。他親自會見了本國商人並儘量詳細且謹慎地調查。就這樣，南領事在菲律賓逗留了大約二十天。五月一日回到香港之後，他馬上開始著手撰寫報告書，但因為考察結果的報告很難在文章中表現出來，所以報告書的具體內容他打算在回國之後再口頭詳細地介紹。之後他申請回國，但因為一直沒有得到批准，最終只好彙總報告書並提交。

南領事的菲律賓考察報告書於七月九日交給了外務大臣。報告書內容很多，從當地的一般情況到煙草的栽培和製造，細緻入微。筆者從報告書中隨意選擇了幾處感興趣的內容如下：

馬尼拉市的狀況說明：

馬尼拉府內有兩三座橋，都已經開始施工了，每一座都是狹小的鐵橋，市內只有一間旅館，名叫阿爾之迷·拉。除此之外，雖說可以寄宿的地方還有哈萊斯特、蘭特兩家，但是很繁雜且其房間的規定很多，通道狹窄，從第三間房到第八間房的道路彎彎曲曲且不平整，馬車聚集到一起時，甚至能在途中擁堵三十分鐘。鋪設人行道和車道的御影石都是從香港附近運過去的。

馬尼拉居民，特別敘述支那人的情況：

市區的商店有十分之八是支那人開的，有約十分之一是外國人的，還有約百分之五的是印度人開的，剩下的就是本地人開的。說到經營的商業，有少數支那人專門賣歐洲商品和支那商品，印度人混雜著賣歐洲商品、印度商品，以及日本商品等。本地人賣他們的特產——芭蕉布。西班牙人的商店賣少許煙草、金銀、工藝品、縫紉物、書籍等。因此，從日常用品到木匠、手工藝人、搬運工，幾乎全部是由支那商人供給。

關於預定從我國進口的物產：

（一）一反（編者按：布匹的長度單位，一反約為三十四厘米）七十錢以下的荒縞木棉布類，阿波縮記州木棉等類，其顏色要很華麗。

（二）日本中等品位的絹布——甲斐綢及其他有光澤的絹布。還有大條紋的絹布，顏色同上。

（三）陶瓷飯碗類或者皿缽類下等物品。

（四）陶瓷漆器及室內裝飾用的材料現在只有最下等品，運輸時要選東西的產地。

（五）玻璃類下等品。

（六）下等米。

（七）煤炭。

（八）金銀手工藝品。

（九）蝙蝠傘及雨具桐油類。

（十）美濃紙半紙及其他下等的紙類。

（十一）石油及油類。

關於前面所述的陶瓷器的價格介紹如下：

零售店的開價是每個飯碗十仙到十五仙，在香港的是六仙到八仙（這飯碗在東京只是零售價一元二十三錢到三四錢的下等品）。日本的植木缽在香港賣是一對兩元五十仙（在東京只賣一元二十三錢），在此大約要六元。

南領事在報告書的最後極力主張獎勵移民到菲律賓，而且提及菲律賓方面已經表明同意這個獎勵。但是南領事也指出在實行之前有必要將其同移民規定結合起來，並列出應該商定的必要事項。報告書中還講述了菲律賓當地不了解日本的事：

直到現在，居住於菲律賓僱傭日本人振興事業的原西班牙人只知道有支那而不知有日本。即便是購自日本的漆器銅器，他們也認為那些東西產自支那並從支那運來，多數人根本不知日本為何物，就連本地的官吏也完全不了解日本的狀況，因此他們對於日本人移民創業等問題沒有任何概念。我對他們懇切講述了我國內外的具體狀況之後，總督、書記官以及內務局長等才興起了移民的念頭，并保證對來自日本的務工者給予充分的保護。

以上是筆者隨意選出的感興趣之處，僅從這些無法看到報告書的全部。總而言之，關於菲律賓，對於不了解的地方，應遵循訓令事項，抓住要點之後再做答覆。它是如何挑起我國民眾的興趣呢？是因為該報告書中的一部分內容被登載到明治十九年十月三十一日的東京《每日新聞》中。本國商人很關心菲律賓的貿易，對前面所講的預定向菲律賓出口的產品以及菲律賓的主要物產——砂糖、煙草，以及其他許多方面產生的疑問就直接或者通過外務、大藏二省發給南領事了。他們由此就可以了解整篇報告

書了。

　　南領事在提出報告書之後，又於明治十九年九月二十五日向
井上外務大臣提出了擴張南洋貿易的意見書，指出了當時我國貿易
狀態很不樂觀，並敘說了增進通商貿易的必要性。因此，關於沒有
日本人居住地這一點，就如同推遲設立領事館一樣非常不利。為了
讓缺乏進軍海外之心的我國國民走出，有必要設置領事館，然後引
導我國國民。另外，不得不特別強調的是，領事極力主張把香港領
事館晉陞為總領事館，且應使其成為推動南洋各地的通商貿易政策
的中心地。

七、領事館員的變動

　　在領事館，從前一年起就一直是南領事和田邊書記官在工
作。直到三月五日，田邊書記官接到回國命令，齋藤幹書記官也接
到要求他繼田邊之後在香港任職的命令。之後的三月二十日，南領
事被命令前往菲律賓出差，那時，齋藤書記官還沒有上任。他是於
三月二十九日搭乘英國船「聖貝西號」來香港上任的。於是，南領
事四月七日把領事館的事務交託給齋藤書記官之後就出發去菲律賓
了。田邊書記官比南領事稍晚出發，到了四月十九日，他才終於從
香港出發回國。齋藤書記官是於明治十七年十一月初才上任的，在
香港工作了大約一年半。五月一日，南領事從菲律賓出差回來後在
香港回任的事就如前所述。

　　當時在南領事和齋藤書記官之下，還僱傭了約翰・維里亞姆・
約翰斯這個英國人。約翰斯是明治十八年十月被領事館僱傭的。

第十五章

明治二十年篇

一、帝國軍艦「畝傍」的失蹤

（1）序言

在筆者十二三歲的少年時期，押川春浪作為冒險小說家廣為人知。押川春浪的小說裡面有一個怪異的故事：剛剛新建的帝國軍艦「畝傍」在從國外起航回日本的途中失蹤了，且至今仍沒有軍艦的音信。讀了這個故事之後，少年熱血沸騰。在不可思議的命運安排下，二十年後的今日，筆者竟親自記述了軍艦「畝傍」失蹤的原委。筆者從寫本稿開始就希望能記述軍艦「畝傍」失蹤一事。因此，現在沒有什麼事能比實現了自己的願望更高興的了。

筆者來香港之後，經常會和人交談關於「畝傍」的事。不過在香港僑居的日本人當中，有很多人甚至都不知道有「畝傍」失蹤這麼一回事。即使在作為搜查該艦中心的香港，現在也沒有任何關於軍艦「畝傍」的消息流傳。以下所記述的該艦的悲慘命運除了來源於領事館的紀錄之外，筆者此前還涉獵了能夠找到的一切資料，但大多卻徒然無用，只留下筆者遺憾的歎息罷了。但就在這幾天，讓筆者不勝感激的是支那《南方日報》下的《晨報》總編輯丘雷特先生在百忙之中特意幫筆者收集資料。直到去年（昭和十年）為止，長時間在報刊上連載軍艦「畝傍」的文章 ——《古老的香港》。這篇文章在當時得到了很多人的關注，也引發了很多人的興趣，筆者對此事至今仍然記憶猶新。文章的作者事實上就是丘雷特。他還特別在二月五日的晨報中（十九頁以及二十頁）登載了關於軍艦「畝傍」的文章。該文章是從電信報中抽選出來的，認為導致軍艦「畝傍」悲痛命運的是新加坡附近的季風。其根據是二日與軍艦「畝

傍」同時從新加坡開出的「安開石號」的醫生古蘭特先生史無前例的與疾風苦鬥八天的血淚記。在本項記述中的很多地方都多虧了該先生，要特別感謝他。

（2）開端

帝國軍艦「畝傍」是和「浪速艦」、「高千穗艦」一起被建造的。「浪速艦」於明治十九年六月從英國駛回我國，「高千穗艦」也是一起返航的。「畝傍艦」是於明治十七年在法國造的，由法國一流的造船家凡爾丹設計。凡爾丹設計好「畝傍艦」並且在監督其開工過程中，於明治十八年秋被我國海軍省聘請作造船顧問，並簽了三年的合約。他於明治十八年十二月二十日從馬耳塞搭乘法國船出發，於第二年即明治十九年一月二十四日在香港逗留。第二天就離開香港駛向日本。

與此同時，「畝傍艦」的工程進展地很順利，明治十九年十月就完工了，十一月飯牟禮海軍大尉手下的十個人從我國海軍省出發，再加上法國船員，總共八十八個人，一道把「畝傍艦」駛回日本。「畝傍艦」是屬於裝甲巡洋艦，是一艘長達三百二十三英呎六英吋，寬四十三英呎六英吋，吃水量十八英呎九英吋，三千八百馬力，航速十七點五節，排水量三千六百五十一噸的新銳艦。明治十九年十二月三日該船從法國出發到達新加坡，途中沒發生任何故障。

不知道前方有死亡威脅的「畝傍艦」在第二天即四日，從新加坡出發。這其實是起航通往黑暗的命運。

關於該船離開新加坡之後的去向，資料中有兩種說法：一是前往香港，二是直奔日本。根據後述的海軍省的報告，筆者認為該

船直奔日本。如果從新加坡直接回日本，大概十天後的十二月十三日或十四日，就應該可以到了。但是，到了那一天，「畝傍」還沒有到達日本，三四天後仍然沒有看到「畝傍」到達。如果只是推遲幾天到達也不需要擔心，但到了十二月二十四日還沒有看到它的蹤影。這也就太遲了。海軍省越來越擔心它是不是在途中發生一些意外了。於是和外務省商量之後，就給在香港的南領事發電報，問他有沒有關於「畝傍艦」的資訊。收到這份電報的南領事從在港的船舶及其他政廳方面調查，看他們有沒有關於「畝傍艦」的資訊，但是沒有人知道「畝傍艦」的情況。

海軍省切盼南領事的回電，原想「畝傍艦」會不會停泊在香港了，或許在香港會得到一些資訊。南領事的回電讓海軍省更擔心「畝傍艦」的情況。而如今也還沒看到「畝傍艦」的蹤影。因此，海軍省再一次將「畝傍艦」更詳細的信息用電報發給南領事，要求他搜集資訊。南領事在香港東奔西跑搜集情報，但還是沒有結果。這個傳閱件到達東京的時候，日本舉國的注意力都開始集中在被謎團包圍著的「畝傍艦」上。這件事非同小可，「畝傍艦」肯定發生什麼意外了。這個懷疑越來越強烈。海軍省當時不應該一拖再拖、浪費時間，應該快速開始搜索「畝傍艦」。

（3）十二月二十六日

在全日本對「畝傍艦」愁眉不展之際，一個本應該劃時代的日子來臨了，然後又輕易過去了。這個日子就是十二月二十六日。關於建造「畝傍艦」，根據日本政府和法國造船家之間的合約，有規定：「畝傍艦」到明治十九年十二月二十六日之前要使其到達橫濱交付給日本政府。因為該船最遲於十二月二十六日也必然會到達

日本。也就是說，過了十二月二十六日還沒到達日本，說明該船發生了嚴重的意外。對這件事，很多人都是這個看法。

關於這點，當時的新聞就是這樣報導的。明治二十年一月十日的日本報紙《每日新聞》報導如下：

根據日本政府和法國造船家之間的合約，其合約中有一條這樣的規定，「畝傍艦」要在十二月二十六日或者在那之前交付給日本政府。假如到了那天「畝傍艦」還沒到達日本，日本政府對於因此種情況而產生的損害不承擔任何責任。據《每日新聞》報導，因為「畝傍艦」應該在橫濱交付，縱使該船沒有到達日本，日本政府在金錢上也不受損失。若說為什麼，因為關於在交付前發生的事而引起的事故，日本不用負任何責任。

根據造船合約，媒體報導了「畝傍艦」應該在日本進行交付這件事。我們是這樣報導的：如果僅說到關於金錢的話，日本是不受任何損失的。但是不得不說同乘該船的將校下士等人員的生命以及該船的喪失對眼下處於非常時期的日本來說是一大不幸。根據政府發佈的海軍省關於「畝傍艦」的報告得知，該船的建造費為一百五十六萬日元。除此之外，在武器裝備及彈藥上還需要幾十萬日元。因為該船附帶有一百二十萬的保險，即使該船徹底失蹤且責任在於日本政府，也只要保險金就夠賠償了。

十二月二十六日就這樣過去了，明治十九年，在對「畝傍艦」擔憂的愁眉還沒得以舒展的情況下結束了。幾天後就是明治二十年了。

（4）「畝傍艦」搜索

「明治丸」、「長門丸」以及法國炮艦從橫濱出航

　　海軍省編製了急速搜查「畝傍艦」的計劃。首先，派屬於日本郵船公司的輪船「明治丸」及「長門丸」前往日本近海去搜查「畝傍艦」，而且在必要的時候，要順著支那沿岸到南洋方向去搜查。另外，停泊在橫濱的法國艦「沙丘爾」也參與到搜查的行列中。前述提到的三隻船都早早地離開了橫濱。「明治丸」首先前往第一搜查地小笠原諸島，搜查了其附近海面之後，順便去了神戶。「長門丸」和「沙丘爾號」事先決定好搜查了本州海岸一帶的海面後即前往神戶，在那裡跟「明治丸」匯合。

　　日本全民都很關心「畝傍艦」，雖然憂心忡忡，但是還是去目送帶著重大任務的三大船出發。之後就是翹首期盼了，期望得到喜訊。

　　明治二十年一月十三日《每日新聞》刊登了一月四日的日本通訊：

　　「畝傍艦」的命運隨著其毫無音訊的日子不斷增加，讓人越來越擔心了。在寫本通訊時（註：一月四日），「畝傍艦」從新加坡出發已經三十一天了。如果該船遭遇了一些不測，即使是沉沒了，簡單資訊也早應該到手了。因為「畝傍艦」甲板上搭載著三十五噸重的大炮兩門，在從新加坡出發後的暴風雨天裡果真能夠承受得住嗎？這很讓人懷疑。讀者知道「長門丸」為了搜尋「畝傍艦」，已經出發了。「明治丸」首先航行到小笠原諸島，該諸島是被寄予厚望的地域，或許會是「畝傍艦」遇到一些不可抗力時的避難地域。收到「明治丸」最初資訊後，「長門丸」在神戶和「明治丸」匯合。如果有必要，這兩艘船也要搜查支那海及其沿岸島嶼。這些方案是

指揮「長門丸」的船長詹姆斯設定的。兩艘船在特定的地點匯合並互相交換資訊然後繼續搜尋。就這樣,「長門丸」預定最後抵達新加坡,而到達新加坡是二月十日左右。因此,在那之前,沒有必要對「畝傍艦」失去信心。只要這三艘船還在繼續搜尋「畝傍艦」,就不要失去信心。可是經過了三十一天,連像「可能沉沒了」這樣簡單的資訊也完全沒有,這是為什麼呢?

香港英國軍艦的出動

「明治丸」及「長門丸」兩隻船因為要搜尋「畝傍艦」,所以於一月一日從橫濱出發了。那之後不久,海軍省就向外務省發出通知,說明如果有必要,兩艘船也許要起航前往南支那南洋方面。因為這些船是帶著搜查「畝傍艦」這一特別任務的,所以這些船在到達必要的地點時,希望當地的官府不要把它們當作是普通的商船,而且還希望給予特殊的對待並發了一封通牒:希望能夠依靠在京關係較好的各國公使。接到這張通牒的井上外務大臣於一月四日向英國、法國、西班牙等各國公使表達了其希望。英國公使法蘭士·布林克爵士(Sir Francis Plunkett)表示諒解,但這並非是因為井上外務大臣特別拜託的,而是他認為這是應該予以援助的。一月五日他馬上給英國遠東艦隊司令長官發了一份電報稱:「希望你能夠酌情處理,派軍艦去搜尋『畝傍艦』,並希望你採取適當的方法」。

收到該電報的哈密頓中將立刻決定出動軍艦,命令在香港停泊的軍艦「海洛因號」(Heroine)和「溫達拉號」(Wanderer)準備出動。另一方面,因為要制定兩艘船的搜尋計劃,所以直接給我國海軍省發了電報,說明他們想知道「畝傍艦」從香港出發之後的航路。從海軍省那得到「畝傍艦從新加坡出發後就直接前往日本」的回電之後,他們立刻編制搜尋行動的計劃。準備好之後,哈密頓

中將一月七日就發出了讓「海洛因號」和「溫達拉號」出動去搜尋「畝傍艦」的命令。

　　為了搜尋「畝傍艦」，中將對英艦發出了出動命令，從命令中選出的一節內容如下：

　　兩艦一起出動搜尋「畝傍艦」，從香港出發，穩步前進，航行到斯卡波羅的海（註：馬尼拉的西方海上約二百三十英里的地方），再從該地出發航行到巴拉灣島（註：馬尼拉和北婆羅洲之間的細長的島），而且盡可能搜查巴拉灣島岸頂端及朋貝雷皇室、恰布點斯、哈弗姆各島（註：以上都是在巴拉灣島之西南方海上八九十英里的地方），搜查巴拉勃克島（註：巴拉灣島的南方的一個小島），也要搜查西方的暗礁。前往皇室夏洛特以及路易士暗礁。也順便去往納士納群島間（註：大納士納群諸島和南納士納群諸島間）的斯比（註：也稱為普拉特島，位於南夏娜諸島群的最北部）和羅島（註：也稱為米迪島，在大夏娜島的南方海上約七十英里的地方）附近。

　　就這樣，兩艘船於一月八日從香港出發南下。兩艘船找遍了「畝傍艦」從新加坡出發直航到日本的航路區域，也就是說搜查了菲律賓諸島和北婆羅洲的西海岸及其西方海上的多座小島及暗礁，還進一步搜查了新加坡東方的夏娜諸島。英艦的搜查，與從日本出發的「長門丸」、「明治丸」以及法國炮艦搜查日本近海、支那海，互相合作，各方都對其寄予了很大的期望。哈密頓中將迅速回應我國海軍，立刻發出了讓兩艘船出動的電報。

　　到了一月十日，哈密頓中將除了派出那兩艦外，又命令「冠軍號」（Champion）去搜尋「畝傍艦」。以下是命令部分內容：

　　從香港出發，前往西沙群島及其他可能得到「畝傍艦」消息的

地方，如果得到什麼消息，即到就近的電信局發電報通知。

也就是說，「冠軍號」和之前的兩艦分別在海南島南方的西沙群島一帶搜尋。

就如前面所述，一月八日從香港出發去搜尋「畝傍艦」的兩艘英艦收到了要求其出動的命令。外務省於一月十二日，以井上外務大臣的名義，通過英國公使布林克向哈密頓中將鄭重地傳達了謝意。關於這點，一月二十日本報紙《每日新聞》轉載了《東京時事新報》的報導，內容如下：

　　幾天前，駐港的遠東艦隊司令長官哈密頓中將給海軍省發來了電報，此電報是詢問「畝傍艦」出發以來所行駛的航路。海軍省對此回電，說明「畝傍艦」從香港出發後直航回日本。之後外務省接到通知：通過英國公使館，哈密頓中將已經派出英艦兩艘去搜尋「畝傍艦」，並且他還祈禱這兩艘船能帶回好消息。於是有報導稱，哈密頓中將對日本釋出善意，表示英國海軍對於此種事件通常會快速採取措施，準備周到而且態度極其親切。這也是為了讓人知道英國海軍在世界上是無與倫比的。

於一月八日出發開始進行搜查的兩隻艦隊以及一月十日出發的一隻艦隊，是否都能帶來好消息呢？

（5）「明治丸」和「長門丸」與法國炮艦在日本沿海的搜查落空

一月一日出航搜查的三隻船從橫濱港口離開後，在全國人民的期待下，三隻船同心協力。最受矚目的「明治丸」開向小笠原諸島，寄託著人們的希望。其從橫濱港出發以後，搜查了本州南岸一

帶，一直向西前行的「長門丸」及法國炮艦「沙丘爾號」沒有繼續向前搜查，最終沒有得到關於「畝傍艦」的任何綫索，功虧一簣。兩艘船回到神戶港，卻沒有帶來什麼消息。全國人民只能等待「明治丸」帶來的情報。「明治丸」在一月十日接近中午時終於回到了神戶港。下午一點「明治丸」帶來的情報被交給了很多的報紙記者，然後向全國各地發電報，當天的晚刊也報導了「明治丸情報落空，該艦將於第二天（十一日）開向對島」，實在是一則令人鬱悶的消息。因此，搜查的三隻船進一步開向九州區域，有必要繼續出航到支那海域。於是「明治丸」結束了對島一帶的搜查，另外「長門號」搜查完九州沿岸就開往長崎，接下來全部從長崎港口向南前進。法國炮艦在一月十一日開到長崎，在十七日也離開長崎慢慢地南下進行搜查。可是，三隻船在支那海域一帶依然沒有搜查到什麼情報。「長門號」經過廈門，於一月十八日開進香港。

（6）美國軍艦申請參加搜查

　　駐香港的英國軍艦為了對畝傍進行搜查，受命出動。此後不久，一月十七日早上，美國領事溫德致書面信於南領事，表示收到了在廣東停泊中的美國軍艦「摩納克西號」艦長格拉斯氏提出的如果日本方面提出要求，該艦也想加入搜尋「畝傍」的照會。誠然，若該艦因參與搜尋離開廣東，應有支那之外的國家的軍隊繼續留下之必要，日下廣東有德國軍艦停泊，若該艦留下，則其無需離開廣東。溫德領事為將該意見知會日方使其了解其意圖發來照會。南領事將上述照會傳達給外務省，發出了對於美國軍艦的申請該怎樣答覆的請示電報。外務省當天回覆稱同意向各國軍艦發出參與搜查的請求。南領事遂拜訪了美國領事，表示了謝意，且與廣東的美國

軍艦就參與搜查事宜以電報形式進行溝通，並就其入港一事提出請求。在回到領事館之後的當天下午六點，南領事便發了一份電報給外務省。外務省遂委託詹姆斯將「長門丸」從廈門開回香港。詹姆斯回件答應此事。南領事將此事轉告於美國領事。

到二十二日的早上，美國領事再次書面來信，提到「摩納克西艦」艦長此前詢問是否需要出動的電報照會，因久未得到回覆，以此認為日方未同意，而且也沒有提出適合停靠的地點，因此沒有出動軍艦。對於這遲來的回答，不管怎麼樣都很難得到諒解。南領事說在同一天用口頭告知美國領事邀請美軍艦參加搜查，而且以快速電報傳達給「摩納克西艦」艦長。因此，像延遲回覆這樣的事情是不可能有的。

這個美國領事本來就有挑戰的癖好，那時也是沒有把南領事的提議傳達給船長。不知道這件事的「摩納克西艦」艦長也許會懷疑日本方面的誠意，甚至心情不好。因此，美國軍艦申請參加到各種搜查當中，儘管外務省也回應表示接受，但沒想到最後還是辜負了其好意，很可惜。

（7）從日本來的搜查船聚集香港

一月八日，英艦「海洛因號」和「溫達拉號」接到出動的命令；到了十二日，「冠軍號」也接到了出動的命令；到了十八日，停泊在廣東的炮艦「艾斯伯亞號」（Espoir）也接到了出動的命令。選出這些出動命令中的一節，其內容如下：

為了得到一些關於「敵傍艦」的資訊，那些船很積極地搜尋了東沙群島及其附近一帶的暗礁，之後就返航回香港。

上邊提到的「艾斯伯亞號」從廣東直航到東沙群島，根據這次出動得知四隻英艦都很積極地搜尋「畝傍艦」。

　　一月八日以及十日出動的三隻船都沒有找到任何綫索。這次為了進一步搜查東沙群島，聽說「艾斯伯亞號」也從廣東出動了。為此，南領事還對英國海軍當局表示了深深的謝意。不久，十九日上午十一點詹姆斯及高杉大尉所乘的「長門丸」駛入香港。他們兩人立刻去了領事館。南領事館問了英國海軍的搜查情況，之後就去英國海軍當局商議了今後的行動。

　　二十日遠藤大尉指揮的「明治丸」也入港了。二十一日科萊克船長指揮的法國炮艦「沙丘爾號」也到達香港。

　　就這樣，從日本出發以來一直持續搜查的三隻船都沒有得到任何消息就駛進香港了。不久從廣東出發前往東沙群島，搜查該群島一帶的「艾斯伯亞號」也沒有搜查到任何消息就入港了。

　　因為南領事每天都在等英艦的消息，所以當聽到「艾斯伯亞號」落空而回時很失望。「長門丸」、「明治丸」的乘務員也是如此。另一方面，英海軍當局方面分析了已經出動的四艘英艦的搜查行動之後，制定了「長門丸」、「明治丸」今後的行動計劃，並決定不讓法國炮艦參加今後的搜查了。其原因不明確，可能是該船發生了故障。

　　和英國海軍當局商量之後，決定「長門丸」、「明治丸」今後的行動計劃如下：

　　一、兩艘船分開行動，向呂宋島北方海岸前進，並且搜查奧斯英格島，之後到達其沿岸的馬尼拉。從香港出發後到達馬尼拉需五天以上。

　　二、從馬尼拉出發，搜查巴拉灣地峽兩側，從馬尼拉出發後

到達最初的會合地北婆羅洲科達港（註：北婆羅洲北部）。

三、也搜查了離開科達港途中的暗礁——皇室夏洛特及路易士礁（註：都是在北婆羅洲西方約二百五十英里的地方）。在羅諸島北部的納士納諸島（註：新加坡東北海上大約三百五十英里的地方）停泊，之後可能在安納尼巴諸島（註：位於北納士納群島和新加坡之間，新加坡東北海上大約三百五十英里的地方）停泊，在最後必須在拉比由安島（註：位於文萊的北方近海）停泊。經過維多利亞灣之後到達新加坡，從馬尼拉到新加坡大概需要十二天。

四、從馬尼拉出發後，一艘船比另一艘船早十二個小時航行，那艘船夜間航行過的地方另一艘船在白天又航行。

就這樣「明治丸」於一月二十二日下午兩點，「長門丸」於同日下午四點都從香港出發，南下進一步搜尋「畝傍艦」。

「長門丸」與「明治丸」如前面所述一樣，根據航路表前往南洋。關於這一點，因為考慮到如果手持介紹信去交給各地方政府的話會更方便，所以南領事寫信給菲律賓總督、馬尼拉府知事、該島氣象台長以及駐紮在該島的英國領事，並把此介紹信交給那兩艘船。再者，南洋英領諸島英國政府又要求提交香港總督的介紹信，所以領事就拜託了總督。總督在香港政廳把證明該船是受到保護的相關文書交給了南領事。後來，南洋方面又說不需要介紹信了，南領事也表示了理解。另一方面，除了二十二日回航的一艘英艦「艾斯伯亞」外，其他三艘都還在搜查。英海軍當局吩咐詹姆斯說如果搜查中的英艦即使是一艘回航，也要立刻發電報報告其搜查結果。詹姆斯根據前述的情況，事先向當局說明這樣一件事：「長門丸」、「明治丸」有可能航行在預定航路表以外的航路。由於以上情況，英艦三艘加上「明治丸」、「長門丸」，總共五艘船搜查了南洋各地。

（8）英艦及「長門丸」、「明治丸」的搜查均落空

英艦「海洛因號」和「溫達拉號」於一月八日從香港出發，很積極地搜查了出動命令中所列明的區域，並南下繼續搜查。像「畝傍艦」的船或者「畝傍艦」從這裡經過的綫索都完全沒有得到，在南下過程中到達新加坡。這兩艘船是於一月二十一日到達新加坡的，儘管對它們寄予了很大的希望，但是最後還是無果而終。這個消息傳到香港時，領事館非常失望。一月十日出發的「冠軍號」搜查了海南島南方的西沙群島一帶，但是同樣沒有結果。之後，該船又南下，在途中也進行了搜查。最終在「海洛因號」和「溫達拉號」之後也到達了新加坡。就這樣，英艦的搜查全部以失敗告終。三艦到達新加坡之後沒有返回香港，而是停泊在當地了。

另一方面，二十二日從香港出發的「長門丸」、「明治丸」按照定好的航路南下進行搜查。「明治丸」於二十六日，「長門丸」於二十八日到達馬尼拉，但沒有一點關於「畝傍艦」的綫索。當時已經收到三艘英艦都失敗到達新加坡的通知。從日本拚命地搜查到遙遠的馬尼拉的兩艘船的船員，更加失望了。在馬尼拉商議之後，兩船都覺得已沒有前赴新加坡的必要了，倒不如其中的一艘船繼續搜索從馬尼拉到日本之間的航路。因為意見一致，兩船都覺得一艘返航回日本更有效果。因此只有「長門丸」按照原先的計劃前往新加坡，「明治丸」從馬尼拉返航回橫濱。關於這點，二月十五日香港的日本通信《每日新聞》有如下報導：

詹姆斯於一月二十九日從馬尼拉發來電報：沒有搜查到任何關於「畝傍艦」的綫索，而且只有「長門丸」按照最初預定的計劃繼續搜查至新加坡。還沒確切知道有多少日本人乘坐「畝傍艦」，但已經確定有三位將校乘坐了該艦。除此之外，也還不確定是不是

有八位海軍技術人員一起乘坐了該船。這八個人是想請求搭乘軍艦的，但是還不知道到最後有沒有搭乘上。另一方面，「畝傍艦」則真的是被迷包圍了。大家都在想，即使軍艦受到了襲擊或發生了什麼事情，起碼軍艦經過了的地方應該會知道的。是否被海浪沖到太平洋去了，而導致長時間音信全無？得到一些關於「畝傍艦」情報的期望，或者這艘軍艦會再次出現的願望都變得很難實現。

日本得到英國四艘軍艦搜索全部都無果而終，以及「長門丸」、「明治丸」也無奈地開進了馬尼拉港口的情報。之前還抱有軍艦是否被海浪沖去太平洋的一絲希望。而與如下所記載的那樣，當得知二月七號「長門丸」無奈地開進最後的目得地新加坡這一情報之後，所有的希望都破滅了。於是自一月一號以來開始的「畝傍艦」的搜索活動就不得不落下帷幕。這是「畝傍艦」駛出新加坡的第 65 天了。進入新加坡的「長門丸」再沒有必要在此長時間逗留了，它裝滿了煤炭，然後在第二天即八號踏上了歸途。而進入香港是在二月十四號的晚上。關於這件事在二月十六日的日報中進行了如下的報道：

日本輪船「長門丸」於星期一（十四號）晚上從新加坡出發到港了。同是搜索「畝傍艦」的「明治丸」也是無功而返。「明治丸」已經從馬尼拉返回到日本了，而「長門丸」據說是從香港離開後駛向巴旦島，經過馬尼拉到了科達港，然後再經過拉布安到達新加坡的。「畝傍艦」是在新加坡加煤後出發的，但是恐怕已經在靠近日本的地方遭遇了災難，也沒有可靠的證據證明它已經被海浪沖到太平洋了。然而無論如何，不幸的「畝傍艦」已經進入「謎一般的死亡之列」了。

南領事聽取了關於「長門丸」入港以及其從香港出港後的搜

索經過，並且向英國海軍當局的援助表示了鄭重的謝意。對被種種謎團包圍著的帝國軍艦「畝傍艦」的搜索也無果而終了，也不知道什麼時候這個謎能被解開。「長門丸」也於二月十八日去了香港。在關於這次搜索事件的報道完結之前，筆者因為更新了關於參加搜索英國軍艦的記憶，因此想敘述一下這四艘軍艦的概要。

Heroin、Wanderer、Champion 以及 Espoer 這四艘軍艦都屬於英國遠東艦隊，而其中 Heroin 號是擁有八門大炮的護衛艦（即以前的海防艦），擁有 1,170 馬力，其艦長是貝爾福上校。而 Wanderer 號是擁有三門大炮的鐵骨木皮有帆艦，擁有 750 馬力，其艦長是丘吉爾中校。而 Champion 號則是擁有十四門大炮的護衛艦，擁有 2,340 馬力，其艦長是波列特上校。Espoer 號是擁有四門大炮、455 馬力的炮艦，其艦長是亞當斯少校。[1]

1　文中所述四艘船艦的英文正寫，應為 Heroine、Wanderer、Champion、Espoir。四艦應屬於前文所述英國皇家海軍中遠東海軍的「清國艦隊」。戰艦的組成，大致上包括鐵甲艦 1 艘、快速艇艦 4 艘、帆炮艦 3 艘、炮船 4 艘、炮艇 5 艘、通訊及補給船各 1 艘，載炮 110 門，官兵 2,500 人左右。Heroine 在 1881 年 12 月製造，是較新型號的三等護衛艦（Composite Screw Corvette aka Cruiser 3rd Class），艦重 1420 噸，1886 年 4 月服役於香港，1890 年轉駐於 Devonport。Wanderer 製成於 1883 年，屬於螺絲槳驅動的桅船（Composite Screw Sloop），常用作航艦訓練船（Sail Training Brig），艦重 925 噸，1886 年 4 月首先服役清國，至 1888 年 2 月轉到香港，兩年後重投中國。Champion 完成於 1878 年 7 月，為三等輕型巡洋艦（Light Cruiser，Late Cruiser 3rd Class，Late Corvette）的木殼鋼鐵船，艦重 2,383 噸，1886 年 4 月駐防於廈門，1888 年 12 月轉往英國的希爾內斯（Sheerness）。Espoir 製於 1879 年，是二級炮艇（Screw Gunboat 2nd Class，Late Composite Gunboat），船重 455 噸，1886 年 4 月起服役清國，1886 年 7 月轉駐香港，至 1890 年返回中國駐防。

（9）考察

　　我們知道英國軍艦以及千里迢迢從日本來到這裡的「長門丸」、「明治丸」對「畝傍艦」的搜索無功而返，而且知道法國軍艦的搜索也一樣。「畝傍艦」就這樣進入了謎一般的死亡之列，也沒有一個人知道它究竟是何時何地如何進去了。知道答案的恐怕只有茫茫大海中的海神了。雖如此，但我們考察「畝傍艦」在何時何地如何消失的也並不是沒有意義的。如上所述，「畝傍艦」是在明治十九年十二月四號離開新加坡直駛日本的，而對此的航路推測也不難。而這些航路中，菲律賓與新加坡之間曾經被英國三艘軍艦以及「長門丸」搜索。而有人就猜想或者此艦去某個島嶼避難了，又或者在太平洋被海浪沖走正漂流在海洋上。然而這一切只能是幻想，最後的推斷還是其沉沒了。可是無人知道它是如何沉沒的。有人說是在日本附近出事的，也有人說是在菲律賓附近。另外，指揮「長門丸」和「明治丸」的英國人詹姆斯說曾在呂宋島的觀測站曾看到過樣子像「畝傍艦」的船朝著東北方向駛過該海域。這說明了該艦應該已經順利到達過該海域了。誰都不了解實情，但作者還是有能解開其謎底的資料。

　　明治十九年十二月二日也就是「畝傍艦」離開新加坡的兩天前，「安開石號」離開了新加坡駛向支那。該船的船醫古蘭特紀錄了該船在八天之內如何遭受著暴風雨折磨的事情。這在明治十九年十二月十六號的《香港郵報》有所報道。該船從新加坡出航的八天內遭受了前所未有的大風暴。「畝傍艦」是十二月四日出發的，應該其後就遭遇到古蘭特所描述的大風暴，而且艦上有三十五噸重的大炮，該艦是重心偏高的。很容易想像到該艦是如何被持續了八天的大風暴推向死神的。

在此介紹一下古蘭特船醫的日記：

我們是汽船「安開石號」船長拉巴士及其乘務人員和乘客，我們於十二月十二日週四上午十點離開新加坡，航行於新加坡海峽時天氣晴好，大家心情愉悦，無憂無慮，行進平穩而安全。而正當我打算讚美這趟赤道之上晴朗而安穩的旅途時，時間已至下午，天氣狀況開始惡劣起來。很快至傍晚，水神開始發洩其怒氣。而至夜半時分，風暴已劇烈到雙手握不住扶手。天與海像是在激烈搏鬥一般，而我們就像夾在吵架夫妻中間的仲裁被粗魯地推來操去。這艘可憐的船隻在海與天的狂怒之中搖搖欲墜（中間省略）筆者曾於多處海域經歷過數次風暴，然而如此持續八日之久的狂風暴雨卻是前所未見。天吶，那是何等恐怖的場面。被那風暴擊打，被挫傷，被摧殘，這殘忍的殺戮使我的友人敗於苦難之前，從痛苦中解脫去往幸福的天國。目睹這慘劇的悲痛，以及在周身一片潮濕無法入眠的痛苦中能吃得下東西，也算是奇跡了。連喝湯或是穿鞋也非常困難，口中的啤酒全部灑在衣服上。（省略）在這寢食不安、不知生死的八天裡筆者一直在想，陸地上的人們哪怕做著再卑賤的工作，比起我們來說也是身於天堂了，特別是在東北季風頻繁的風暴季節。

「安開石號」船醫　C.D. 古蘭特（簽名）

從以上的日記可以得知當時的風暴是如何的猛烈。同時可以得出「畝傍艦」在經那場風暴肆虐後而送命的推斷。也就是十二月五日或六日，最晚也在八日或九日，在新加坡以東罹難的。可這也是推斷。帝國「畝傍艦」和飯牟禮大尉為首的 11 名日本人、88 名法國人的命運終究如何了？真相無人得知。

最後，作者要在此披露一個可能會解開這個謎團的傳聞。

（10）傳聞

「畝傍艦」消失六年多後，當這件事漸漸從人們的腦海裡淡忘時，明治二十六年五月十九日，航行於香港與台灣之間的英國輪船「銷售號」的船長霍金斯給當時的香港領事宮川久治郎寫了一封書信，內容如下：

> 據當時住在台灣台南府的英國長老教會宣講師坎貝爾所說，去年秋天坎貝爾從上海香港所籌集到的捐助金拿出一部分錢前往澎湖島，感謝當時在台灣海峽沉沒的英國輪船 BOKUMURA 號沉船時幫助解救遇難船員的支那漁民。在那裡，他從一個漁民口中得知，幾年前這個漁民親眼目睹一艘輪船可能在澎湖島北面遇到暗礁沉船，不少日本人都逃生到暗礁上。本來這個漁民打算用漁船救他們，當漁船駛近他們的時候，有許多人爭著想要登上小船。因擔心小船沉沒，所以漁民就沒有靠近救助而返回去了。隔天早上漁民再次經過那裡的時候，潮水已經退了，而所有的人也都不見了。這個漁民說知道 1886 年末「畝傍艦」從新加坡出發後去向不明的事，說可能這些人和「畝傍艦」有關聯。第二天五月二十日的《支那郵報》中也報道了坎貝爾上面所提到的這件事。根據記述，坎貝爾從漁民口中得知北澎湖島中的西面有很多不為人知的暗礁，這二十多年來有許多的船都栽在那裡。

宮川領事感謝了霍金斯，同時心裡也生出了疑問。遇難輪船如果真的是「畝傍艦」的話，那漁民看到的那些像日本人的人應該不是日本人。因為當時那艘船的船員大多都是法國人，日本人應該只有十多個而已。宮川領事給霍金斯的回信中提到，如果再聽到關於這件事的任何情況都希望告知。另一方面又在五月二十二日給台南府的坎貝爾發出了信函，希望他能夠提供更多從漁民那裡所聽說的情況。六月七日宮川領事收到了坎貝爾的回信。

信的內容：

　　我最近在旅遊地澎湖島從一個漁民那裡得知了關於「畝傍艦」沉船事件，特此告知。漁民告訴我，幾年前他在漁船上看到在澎湖島北面叫 Kan・Kak・Ta 的暗礁處有許多不像支那人的人，當時如果漁船靠近的話，暗礁上的人都會為了爭坐漁船而相互爭鬥，漁船勢必沉沒，所以漁民沒有靠近暗礁就離開了，隔天回去那個地方的時候，潮水已經退了，那些人也不見了。

　　如果我當時得知 1886 年「畝傍艦」失蹤事件的話，我一定會去那暗礁調查更詳細的情況。另外我記得在 1874 年事變發生的時候，和狄柯遜在當地照顧了日本軍人而得到了西鄉將軍的感謝。

1893 年 6 月 7 日
坎貝爾

　　信中有兩點引起了宮川領事的注意，第一點是前往調查「畝傍艦」的詹姆斯從呂宋島的北方或者該島的氣象觀測處看到了類似船隻往東北方向駛去。如果這是真的的話，「畝傍艦」應該是從呂宋島出發，一路北上的。第二點是在坎貝爾信中提到的人，並沒有說不像日本人而是說不像支那人。如果這件事是真的的話，「畝傍艦」從呂宋島出發，途徑台灣海峽，到達澎湖列島附近時遇到不為人知的 Kan・Kak・Ta 的暗礁而沉船，遇難人員艱辛逃生到暗礁上。因為漁民是從遠處看到的，所以礁上人群究竟是法蘭西人還是日本人也無從得知。可是這也只不過是來自漁民的一個傳言而已。「畝傍艦」到底是不是因為撞到這暗礁而沉沒還是一個迷。

二、外務省留學生和語言學生赴港留學

外務省留學生的制度是從明治十九年左右開始的，中文留學生被派遣到北京、天津、漢口、上海等地方學習。除了留學生之外還有語言學生，他們的區別在於，留學生是被派到各個地方去專門學習語言的，而語言學生則是在各個地方的領事館工作的同時學習語言的，也就是早上在領事館工作，下午去上課學習等等，採取適當的方式讓他們有學習的時間，又給他們金錢方面的補助。

明治二十年（1887 年），一部分留學生和一部分語言學生被派到香港去學習廣東話和英語，被挑中的人選裡有正在天津留學的小田切萬壽之助，在北京留學的山崎龜造，還有在漢口留學的大河平隆則。他們三人都收到轉學到香港中央學校的通知。緊接著在上海領事館的語言學生豐島捨松也接到了到香港領事館當語言學生的通知。於是在明治二十年八月十九日天津的小田切留學生就到了香港，北京的山崎留學生和漢口的大河平留學生也相繼到達香港。幾人參加了中央學校插班考試，並被分配到相應的學級，其中大河平留學生被分配到四級，山崎留學生五級，小田切留學生是六級。這種學級制度和現在的香港各個學校的制度一樣，六級上面是五級，再上面是四級。最後接到轉學命令的上海豐島語言學生因為當時在四川旅行，所以延緩了從上海出發的時間，十月十六日才到達香港，一邊在領事館工作，一邊學習語言。

進入中央學校的三個人中，除了小田切留學生在當年十二月被調回國之外，其他的兩人依然在學校繼續學習。當時還有一個名叫高洲太助的學生從明治十九年二月以來自費在這所學校學習。高洲聽說這三名留學生的事情後才知道有外務省留學生這種制度，於

是明治二十一年參加了外務省留學生考試並取得資格，和山崎、大河平一樣以外務省留學生的身份在中央學校學習。

高洲在中央學校的成績還頗為優秀。雖然明治十九年入學的時候是八級生，但是在下次的考試中便跳級到五級生，再下次的考試更跳級到二級生。成為二級生時，他的英語閱讀 100 分，數學 100 分，英語語法 96 分，英語聽寫 93 分，是相當不錯的成績。南領事將留學生的學習情況向外務省報告的時候，讚賞了高洲，說他在明治二十年十二月在考試中從五級生跳為二級生，平常的考試成績也是在外國學生之上，成績頗為優秀，而且品行等也很優良。

就這樣山崎、大河平、高洲這三名留學生在留學三年後被分配到各個領事館。

後來豐島語言學生去了新設立的廣東領事館任書記官。上述四人後來都晉陞為領事或者總領事，其中留學生小田切後來當上了上海總領事，並且就職於橫濱正金銀行，更被推選為東洋地區主管和董事，不過幾年前去世了。他是明治元年一月份所生，因此來到香港之時正好 20 歲。除此之外還有高洲太助，他被支那人稱為高大人，名聲甚是顯赫。

三、日本棉布在香港和菲律賓的市場開拓

試著翻查了 1935 年從日本出口到香港的商品種類，就能夠發現這些商品總金額高達 4,313 萬港元，而歸屬於 Piece Goods & Textile 一類的商品就已達到 1,594.5 萬港元。再細分下來，這其中

又包括 724.6 萬港元棉布、264.2 萬港元毛織品、424.6 萬港元人造絲織品、55.8 萬港元棉絲、28.5 萬港元人造絹絲、17.1 萬港元毛絲。可以看出棉布的進口金額相當於進口總額的 1/6 左右，是香港從日本進口的商品中金額最大的一項。這種局面絕非一朝一夕形成的，因為日本向香港出口棉布實際上已有五十年歷史了，香港的棉布市場事實上是從明治二十年開始開拓的。但是這裡所說的「五十年歷史」主要是從市場開拓的角度來講的，千萬不要忘了，實際上把棉布當做重要出口商品，也不過是這二十年甚至十幾年來的事。有意思的是，上面所述的「明治二十年」也剛好是我國西式紡織業開始起步的一年。在引進西式紡織技術之前，自不待言，日本的布是純手工織造的。文久三年（1863 年），島津藩首次從英國進口數百台織布機，並把它們導入自家的紡織工業中進行試生產，但出品不是很令人滿意。

後來，到了明治十八年，東京府轄區澀谷村一個名叫態谷教正的人遠渡英倫鑽研紡織業，歸國時並帶回了十幾台織布機。隨後態谷教正便在澀谷村建造了靠水力生產的織布工廠，嘗試織造法蘭絨，但起初以失敗告終。這時候，神鞭知常剛好來到這家工廠視察，為織布機構造之精密所折服，因此便遊說了富田鐵之助和森村市左衛門，並引進了兩百台英國織布機，於明治二十年八月成立了小名木川棉布會社。第二年，即明治二十一年七月，工廠開始運作並生產出了我國第一塊使用西式織布機織造的寬幅棉布。現在富士瓦斯紡織會社旗下的小名木川工廠指的就是這家工廠。隨後，大阪紡織會社也開始兼營織布工業。在這之後又有天滿織物會社等公司的成立，這標誌著我國的紡織業開始了走向發達的道路。儘管當時的紡織業如此繁榮，但日本每年還是需要進口大量的紡織品。紡織

品實現出口順差，那已經是將近明治四十年的事情了。因此這裡所說的「明治二十年開拓棉布市場」並不是指靠西式紡織工藝生產出來的棉布，而是我國傳統的、純手工織造出來的棉布。

明治二十年以前，日本出口到香港的商品如之前所述，以海產品為主。而且是歸於雜貨零售一類，因此雖然不清楚利潤到底有多少，但肯定是微不足道的，而且絕對比不上紡織品所帶來的利潤。正如明治十九年一章所提到的，這一年南領事出訪菲律賓後強調開發菲律賓市場的必要性一事也大大地刺激了紡織業。這促使紡織業界開始把眼光投向菲律賓市場。許多有關菲律賓市場開發的函詢通過外務省和農商務省寄往南領事處，其中就包括了德島縣知事酒井明發來的「開拓德島紡織品在菲律賓銷路」的委託，如下所述：

（前略）今鄙縣所產數種織品之樣本，按另附的清單託汽船郵便，不日送達。還請依照菲島之風俗喜好，不吝教以循進獲利之策。上書所言之樣本，中或有緊俏易售者，承鄙縣商賈所言，無論何時皆可織造。此外，更煩請詳細告知金錢交易及其他所需注意事項，有勞大駕。

明治十九年十二月二十七日

換而言之，在德島縣的鼓勵下，日本紡織界開始了對菲律賓紡織品市場的開拓。因此，約 20 種與安部重兵衛、高石清三郎以及盛機社相關的出品，作為上述紡織品的樣品寄往香港領事館。樣品記載如下：

一、阿波縮　五種一百五十三反（反：布匹的計量單位）
二、阿波縞　一種五反
三、阿波紗　兩種七反

四、阿波無地廣織　一種二反

五、半毛料織　一種一反

六、文字織　五種五反

以上是安部重兵衛、高石清三郎出品

一、阿波縞　兩種三反

二、阿波縮　二反

三、文字織　二種三反

以上是盛機社出品

　　上述的樣本以長 27 尺、寬 9 寸居多，其中也包括長 24 尺、寬 1 尺 2 寸 5 分以及長 48 尺、寬 1 尺 4 寸。價格：阿波縮由一反六十錢到八十錢不等，阿波縞六十五錢左右，阿波紗有一元三十錢到一元六十錢不等，文字織由五十錢到八十錢不等。

　　明治二十年二月，南領事馬上查看了德島縣知事寄來的委託書及樣品，樣品的清單無論如何總有些不足，實在是不好看。毫無海外貿易經驗的商人使用和在國內貿易同樣的想法處理也無可厚非，但即使是這樣領事館員也不能向外國商人提出，所以努力地將之整理。因為如上的尺寸是以鯨尺（編者按：日本江戶時代起主要用於測量布長度的尺，約合 37.8 厘米）來表示，有時要將其換算，日元換算成港幣，並且在此之上再加五分的利潤，就這樣終於整理到能讓外國人接受的地步。恰逢這時候，駐德國公使品川德二郎接到回國命令，於明治十九年十二月十二日從德國出發，途中在香港逗留，所以公使也檢查了一下那些樣品，並提出要取出裡面華美的布匹，看看著色工藝如何。於是，大家便立刻拿出盛機社出品的阿波縞的紅白大棋盤模樣的和文字織的藍白紅，用水洗來看看，但紅色直接掉了色，變成了黑色和紫色。

南領事和品川公使為此感到驚訝。這些終究都不能拿出來當樣品寄出去。把上述不合格樣品清除之後，其他樣品以及照會書都於二月二十六日由南領事寄給馬尼拉首屈一指的出口商切寧商會。

於三月二十八日得到來自切寧商會關於結果的回覆。作為市場開拓的先例，或許得到無情的答覆是在所難免的。回覆內容如下：

拜啟（前文略）在接受前記樣本之後，給各個客戶都看了，但是很遺憾沒有一人有訂購的希望。他們認為這樣的質地及花樣，不符合本國人的審美喜好，完全不感興趣。這些沒有用的樣本是否給閣下寄回？請指示。

既然得到了上述的答案也就沒辦法了。就這樣，最初向菲律賓島介紹日本棉布的舉動以徹底失敗而告終了。南領事立刻向德島縣知事報告了上述結果，與此同時，試著點評了該樣本，並就適合菲律賓的樣品質量及編織方法的改良發表了自己的意見。意見書如下所示：

（前略）
一、在銷售日本木棉等時，因為對方還沒看慣這些商品，事實上給客戶看的只需要是樣本的小片，所以每種圖案只要有一卷就可以讓他們判斷是否要買了。
二、樣本中質地厚的東西不適合他們的風土。
三、條紋及花紋錯綜複雜的不行，方正的好，最好還有大中小款的。
四、色彩方面是白底的或者華麗的好，藏青色的或者茶色等外觀比較沉悶，不適宜。
五、尺寸為寬為 1 尺 2 寸以上的長度剛剛好。
六、目前可以和日本神戶進行貿易往來。

七、我國手續費一般為 5 分，如前所述，織布行業人士按照上述要求改良是非常容易的。而且儘量少些藏青等顏色。如果德島縣把大量輸出作為目標，那就得派相關行業人士直接到馬尼拉府認真考察，之後將考察的結果逐一落實。其詳細情況多虧有德島縣下阿波國板野郡神宅村四十七號平民中川虎之助（前些天在廈門開了數家批發店的中川三郎的親哥哥，德島縣的砂糖和造酒商）。他這次遊覽了廈門周邊及台灣，也知道在廈門他弟弟的店裡已經在賣德島縣的紡織品了。他也了解了當地情況，回國之後，將以口頭的形式傳達詳細情況。

概括來說，切寧商會是進行大宗貿易的，所以就沒怎麼關心小額的交易。對於這次的樣本，他們好像也沒怎麼用心去看評，只是應付下而已。德島縣以後如果想大量出口的話，最好是直接派有關人員去菲律賓進行實地調查，並且推薦了中川這人輔助。在這個報告的最後追加紀錄了從在香港工作的西班牙領事處得到的報告，其中紀錄了菲律賓島棉紡織品的出口稅以及香港和該島之間的運費，其內容如下所示：

菲律賓島的棉布紡織品的進口稅

一	有 25 條 0.3937 英寸內經綫的紡織品	每 2.5 磅西班牙幣 10 分
一	有 26 條到 35 條 0.3937 英寸內經綫的紡織品	每 2.5 磅西班牙幣 15 分
一	有 36 條以上的 0.3937 英寸內經綫的紡織品	每 2.5 磅西班牙幣 22 分

附：從香港到菲律賓島的運費

從香港到馬尼拉島附近的運費，定期郵船運輸的話，木棉及紡織品是每噸 3 元左右。如果委託臨時船的話，估計載貨會更便宜。

以上

如上所述，德島縣第一次發送給菲律賓島的紡織品樣本以失敗告終了。南領事說明了詳細緣由，還提出了讓德島縣紡織品更加適合菲律賓島的改良方法。得到回覆的德島縣並未甘於失敗，反倒被南領事的意見所激勵，決心努力製造出適合菲律賓的紡織品。德島縣紡織行業人士及縣當局本身的努力是很重要的。因為所謂的日本產業的飛躍發展，只能靠這樣孜孜不倦的努力帶來。德島縣知事酒井明得到南領事的答覆之後不久就如下面所說道，打算把新製作的 500 匹更適合菲律賓的紡織品作為樣本寄出。

　　關於以前出口到菲律賓島樣品的選送，讓您操心了，在這裡表示感謝。原來打算讓紡織行業人士去實地考察，但現在因事不能成行。這次該行業人士為能讓商品更合該島人的喜好，已經盡了很大的努力重新製作出產品，打算從中拿出 500 匹作為樣本發送貴處，請問可否這樣做？

　　收到上述書信的南領事對此做出了回應，但在紀錄中沒有發現回信的內容。這可能是筆者沒有看到。但如果領事答應對方再寄出 500 匹樣本的話，其後樣本就會送到，而且菲律賓島有關方面也會就這些樣本進行回應。紀錄中沒有相關記載。從這些方面看來，也許是南領事讓對方推遲了樣本的再寄送，就如前述建議先進行實地調查再製作樣本。總之，明治二十年德島縣紡織品向菲律賓開拓市場的嘗試以失敗告終。不過，這個失敗也促使該行業改良了編織方法。

　　另外，要說說日本對香港開拓棉布市場的情況。就如前面所述，明治二十年以前香港完全沒有進口日本的棉布，只是進口少量的手帕而已。明治十九年左右在橫濱的支那商人開始採購少量埼玉

產的棉布。琦玉縣該行業人士幾乎沒想過出口棉布到支那。他們認為既然支那商人主動來採購，那就一定有希望把該縣產品出口到支那。因此，該行業人士就動員縣當局想辦法把棉布出口到支那。跟往常一樣，琦玉縣知事通過外務省向南領事提出幫助作以下查詢：

一、 最近香港的紡織品進口情況和銷售紡織品的支那商店名
二、 支那商人的貿易手續
三、 支那人對紡織品的需求度及主要消費地名
四、 是否要修改長度和寬度
五、 條格花紋、染色以及種類合適與否
六、 香港的供求狀況以及現在的市價

作為樣本，他們還寄來了如下所示的琦玉縣產的 10 種紡織品。這些樣品不用說都是面向日本國內銷售的，是沒有為出口而做修改的：

一、 入絲四崩紋樣　三種　價格都是 1 匹 70 錢左右
二、 入絲萬筋紋樣　三種　價格都是 1 匹 60 錢左右
三、 木棉四崩紋樣　三種　價格都是 1 匹 33 錢左右
四、 入絲褲布　　　一種　價格是 1 匹 1 元 80 錢

南領事立刻把以上樣本送給香港屈指可數的紡織品銷售商店看。這些商店是同昌號、麗源號、安發號、大有章號、康永昌號、三盛號等等。這些商店都還沒銷售過這種紡織品，但看了樣品之後，都覺得這些紡織品應該很有市場，也適合支那人的喜好，但為了更迎合支那人所需，要做到以下兩點：（一）和西方的一樣要長幅，（二）也註明了條紋為白底，要使用各種各樣的顏色，而且還說如果大概這個價格的話就可以進行交易等等。南領事很快就通過

外務省把這些情況傳達給埼玉縣該行業人士。埼玉縣並不希望直接和香港商人進行貿易，因為他們只是把著重點置於改良紡織品使其迎合支那人的喜好而已，所以就沒有進一步的聯繫了。該行業人士得到有希望出口紡織品的回覆之後，對於出口到支那這件事更加努力了。然後，到了明治二十年，以前沒見過的日本棉布逐漸出現在香港市場。這應該是與之前所說的在橫濱的支那商人把一部分購買來的商品轉賣到香港有關。日本棉布的銷路越來越好。南領事看到這種狀況怎麼可能還默不做聲，日本方面也不會袖手旁觀。與此同時，外國人也當然不會放過這個市場。

　　首先，日本當時的井上外務大臣發動東京商工會並建議對棉布的出口進一步研究之後，明治二十年七月東京商工會會員在東京召開會議。這個會議決定把日本棉布出口到支那和南洋，改良其紡織工藝以迎合對方的要求。南領事也就此會議的決定，向井上外務大臣提出以下意見：在英國製造的大量細棉布已經擠入了支那市場，但其質量很差，不合支那人和南洋土人的要求。另一方面，日本的棉布紡織品在香港及其他地方都試賣過（註：這些試賣品不用說指的就是埼玉縣的樣本以及最近出現的日本棉布的情況），其銷路很好而且得到不少利潤。如果改進布匹尺寸，肯定能進一步擴大銷路。為了擴大銷路，該行業人士有必要親自去考察當地市場，研究最合支那人喜好的款式、條紋花樣、色調。這個意見是在明治二十年八月十一日提出，外國人也從那時起看到了開始出現在支那的日本棉布的良好前景。在支那的英國領事再三指出出口到支那的英國細棉布的質量很差，且不合支那人的喜好，並向英國政府提出有必要改良蘭開夏製造的出口到支那的商品意見，而且報告已經出現了作為競爭對手的日本棉布。這些英國領事的報告內容通過明治

二十年十月十四日《香港日刊》的社評就可以大體推測出來。這個
社評如下：

　　目前進口到支那的英國棉布已經達到了 20 萬乃至 30 萬碼。
這確實是好買賣，蘭開夏商人肯定不會就這樣滿足了。他們渴望有
新的訂單。現在來看看蕪湖、福州、上海各領事向我國政府提交
的報告書。報告書都提出，在英國製造的長幅細棉布的質量都很脆
弱，不能迎合支那人的需要，紡織產家有必要設法生產出和支那棉
布質量一樣的東西。價格方面，則有必要比支那的棉布低。我們無
論何時都不能毫無警覺。現在最大最緊急的任務就是製造出適合支
那人的英國製品，並使其價格能夠吸引支那人來購買。[2]

2　英國的紡織業曾有過一段輝煌的歷史。紡織品因條約與開埠而進入清國
市場。這為蘭開夏（Lancashire）的織布廠提供了重要商機，卻因此與美國
成了商業競爭對手，其產品質素漸走下坡路。十九世紀初，中國手工紡織的
土布本以結實耐用而行銷歐美市場，受到普遍的歡迎。這種被稱為南京布的
中國土布，在 1820 年以前，每年大量地從廣州出口。自十九世紀二十年代
起，隨著美國東北部馬薩諸塞州紡織中心的逐步建立以及英國紡織工業的進
一步發展，中國土布出口的數量就急遽減退。相反，東印度公司 1820 年運
到中國的棉紗共五千零四十磅，1831 年激增到九十五萬五千磅，到 1843 年
輸入數量達到六百二十一萬磅。前後二十多年，棉紗輸入量增加到一千二百
倍。1830 年東印度公司和英國散商輸入白棉布六十萬碼，到 1835 年已超過
一千萬碼，而 1845 年竟增至一億一千二百萬碼。十五六年中，英國白棉布
的輸入量增加了近二百倍。從三十年代開始，美國也越來越多地向中國輸出
棉布。到四十年代，英國人承認美國的粗棉布在清國市場居於絕對的優勢，
成為英國粗棉布的勁敵。美國對華輸出的工業品中，棉製品處於壓倒一切的
地位，幾乎佔了它全部輸華工業品的十分之九。中國市場容納了美國出口棉
花總量的三分之一，中國成了美國棉布最重要的國外市場。英國產品力有不
遞，一方面是美國南部擁有較便宜的勞動力，又注重紡織、漂染的機械加工
技術，1871 年以後，連印度的紗廠也急起直追，從紐約，從孟買輸往中國
航運路程都比英國方便。1858 年《天津條約》規定了值百抽二點五的子口
稅，同樣是斜紋布，美國每匹市價可賣得三元，英國只能賣二點二元，已看
到兩種商品的受歡迎程度漸有高下之別。

南領事看到這篇報道之後，知道英國也正抓緊進軍支那市場了。他認為應該趁質量很差的英國紡織品在支那市場還未能站穩腳跟這一機會，對本國的既有棉布進行改良並嘗試進軍支那市場。因此，他於明治二十年十月二十日再次向當時的臨時外務大臣伊藤博文提出以下意見：

（前略）然而，西方人如前述製造出棉布紡織品，並討論說要在東洋各國試賣，並且連日來將其言論登載在東洋重要港口香港的日報中，這種事還真是第一次有。還有很多商家沒意識到這一點，可以說還沒有什麼人在推銷迎合支那人喜好的棉布紡織品。建議我國專業廠商應捕捉目前的好時機，迅速到附近的各貿易港口去完成實地研究。這樣就可以使其最終成為我國的一大出口商品，為我國贏取豐厚的商業利潤。這件事您也同意的話，懇請通知專業廠商，但願此舉能奏效而令其積極推進。

如果該行業人士抓緊當時的好時機而繼續努力的話，就已經可以預測到日本棉布將來會在我國出口品中佔重要的地位，並促使該行業人士覺醒了。我認為應該記住明治二十年。為什麼呢？因為我國的西式織布行業是在這一年開始就緒的。我國的棉布織品也是從這一年開始逐漸地出口到支那的。看到日本棉布擠進支那的英國也漸漸開始改良向支那出口的產品，只是比日本晚了一步。明治二十一年在香港市場的日本棉布的數量增加了。支那商人也逐漸開始正式進口。僑居香港的日本商人當中，日下部洋行等也開始進口日本棉布。明治二十二年，這一年的進口額又為多少呢？下面所示的明治二十二年七月十一日南領事發送給外務省的報告說明了一切。

（一） 從橫濱出口的新花紋棉布　淺藍色　一年出口到香港的總量為八至九萬匹　一匹的價格為三十二、三十三分　香港附近的進口地　廣東省各地、福建省、安南、新加坡　該品的寬為一尺長為二丈七八尺　重量為一百一十擔左右

（二） 從大阪及神戶出口的東西

一、 染色手巾　淺藍色　一年向香港出口的數額為二十萬匹一匹的價格為二十六七分　該商品寬度和普通手巾一樣，長度為十張手巾　重量為一百擔

二、 漂白縐布棉布　一年向香港出口的數額為十萬匹　一匹的價格為三十八、三十九分　該商品的寬為九寸左右　長為二丈八尺　重量為九十擔

三、 漂白棉布　一年向香港出口的數額為七至八萬匹　一匹的價格為五十五、五十六分　該商品比前述的質地更好　寬為一尺二寸　長為三丈二尺　重量為一百三十五擔以上　香港附近的進口地和（一）一樣

不過，明治二十二年日本棉布的進口量還沒增加到可以大寫特寫的程度。當時的新花紋棉布估計是二萬八千元，染色手巾是五萬二千元，漂白縐布棉布寬九寸的是三萬八千元，漂白棉布寬一尺二寸的是四萬四千元，以上總計只不過是十六萬二千元左右而已。增長率雖然是很小，但是進口還是在漸增的，所以不得不說這是可喜的現象。到了明治二十三年夏天，日本縐布棉布的進口增加了。無論是外國人的舖頭，還是日本的雜貨店舖頭都擺滿了縐布棉布。外國婦女用這些布來做貼身內衣，男子則流行把它做成日式的浴衣來穿。除此之外，也用於做椅子套及轎子罩。這些事情在以下明治二十三年八月二十八日的報告中有很詳細說到：

香港對日本棉布縐布的需要

　　自古以來香港都只是進口少許日本棉布縐布。今年夏季之後，日本棉布縐布在香港突然流行起來了。近來當地的西服店、日本雜貨店都進口了日本棉布縐布，很多支那人的裁縫店也是。從把它擺在店舖前銷售這點來看就知道人們有多需要它。大多是穿西式服裝的西方人用它做成婦女的夏服、男女的貼身衣服、椅子及轎子的單子。又把它製成日式的東西，例如製成室內便服的貼身衣服，白底或者間條豎紋的比較惹人喜愛，婦女的服裝中縐布的比較討人喜歡，椅子和轎子的單子喜歡用有花紋圖樣的布。這些都很看重布匹有足夠的寬度。貼身衣服是在當地製成或者從日本進口的製成品。最近的市價為：一匹寬一尺二三寸的布零售價為三元二三十分，批發價為二元八九十分。室內便服即日本的浴衣，則進口在日本製成的成品。西洋人多把此稱為日本和服且在室內穿著，多用縐布棉布配以花鳥圖案所造，腰帶為三尺，零售價為一元二三十分。此品很適宜當地的溫暖氣候，其流行絕非一時間的東西。所以廠家也更加加大商品的改良力度，使之更適合熱帶地區生活的西洋人使用。但是日本的出口商品中也有如下不足之處，比如容易掉顏色，洗一二次後圖案就會變模糊，尺寸方面由於是按照日本人製作的，對於西洋人來講較短，這些是今後需要改進的。

明治二十八年八月二十八日

　　從以上報告可以看出，明治二十三年夏天的時候，日本的縐布棉布進口量激增，穿著日式浴衣已經成為香港外國人的時尚。當時都認為日式浴衣的流行不是短暫的。儘管有人說要不斷改良它，使其永遠流行下去，可是最後還是好景不長。我們的浴衣就算是在四十五年後的今天，在香港和南洋各地的外國人當中還是有市場的。想辦法讓所有的洋人都能穿上一回浴衣也是不錯的主意吧。

　　以上介紹了明治二十三年為止的日本棉布進口香港市場的情況。其後雖然經歷了很多挫折，進口額還是在不斷增多，其間手

織木棉布曾一度被西式木棉布所代替而消失，但正如剛開始時所寫的，時至幾十年後的今天，日本的棉布已經佔據了不可動搖的牢固地位。

第十六章

明治二十一年篇

一、廣東領事館設立經過

廣東領事館成立於明治二十一年十二月六日，自明治六年四月二十日以來，廣東（編者按：指廣州）和汕頭、瓊州同在香港領事館管轄之內，如今終於獨立出來了。但是，廣東領事館僅僅成立了兩年，在明治二十三年十二月即閉館，和原來那樣又歸香港領事館管轄。之後這種情況一直持續到明治三十九年，直到同年十一月十二日再次開館，延續至今。雖然當時在華日本人很少，沒有必要專門成立領事館保護他們，但是，當時廣州是支那華南地區的大城市，佔據支那政府重要地位的兩廣總督又居住在這裡。我國對支那貿易形成日漸增長態勢，所以廣東領事館一直歸在屬於英國領土的香港領事館管轄之內也不是長久之計。考慮到這些因素，廣東領事館在明治二十一年成立了。

同年八月，香港領事館副領事坪野平太郎作為首位領事官被派往廣州負責開館事項。得知坪野副領事被任命的消息之後不久，在九月十五日當時駐漢口領事館的語言留學生足立忠八郎依然作為語言留學生被派往廣東領事館。之所以稱為語言留學生，在明治二十年這一篇裡有解釋，是因為在領事館工作的同時還學習外語。

足立語言留學生一接到命令就馬上從漢口出發前往赴任，九月二十二日就已經到達香港，準備迎接過幾天就來到的坪野副領事。

不久，九月二十五日坪野副領事就到了香港。到了之後和南領事就廣東領事館開館事項商談了許久，在九月二十七日和足立語言留學生一起到了廣州。雖然到廣州後就馬上開始選址，但是遺憾的是還沒有確定要開在哪裡。僅開館準備就花了兩個月，於是如前面所講到的在十二月六日才正式開館。

而且，在十二月十一日向在華日本人公佈了下面的公告。

現在廣東領事館新成立，從六日開館，請在華日本人從明天十二日開始，為期三天，每天早上十點到中午十二點之間準時到廣東領事館報到。

明治二十一年十二月十一日

從通知裡得知當時在廣州的日本人僅僅有宮田、出石、水田這三個人。當然除此之外，明治二十三年他們的家人也居住在廣州，包括在華留學生和商人加起來一共有四名男性，八名女性，人數之少顯而易見。這裡要說的是，汕頭和瓊州得知廣東領事館成立後也想歸其管轄，但是由於時機尚未成熟而未能實現。除了廣東領事館獨立出來之外，其他兩個地方仍然歸香港領事館管轄。

開館一年後，在明治二十二年末，汕頭和瓊州一同歸屬於廣東領事館管轄之下，但是此後，隨著廣東領事館的閉館又重新歸於香港領事館管轄之內。當時廣東領事館擁有領事裁判權，在必要的情況下要開庭裁判，但是因為足立語言留學生還不是正式館員，僅坪野副領事一個人又無法組建法庭。為了在必要情況之下能開庭，臨時調動了香港領事館的館員。

明治二十二年二月廣東迎來了稀客。當時的兩廣總督張之洞計劃在廣東新建一條大道，想要在道路兩旁種樹，為此通過駐東京的支那公使館在東京招聘了種樹工匠。在支那公使館翻譯官劉慶芬的安排之下，小石川區巢鴨二丁目十四蕃地片山銚次郎，六蕃地宮川儀三郎，八蕃地橫山熊次郎三人以每月一百銀兩工資，為期一年的條件於明治二十二年一月十日在支那公使館簽署僱傭合同書。隨後，三人即刻從東京出發，於一月二十七日到達廣東。之後片山因為生病回國，剩下宮川和橫山兩人留在廣東等待工作安排，奇怪的

是一直沒有工作消息。

因為雖然張之洞計劃新建大道，但是一直沒能實施。不久到了八月份，一個名叫王輝章的男人，當時負責給宮川和橫山當翻譯和每月十九日給兩人發工資，卻帶著他們的工資逃跑了。之後才知道，此時張之洞已被任命為湖廣總督，李瀚章接任他的職位。王輝章便利用總督更換的藉口延緩了兩三天發放工資，又提前預支了兩個工匠下一個月的工資，攜款逃跑了。當時足立語言留學生代為處理廣東領事館的事情，在他的調解下，到十一月份工資終於如期發放。然而，在這期間建設新道路的工程卻一點都沒有進展，尤其因為總督的更換使得計劃更一度停滯下來。因為離合同簽署的一年期限也臨近，廣東當局便支付了兩個工匠回國的費用，予許他們回國了。這趟旅程兩個工匠像是來廣東觀光了一回。明治二十二年的春天，坪野副領事被召回國，由足立語言留學生代理一切領事館事務。九月，副領事宮川久次郎被派往廣東任職。九月十日，宮川從東京出發，並於十月一日到達廣東。隔年明治二十三年四月，豐島文員被派往廣東任職，代替即將於五月七日前往兼轄地瓊州出差的宮川副領事處理領事館事務。不久，足立語言留學生於七月四日回國。明治二十三年十二月，廣東領事館閉館。明治三十九年十一月十二日，在領事上野專一的張羅下，廣東領事館又重新開放。領事瀨川淺之進任職期間，也即是明治四十二年正式成為總領事館。

二、香港的日本僑民

明治二十一年（1888 年），僑居香港的日本人的情況是怎麼

樣的呢？由於在明治十九年（1886 年）這一章中，揭曉了全部僑居在港的日本人的名單，所以根據名單可以詳細了解到當年居港日本人的情況。僅僅過了兩年，即到了明治二十一年，難免有多少變動，但上一章明治十九年的情況也不見得影響下一章的記敘。根據已得到的記述，主要的居港日本人變動大致如下。

　　根據明治二十二年（1889 年）九月二十日的紀錄，列出主要居港日本人開設的商社（貿易公司）如下：

三井地產公司香港分店　很久以前已經開業
日下部商店　雜貨商　很久以前已經開業
西山（由造）商店　明治二十六年（1893 年）六月起開業
立林（孫四部）商店　雜貨商　很久以前已經開業
宮野（芳次郎）商店　和服商　明治十九年（1886 年）起開業
上野才造　攝影師　明治二十一年（1888 年）二月起開業

下面是旅館：

鹽增熊吉　明治二十年（1887 年）六月起開業
西山由造　明治二十年六月起開業
户田熊造　明治二十年起開業
橫瀨要吉　很久以前已經開業

　　上邊簡單地說明了明治十九年以來兩年間主要居港日本人的變動。也就是說，上面所載的十家駐港日本人商舖是當時居港日本人中做生意比較像樣的。除此以外的居港日本人，正如明治十九年這一章所示，只不過是經營妓院、男士理髮店、女士理髮店、裁縫店等。

　　前面所示的十家商社，更加詳細的說明如下：

三井地產公司香港分店

正如明治十九年篇所述，本分公司作為上海分店的香港辦事處於明治十九年一月重新開業。由當時上海分店總經理上田安三郎兼任香港辦事處總經理。但是，明治十九年二月十六日，由福原榮太郎到香港任職。可是沒過多久，在明治十九年二月二十四日，福原榮太郎受命任香港辦事處主任。如前文所述，在其下面有小室、高柳、大野三名職員。地點位於皇后大道（音譯的）。

最能反映明治二十年前後香港分店情況的貿易商品是煤炭。特別是在明治二十一年八月三日，三井家投標得到了三池煤礦的業務之後，三池產的煤不斷地運到香港來了。香港分店主要把它推銷給太古洋行和怡和洋行。關於三池煤銷路的擴大，香港辦事處功不可沒，所以特地寫下來。

特別值得一提的是當時正值少壯的總經理福原榮太郎。除了三池煤炭之外，香港辦事處還代理著金田煤炭和大之浦煤炭，主要是把金田煤炭裝載到法蘭西郵船，並且把大之浦煤炭賣給支那商人。那以後不久他們也開始把焦煤賣給紐芬蘭水泥公司。另外他們還推銷棉紗，而且經營鐘紡、東京三池紡織公司的產品。也還經營其他的雜貨如米、棉花、骨碳等，並且在日本進口磷方面幾乎獨佔了香港市場。簡言之，1886 年重新開張後的三井分店和前一次的失敗經歷大相逕庭，呈現出顯而易見的活躍面貌。

記述三井香港分店時順便紀錄了這個店的歷代分店長的姓氏以及其任命年月日連同工作期限如下所示：

明治十一年八月十七日　香港辦事處開業（作為和第一銀行共同的辦事處）辦事人　執行弘道

明治十二年八月　辦事人主任　金子彌一

明治十三年三月　香港辦事處改名為香港分店，同時金子彌一成為負責人，同年七月解除了和第一銀行訂立的共同合約

明治十四年一月七日　副負責人　益田科三

明治十四年十二月　關閉

明治十九年一月　作為上海分店，香港辦事處再次開業，上田安三郎兼任上海分店負責人（明治十八年十二月二十八日附）

明治十九年二月二十四日　主任　福原榮太郎

明治二十五年四月三十日　負責人　福原榮太郎（這時獨立作為香港分店）

明治二十六年八月三十一日　益田英作

明治二十七年一月十一日　福井菊三郎　2 年 2 個月

明治二十九年三月十一日　吳大五郎　2 年 5 個月

明治三十一年八月二十六日　長谷川桂五郎　1 年 4 個月

明治三十二年十一月二十二日　藤瀨政次郎　1 年 9 個月

明治三十四年七月二十二日　犬墳信太郎　1 年 8 個月

明治三十七年二月十八日　南信吾　2 年 6 個月

明治三十九年七月十日　田中清次郎　1 個月

明治三十九年八月十一日　古郡良介

明治三十九年九月十日　田中清次郎

明治三十九年十一月二十七日　河村良平　1 個月

明治三十九年十二月八日　小林正直　4 年 10 個月

明治四十年九月二十日　林德太郎　6 年 10 個月

大正七年六月二十七日　津田弘視　5 年 2 個月

大正十二年七月二十六日　阿部重兵衛　8 年

昭和六年八月十三日　廣崗信三郎　3 年 5 個月

昭和十二年二月二十八日　山中清三郎

日下部商店

如同之前已經數次記述的那樣，1879 年左右起由僑居的日下部平次郎經營，1878 年在皇后大道建造店舖，任用兩個日本人作

為店員並取得了不錯的成績。經營的商品中，有將棉花出口到日本，從日本進口雜貨等，並且在明治二十年篇中敘述到從 1889 年開始進口日本棉布。這家店和三井香港分店一樣經營狀況逐漸變好。另外日下部商店是由日下部平次郎和大阪森上某共同經營，在香港，中文名字叫日森洋行。由兩個人的姓的各一個字組合而成。

西山商店

1887 年 6 月在威靈頓街開店，出售陶器類同時兼營旅館。在 1886 年的僑居在外國的日本人名冊中看不到西山由造此人，他應該是從那年以後才來香港經商的。這個商店包括旅館在內，共僱傭了四五個日本人。

立林商店

該店從 1886 年以來一直在經營。只是營業地址方面，1886 年的名冊中的記述是荷李活道七十一號，1887 年的名冊中變為威靈頓街。經營的商品為各種雜貨。

宮野商店

這個店主正如明治十九年篇中記述的，最初在卑利街開咖啡館，後來在擺花街二十六號開雜貨店。經營除雜貨外還有和服，在 1888 年分不清該稱作雜貨店還是稱作和服店，隨著和服的銷售量增加，最終被稱為和服店。這家店的買賣相當廣泛。

上野照相館

1888 年 2 月在皇后大道開了照相館。但是這家店鮮有客人光顧，不久就在 1889 年 8 月關閉了。上野才造應該是早於 1886 年

作為攝影師居住在香港的上野彥馬的兒子。

鹽增旅館

1886 年的僑居外國的日本人名冊中記載到店主鹽增熊吉與其姐姐共同住在鴨巴甸街。1887 年 6 月同樣在香港仔街開了旅館。但是經營狀況不理想，在 1889 年 12 月關閉了店舖。

西山旅店

是前面敘述的西山商店的兼營。

戶田旅店

明治十九年篇的僑居外國的日本名冊中這樣敘述到店主戶田熊造：最初在立林商店租房子做縫紉的工作，第二年即 1887 年在擺花街開了旅館。

橫瀨旅館

在明治十九年篇中這樣敘述店主橫瀨：最初經營寄宿的房子，於 1891 年 5 月以旅館為名開業。地點和原來一樣在鴨巴甸街十三號。而且也敘述到這家店是現在的東洋館的前身。

根據紀錄大體可知：

安藤公平於明治二十一年一月在砵甸乍街十七號開辦了旅館。

桑原長介於明治二十一年在威靈頓街一百二十二號開辦了檯球咖啡館。

安藤和桑原在明治十九年還沒有到香港，是後來才去的。

崗村留三郎雖然最初是受僱于美國輪船公司來港的，後來辭職了。他是在明治十九年十月開辦檯球和咖啡店，所以就放在明治

十九年的篇章來記述。即在明治二十一年仍在卑利街七號開業。

在上述的地方以外還有理髮師和其他的事情，特別是關於妓院的大部分女性的事情在明治十九年基本上沒有什麼改變。

三、南領事緝捕偽造貨幣的犯人事件

（1）事件開端

從明治十年開始我國貿易銀開始在支那香港方面流通。明治十二年左右在香港市面流通的一元銀幣大部分是我國貿易銀一事已紀錄在同年的篇章裡了。

貿易銀於明治十一年被廢止，而在明治七年七月制定的貿易一元貨幣再度被製造發行，這個就替代了以前的貿易銀，繼續在香港市場流通。

然而伴隨貨幣的流通也出現了在支那不能杜絕的偽造貨幣的問題。在香港雖然也再三檢舉了使用假幣的人，但是要偵察出假幣的來源和逮捕偽造假幣的犯人是非常難的。因為那些製造假幣的人都是在支那內地，要讓香港到支那內地進行管治偽造貨幣的不法行為是不大可能的。

為維持貨幣的信用，我國也應該有對策來防止偽造貨幣，但實際如下所述，我國政府也沒有較好對應的辦法。

以前對於支那人來說偽造假幣是常有的事情，而且他們幾乎不把這件事當作是一個問題。所以儘管假幣在市場流通很旺盛，但由於這種假幣沒有在日本流通，日本政府也就不得而知。換句話

說，因為支那人對於偽造這件事是不管不問，就算假幣在香港市面流通得很猖獗，日本國內也是不知情的。明治二十年，偽造的一元銀幣終於在長崎被發現了。這件偽造貨幣的事是由長崎縣員警部的長野間口兼一向員警部局長長清浦奎吾報告，之後也被報上了外務省，我國不得不實施防禦對策了。

在長崎發現的首枚假幣，聲音很難聽，和真正的貨幣是有很大的差異的。偽造的貨幣只是與一元銀幣的外觀一樣，裡面是被挖空的。這被挖空的分量佔全量的近七成，取代挖空部分的是錫和鉛。光從外面看與真幣是一樣的，但因中間是錫和鉛，所以聲音當然是不同的。這事件使得對於假冒貨幣本來就很敏感的我國政府覺得需要採取實際行動了，外務大臣向我國駐支那主要地區的領事發出了要與當地政府一起協力找出假幣來源地的指令。特別是在長崎被發現的一元銀幣推測是來自支那南部的，因此，香港方面被盯緊了。另一方面，南領事迄今為止已經再三報告在香港市場發現日幣被偽造的事。在得到這個命令後，更是決心要積極地與香港政廳及廣東的官員一起協力偵察和逮捕製造假幣的犯人。南領事很快地訪問了香港政廳和民政長官，陳述了我國政府的用意，而且向長官出示了偽造的假幣。民政長官表示，作為香港政府，對防止假冒貨幣有萬全的對策。既然日本政府如此地寄予香港厚望，當然香港政府也會盡力協助。南領事又向香港總督陳述了同樣的請求。香港政府就命令員警署要盡快偵破偽造貨幣的來源地。

（2）南領事深入調查現場

南領事自從拜託香港政廳探查偽造犯人以後，香港政廳員警極力追查。經過努力的調查，終於偵查出偽造假幣的地方了。雖然

不知道是怎樣探查出來的，但是要在短時間內查出非常難查的這種犯罪是很讓人驚訝的。偽造貨幣的行為是在廣州南面大約六里沙灣的一個小村落。員警署向南領事展示了犯人住址的詳細地圖。南領事馬上與員警署長丁卡會面並稱讚他的辦事效率，自己也想馬上去見兩廣總督請求抓捕犯人。但因為偽造假幣這件事可能與當地的官員也有密切的關聯，或許與兩廣總督交涉也不能馬上解決問題。為什麼這麼說，是因為擔心萬一那些有關聯的官員報信給犯人的話，犯人會逃走，又或者是跟這件事有關聯的官員會故意阻撓查辦那些犯人。所以南領事還是打算自己直接前往偽造貨幣的地方抓拿犯人，然後去會見兩廣總督以防對方不肯承認。南領事和員警署長說自己會帶上能說支那話的翻譯深入到犯罪現場，假如可以的話想借用員警署裡最有本領的員警一個月來幫助自己。署長馬上就答應這個請求，答應會派遣相關員警。幾天後，有一名叫黃有的員警出現在領事館，員警署長說他就是局裡最優秀的員警。他不在，員警署十天都會支撐不了，但既然領事提出了借用要求，就請盡力使喚。

南領事與黃警官見面後覺得他確實如同署長所稱讚的那樣，非常優秀。南領事就再次拜託黃警官協力偵察。黃警官因為受到署長的極力推薦，自己也會盡最大的努力去偵察，還說為了讓自己的行動更方便，請求讓自己信任的一位男手下去輔助自己。南領事沒有異議，當即就答應了。南領事還帶了一個留學生翻譯，叫山崎龜造，加上黃警官，一共三個人進行此次的行動。若再加上黃警官的手下，則一共有四人前往廣東的造假窩點現場。1887 年 12月 31 日的早上，他們從香港出發，在當天下午的四點平安到達廣州，黃警官和他的手下在廣埔街的名利旅館住宿。南領事和留學生山崎龜造則直接前往英國領事館與領事見面，鄭重地拿出由香港總

督寫的介紹信。他說道，這次所有行動的具體情況都是由總督通知我們的，因為和我們商談的對手是支那官員，您一直以來都與支那官員打交道，希望經驗豐富的您能夠協助我們。英國領事說已經從總督那裡得知了詳細的情況，對情況已有一定的了解了，對於和支那官員商談的事情，必定全力以赴。英國領事還邀請他們在城內的官邸住宿。但是南領事考慮到，官邸離沙灣很遠，行動起來會有諸多的不便，並且在官邸裡住宿的話，容易引起支那人的懷疑，因此謝絕了英國領事的邀請。南領事和留學生山崎一起到沙面的廣東旅館住宿。對於如何去現場，就根據地圖向英國領事詢問了路綫。另外也協議好到現場考察完畢後再和兩廣總督會談。

終於在廣東落下腳的一行人，首先做的第一件事就是調查假幣的流通狀況，以及假幣是從哪些管道流通出去的。如果假幣是由造假者親自來發行就很難擴大流通量，因此要把大量的假幣流通出去就只能通過錢莊。南領事認為此次的造假事件必定與錢莊有關聯，因此詢問了英國領事關於假幣的流通情況以及出處。英國領事回答說關於假幣如何能被市場所接受，到底有多少假幣在流通以及假幣是如何流出市面的，都還是個未知數。因此，南領事認為只要一一調查各大錢莊，應該就可以找到綫索。於是留學生山崎，黃警官和他的手下三人去錢莊，用香上銀行的五元去兌換一元銀幣。如果輕舉妄動的話，會有暴露的危險，因此南領事取消了直接去錢莊的這種做法，換成了到錢莊旁邊的商店去買東西，讓店員去錢莊兌換。去了十幾家錢莊兌換，然後對一元銀幣進行了調查，結果正如南領事所預料的那樣，有經常提供假幣的錢莊，其中以慎德、巨安、永源、信源四個錢莊為首，假幣出現最多。慎德出現八枚，巨安出現七枚，永源出現五枚，信源出現十幾枚。總而言之，這加深

了對這些店舖作為假幣使用中介的懷疑。其次，從各個店經常出現的假幣來看，它們的偽造方法不僅完全一樣，而且與在日本長崎發現的假幣偽造方式也是完全一樣的。也就是說，假幣來自同一個地方，由此可以斷定錢莊跟偽造者是有關聯的。

因為已經斷定在廣東有店舖作為假幣的中介，於是他們決定去現場探察罪犯的情況。這是一件非常危險的工作，如果情況不妙的話可能會有生命危險。若問原因，那就是如果一起行動的人向錢莊洩漏消息，或者被對方的同黨知道，對一同去的一行人來說不知道有多危險。於是南領事對待此事格外小心。一同行動的一行人穿著支那人的衣服去採購了七天的糧食，然後僱了一艘船，悄悄地向廣州出發了。沿著珠江不久就到達廣州南面六里的沙灣。這個沙灣在河的北岸，但船都習慣停靠在對岸，所以他們把船停在對岸然後用渡輪過去。因為離現場越來越近了，前面可能面臨危險，所以他們儘量不引起別人的懷疑，低調前行。上陸後一看，一條大道一直向北方延伸，前面五條街的建築物沒有可疑之處，再走五條街後出現了一間茶屋。接著還有草叢、橋、墓地等。到第十五條街，果然不出所料有三個看守人，並突然問了一行是何人、來做什麼，黃警官馬上回答說有點事兒要去村長家，事後就會馬上返回河邊。那三個看守人沒有懷疑就默默地點點頭。一行人按著地圖又走了第五六條街後到達偽造假幣的現場。那現場一帶僅僅是有十來間房子的小村落，都是生產青銅或者銅製盆鍋類的工廠，各家工廠門前面有其相應的裝飾，唯獨一家沒有，而裡面卻有很多工人在忙碌。一行人知道這家就是要找的目標。因為已經找到目標，無需久留，他們馬上返回原來的船上。一行人打算折回廣州的時候，不巧遇到河水逆流而且風又大，結果船不能出發。不得已躲在船上直到天亮，到了

第二天，逆風還是很強不能出發。到了第三天，風漸漸停止了，河流也順暢了，才於當天平安地回到了廣東。因為黃警官和其他的兩名部下已經完成了既定的工作，香港員警署長也等待他們的回歸，所以南領事就讓他們先行回港並託他們給署長帶信。正好當時留學生山崎突然發燒長了一臉的水痘。南領事趕緊拜託黃警官去照顧並陪同他回香港，讓他住院。另一方面，又邀請大河平留學生前來，該留學生已於一月十一日順利到達廣東。南領事想馬上和兩廣總督張之洞面對面談判，欲委託英國領事一同去，卻碰巧英國領事臥病在床去不了。因為不知道等到英國領事康復的時候再去事件會發生什麼變化，所以南領事決定單獨前去談判。十三日提著塞滿一箱的假幣與兩廣總督見面，並一五一十地陳述了假幣事件，並指出因為這件事涉及到村長和一部分村官，請求迅速和秘密地逮捕犯人。張總督聽後滿臉驚訝，說因在他的管轄下居然出現這種不義之徒而感到很苦惱，並說會迅速下令叫人逮捕那些同黨，而他本人將於明天去瓊州，所以請領事儘快提交今天所陳述的事情的書面公文。

第二天，即十四日，南領事讓使者把公文送過去，使者很快就回來並說總督已經坐上船了。南領事再次派使者到總督船上，總算把公文交到總督手裡了。總督去海南島是以微服私訪的形式，所以並沒有通知各國的領事就出發了。南領事的這個工作終於告一段落，接下來的事拜託給英國領事。一月十六日，他和大河平留學生一起回香港。

（3）犯人的逮捕

南領事回到香港之後，不久就收到來自廣東英國領事一月二十三日的書信，得知一月十九日左右，廣東省的員警如疾風般襲

擊了府內的錢莊，也就是信源、裕安、永源、慎源以及富豐，把店裡的人一個不留地逮捕了。但是報告說，關於其他的同黨的事還未得知。另一方面，已赴海南島的張總督雖然在一月三十日經過香港到達廣東，但是恰逢從二月一日到三月三日這三十天按農曆算是各個官署的公休假期。南領事一直在等著張總督的回信，卻毫無音訊。於是，南領事三月十三日親自前往廣東面見總督。他剛要問沒回信是怎麼一回事時，總督就急忙解釋延遲的理由。他回答說在出發前往海南島之前，已經下達了逮捕的命令，逮捕了與上述錢莊有關係的所有人，沒收了全部儲藏的假幣，而且也命令順德縣知縣逮捕製作假幣的人，逮捕了四個主犯並且連用於偽造的器具也沒收了，那些人現在在法庭接受調查。南領事質問，被捕的與錢莊有關的人有多少人。總督回答了總共有八十人。南領事立即想到，如果那樣的話，沙灣的主犯才四個人太少了，於是問其究竟。總督回答說其實自己也覺得這件事非常奇怪，所以立即下命令進行第二次調查，目前正在調查中。南領事再次請求調查涉案人員之後，在三月十七日和山崎留學生一起回到香港。這樣，由於南領事果斷的處置使很難處理的事情得以解決。當時在廣東被收集的貨幣假幣大部分被送往外務省，留有四枚被永久保存在領事館內。這些假幣是否至今尚被保存在領事館，作者就無從考究了。

四、南領事的歸國和鈴木領事的到任

南領事自 1885 年 8 月 28 日在香港上任以來已整整三年了，於是在 1888 年 6 月 5 日請求回國。據說理由是因為在香港水土不

服，最近身體欠佳想回國休養。這個請求很快得到許可。南領事讓齋藤書記接管領事館的事務，在 7 月 12 日早晨乘著展帆的美國汽船離開了香港。他這次的回國表面上看是短時間的，但是實際上已不會再歸任了。11 月 26 日，南領事轉為農商務省商務局次長，之後外務省命令駐仁川領事鈴木充實作為繼任人到香港上任。

南領事自 1885 年 8 月上任以來特別致力於我國的貿易擴張。特別是如前所說的一樣，該領事在 1886 年到菲律賓出差，詳細地調查了當地的情況，提出了報告書，建議以香港為中心對南支那、南洋實行貿易擴張政策。這次南領事加入農商務省一事，恐怕也是對其香港領事時代才能的認可。加上正值南支那、南洋貿易發展受到重視的時候，讓該領事到該局工作是最合適不過的事了。

1888 年末，設立了馬尼拉領事館，1889 年在新加坡設立了領事館。從這些事，不得不承認他作為商務局次長的努力和才能。

繼任的鈴木領事到香港上任稍微遲了些，到任已是 1889 年 3 月 4 日。當時在領事館中，除了齋藤書記，就像 1887 年文章所述的那樣，豐島語言留學生已經在工作，另外還有作為外務省的留學生、在中央學校學習的高洲、山崎、大河平三名留學生。又有英國人丹尼爾·沃·史密斯（Daniel·Wall·Smith）接替了在 1905 年末被解僱的約翰·威廉。因為史密斯當時在《每日時報》上班，每天只在下午工作兩個小時並領取八十元的工資。

第十七章

明治二十二年篇

一、香港的日本僑民

在明治二十一年篇已經講述了關於僑居香港的日本人。因明治二十二年與此前無大變動，無需設置章節記述。然偶見有趣之事，繼續講述。在外領事館從 1888 年開始，每年末均把僑居國外的日僑報告於外務省。即是說，在 1888 年 12 月最後一天，作為初期報告，僑居香港的日本人人數情況如下：

公務　男 5 人　女 1 人
留學商務其他　男 96 人　女 141 人
總計　男 101 人　女 142 人

即是說當時僑居香港的日本人總人數有 243 人。因為當時鈴木領事尚未上任，所以五名公務男性明顯是指齋藤書記員、豐島語言留學生及高洲、山崎、大河平這三名外務省留學生，一位女性指的是齋藤書記員的夫人。僑居香港的日本人總數與 1886 年的 147 人相比，增加了 96 人。同 1886 年一樣，女性的人數比男性多許多，這依然表明妓女的人數很多。接下來，在這些僑居香港的日本人中主要有什麼人，可以通過多份記載進行了解。也就是在 1889 年 2 月 11 日紀元佳節頒佈《大日本帝國憲法》時，僑居香港的 24 名日本人，聯名向天皇呈獻了賀表。從在賀表上記名的 24 人來看，他們至少應該都是在香港的有地位的人士。

這 24 人的名字如下：

佐賀縣平民　西山由造（西山商店兼西山旅店店主）
長崎縣平民　戶田熊造（戶田旅店店主）

福井縣士族　　大谷圓（日下部商店店員）

山形縣士族　　大河平隆則（外務省留學生）

佐賀縣士族　　高柳豐三郎（三井公司職員）

山口縣士族　　高洲太助（外務省留學生）

長崎縣平民　　橫瀨要吉（橫瀨旅店店主）

長崎縣平民　　上野才藏（攝影師）

東京府士族　　岡田玄良（三井公司職員）

長崎縣平民　　副島儀太郎（　　　）

茨城縣士族　　山崎龜造（外務省留學生）

山口縣士族　　福原榮太郎（三井出差店主任）

東京府士族　　小室三吉（三井公司職員）

石川縣士族　　豐島拾松（掛靠領事館的語言留學生）

東京府士族　　荒川弟次郎（　　　）

山口縣士族　　齋藤幹（外務省書記）

京都府平民　　水谷卯三郎（　　　）

長崎縣平民　　鹽增熊吉（鹽增旅店店主）

長崎縣平民　　安藤公平（安藤旅店店主）

大分縣平民　　惠良彥太郎（攝影師）

長崎縣平民　　森田秀太郎（　　　）

長崎縣平民　　立林孫四郎（立林商店店主）

大阪府平民　　日下部平次郎（日下部商店店主）

京都府平民　　北村安之助（日下部商店店員）

　　括弧內是作者為了方便讀者而加註的內容，空白的是內容不明。

　　在上邊賀表呈獻不久之前，按本省的指令，齋藤書記提交了下面關於 1889 年 1 月 18 日香港主要日本商店的報告。在這份報告中，說明了關於三井分店、日下部商店、宮野、立林、西山等各個商店的營業狀況，又在另一張紙上，列出了除了這些店以外的五

家旅店和上野攝像館的店名。根據這份報告，應該可以更清楚地了解各個商店當時的狀況。

（前略）依令調查在港經商日僑之營業、商品種類以及上述商店中有無受國人委託購買各種商品的資格。四個店中，三井物產公司已經有幾個人擁有該資格。另外，有關與大阪商人森上某聯合開辦的日下部商店，店主日下部平次郎的人已經在香港生活了近十年，比起一開始的淒清，現在可以看到專門經營進口棉花等日本雜貨委託銷售的繁榮景象。此外，宮野立林的兩家商店僅是這一兩年來才開的小店，也進行了兩三千元的大額交易。另外，一個叫做西山的人兼賣陶器和經營旅店，雖沒有進行大額交易，也把貨物海運到香港並四處奔走銷售商品。

（別紙）

三井洋行	皇后大道中環	主任	福原榮太郎
日下部商店	同上	店主	日下部平次郎
宮野雜貨商	擺花街二十六號[1]	店主	宮野芳次郎
立林雜貨商	威靈頓街	店主	立林芳四郎
上野攝像館	皇后大道中環	店主	上野才藏

---

1 這裡可以看到在港日本僑民，隨著歲月變遷，也逐步適應本地香港人對街道的習慣叫法。「擺花街」的英文原名為 Lyndhurst Terrace，亦本有一個相對的中文名稱叫「倫核士街」。它是為紀念英國大法官及政治家約翰・辛格爾頓・考普利第一代林德赫斯特男爵（John Singleton Copley, 1st Baron Lyndhurst）而建，位處荷李活道與威靈頓街間斜坡上的一條短街。在明治初年的日僑普查裡，領事館沿襲各種可靠紀錄，「リンドハースト、テレス」，或稱之為「レンデヨス、テレス」（有時會誤記為「レメデヨス、テレス」，蓋因「ン」與「メ」兩者字體接近造成混淆），按羅音拼字的重音不同而略為互異，而共通之處是用日本的片假名直譯英語。由於該處為高級妓院的集中地，男士前往附近妓院前，多買花束送贈妓女，故吸引賣花小販擺設攤檔於此，漸被華人通稱為擺花街。文中反映時至明治二十二年（1889 年），連日本官方的調查，亦改用漢字直書此街道名稱，在語言情感上更顯地道和統一。

旅店營業人

西山旅館兼陶瓷商	威靈頓街	店主	西山由造
鹽增旅館	鴨巴甸街	店主	鹽增熊吉
橫瀨旅館	同上	店主	橫瀨要吉
戶田旅館	擺花街	店主	戶田熊藏
安藤旅館	砵甸乍街	店主	安藤公平

以上

明治二十二年（1889 年）末，我國艦隊進入到香港的港口。有關對那個艦隊進行副食品及其他物品補給的事，下邊所示的十二名人員曾向領事館提交聯名申請書：

（古賀下旅館）	古賀善太郎	（料理店四開樓）	古川乙助
（大高旅店店主）	大高佐市	（吳服雜貨店）	宮野由次郎
（鹽增旅店店主）	鹽增熊吉	（安藤旅店店主）	安藤公平
（妓院）	柳居長一郎	（咖啡店）	岡村留三郎
（西山旅店店主）	西山由造	（橫瀨旅店店主）	橫瀨要吉
（咖啡店）	桑原長介	（咖啡店）	片山力造

從上可以得知這十二名人員都是與這次補給有關係的日僑。料理店四開樓在那個時候只不過還是間小規模的店，而大型日本料理店四開樓的正式開張是在第二年的明治二十三年三月份。

報告還記述了在明治二十二年期間日僑的商業活動的地點，內容正如下面所示：

明治二十一年二月在皇后大道開張的上野攝像館在明治二十二年八月很快就倒閉了，距這家店開張只不過僅僅一年半時間。但是，在兩個月後即同年十月份，惠良彥太郎（原籍大分縣西國東部玉津街十二號，35 歲）在灣仔軍器街八號開了一家攝像館。

開張前已經在香港居住的惠良的名字，在前述的賀表中已經列出。到大正初年閉店，惠良在香港開店已有二十余年，現在九龍的田中攝像館店主也曾在惠良的店裡工作過。開張後的前十年間惠良的攝像館一直在上述記載的地方，後來搬到了現在的皇后大道香港上海銀行（新的建築）的對面。

在明治二十一年一月份，大高佐市又開了一家旅館。大高的名字在上述的賀表中沒有記載，恐怕其旅店當時的規模不大。可是在對艦隊的補給申請書中卻有大高的名字。

同年十一月，森田佐市開了一家理髮店和咖啡店。在明治十九年篇的日僑名簿中記載了森田曾在香港酒店作為一名理髮師工作的事。這就是他在這個時候獨立創業的原因。

同年十二月，鹽增熊吉在明治二十年六月份開的旅店關閉了。當時的日僑旅館比較多，此外還有西山、戶田、橫瀨、安藤以及大高的五家旅館。這五家旅館從當時的日僑數目來看是過多的，會令人產生疑問，但這是有原因的，即是，其中有一兩家是真正用心經營的，例如東洋旅館的前身橫瀨旅店和西山旅店，其他的旅館在當時多經營著與賣淫有關係的不正當業務。除去正規經營的三井物產分店、日下部洋行（日森洋行）、宮野、立林、西山和其他的店舖，作為妓院的店有八九家，每一家擁有六到九名妓女，總數達到五十人以上。其他餐飲店、咖啡店、旅館也有間接與這些不正當行業有關。從這些現象看來，還不能說日僑在當時已經打下了堅實的事業基礎。

二、鈴木領事對國人發展的意見

如前文所述，明治二十二年三月四日，鈴木被命令接任南領事成為日本駐香港領事館領事。鈴木領事起初是單身赴任，同年七月才把夫人接至香港。到任後，鈴木領事對在港國人發展情況的第一感覺是「蕭條」以及國人所從事的行業之「不光彩」。關於這一點，前文已經提及，在此毋庸贅言。總之在港從事正當職業的日本人極為少數，更多的是從事賣淫和相關工作，以及經營賣淫場所，鈴木不由得為此歎息良久。另外，雖然從香港的市場經濟地位上來看，國人在香港應該更能夠堂堂正正、清清白白地工作，但事實上，在港國人的發展情況卻不盡人意。鈴木覺得這其中一定存在某些原因，反覆地思考後終於得出結論——國人不善於經商。

基於上述結論，鈴木領事到任後不久便論述了香港市場的經濟地位，闡明了香港近年來強勁的發展勢頭、適合同我國開展貿易往來的原因。在此基礎上，鈴木領事進一步列舉了在港國人的現狀及其發展情況的不佳，並寫成意見書遞交給外務省。這份意見書不僅適合用於了解當年妨礙在港日本人發展的原因，於當下也尚有許多值得我們拜讀的論點。意見書如下。

（前文略）

雖然這是個如此欣欣向榮的市場，但來此地經商的國人可謂寥若晨星，在此開設的商店也不過 212 家。而我國所產商品，上至煤炭、水產，下至漆器、陶器、藥材、雜貨等等，其價值超過三四百萬日元。如此琳琅的商品，銷路又如此之廣，但銷售這些商品的卻都是清國商人，商權也被他們緊握在手。而我們在此地行商的國民卻無動於衷，我唯有長歎一息。

基於此原因，在此我便對將來在港商人的發展方向發表一點拙見。從根本上來說，我國在港商人之所以會被清國商人所打壓，原因是多方面的，因此我把這其中最重要的原因歸納如下：

1. 　清國商人團結一致，擅長放棄短期利益以謀求更大的利益（雖然商人懂得這麼做）。而我們日本的商人不僅缺少凝聚力，同時，無論價格多麼便宜，清國商人是絕對不會購買日本商人從日本運來的商品的，而日本商人最終只能把商品進行拍賣。清國商人一直使用這種策略來打壓日本商人並將商權掌握在自己手中。這種策略的目標是長遠的，又能夠不斷加大清國商人自身的凝聚力。

2. 　日本商人資本薄弱，一旦失敗只能出局。正如前文所述，如果我們日本商人的經營計劃失敗了的話，便沒有能力冒著風險東山再起了，只能承擔損失，立刻退出市場。假如我們日本商人一開始就知道失敗在所難免並且做好心理準備，然後一直堅持不斷地以更低廉的價格銷售與清國商人相同的商品，這樣一來無論他們多麼堅不可摧，最終也將屈服。另外，千萬不要忘了，我們日本商人必須要比清國商人以更低廉的價格進貨，同時要以更低廉的價格出售。可為何事實卻與此相悖？有關內容我將在下一節中提及。

3. 　我聽說，如果某樣商品在清國很暢銷，那麼製造商把商品批發給清國商人的價格會比批發給日本商人低。最近，我問過一位信得過的專家後才確認了這件怪事。這其中的原因便是長期和製造商們直接合作的清國商人，對製造商們來說是所謂的「好主顧」。此外，清國商人們也熟知製造業之間的「潛規則」，因此在進行交易時，清國商人常常會格外細心地檢查貨物，如果貨物有瑕疵，那麼這就成為壓低價格的藉口了。而日本商人想要以更低廉的價格進貨的話，那幾乎是不可能的了。如果從製造商的角度來考慮的話這也無可厚非，畢竟日本商人還不足以被當做「好主顧」來信任。因此把清國商人當做「好主顧」也是無可奈何的事情。前幾年，日本商人直接從日本進口的引火火柴，結果清國商人卻能以更低

的價格進貨，並且再運用前文所述的經營策略，令日本商人蒙受了不少損失。

4. 從以上三項看來，我們日本商人之所以未能在此等繁華盛世中大展身手，除了我們自身拙於經商之外，更為困難的是清國商人經過數年打拚，經驗已經十分豐富，而我們日本商人則顯得青澀。除此之外，清國商人動輒數百人的號召力也絕非我們一兩個日本商人能夠匹敵的。

5. 清國商人通常都可以到我們日本經商，但是我們日本商人想在他們的通商口岸經商卻是難之又難。不僅是我們日本人，即便是歐洲商人也不例外。原因無他，清國商人經常團結一致，共同拒絕與外來商人通商，再加上他們清國商人間有一套約定俗成的規則，十分難以了解。

以上是我們日本商人與清國商人在市場上進行利益角逐時總未能獲勝的原因。下面列舉的則是我們日本所產，香港市場上銷售的商品名稱，包括：煤炭、鰻魚、海參、瓊脂、魚翅、蝦乾、鱈魚乾、海帶、香菇、陶瓷、漆器、木耳、乾貨、棉織品、紙、樟腦、硫磺、銅、蠟、火柴等。

在香港經營這些商品的清國商人共有 25 人。我們無從得知他們一年從日本進口這些商品的數量，但估計其中的大部分是用來滿足清國人的需求的。如果我們日本商人能在香港從事經營這些商品，並將勢力擴大到可以左右市場，那麼其中的利潤可想而知。如若繼續放任這種局勢，不僅無法掌握商權，而且也無法享受到自由通商所帶來的好處。總之，當下的現實情況就是我們大部分的國家利益正在被外人所攫取。

接下來我對在港日商的發展前景提幾條必須格外注意的建議。

1. 資金薄弱的小商人帶著少量的貨物到香港並希望能小賺一筆——這是一種極其錯誤的想法。非但如此，可以說這種做法還會危及我們的通商大局。小商家銷售貨物時所面臨的困難是大商家也預想不到的，因此資金薄弱的小商家急於將貨物出手卻又無人問津，最後只能通過拍賣，以低於原價的價格來出售貨物。這是日本小商人的通病。說來更令人懊

惱的是，原本昂貴的貨物如果短時間內被大量拋售的話，不僅會使價格出現下跌，還會讓買家產生觀望心理，有可能減少消費者數量。為了消除這種弊端，我們應該合資創辦批發店，平分利潤。這樣一來，就算短時間內利潤不高或者一時虧損，也不至於恐慌。把經營的目光放得長遠的話，就不會出現迅速倒閉、解散的情況，生意也能一直做下去。假如能夠把這種想法付諸實踐，日本商人緊握商權一事指日可待。如此一勞永逸地把基礎打扎實，在此之上利潤也將越來越大，清國、印度以及南洋諸島的市場最終都將毫無疑問地得到開發。

2.　此外，當務之急還是破除商人和製造商之間通過諸如外國人進貨反而比日本人更便宜之類的陋習連結起來的聯盟。然而，除非我們的商人足夠強大，否則是達不到這個目的的。一如當下，如果製造商們失去了清朝商人這個主顧，那麼取而代之的非日本商人不可，對製造商來說還不如和清朝商人合作。從這些看來，不能簡單地歸咎於製造商，實際上責任還是在日本商人一方。因此，如果能像前文所說的那樣實實在在地創辦合資批發店，那麼製造商們也必然將與我們結成聯盟，最後肯定能達成互利共贏的局面。

3.　開闢南洋、印度、菲律賓等市場，就好比鄰居家的酒物美而價廉，自己卻非要到兩三里外的店買酒。要是鄰居家的酒拙劣，又或者店小酒不足供應的話，這麼做還可以理解。若非如此，那就只有貽笑大方了。而日本商人的經商之道就和上述的做法有些類似。日本商人不遠千里、不厭其煩地到歐美國家去尋找市場，卻無視支那海附近的優良市場，在別人看來這確實是一件奇怪的事情。我最近聽說兩三個小商人帶著日本生產的一些小雜貨到菲律賓和印度等地出售，出乎意料地獲利了。然而，他們的資金原本就極為薄弱，就算讓他們獲利兩倍三倍，充其量也不過是賺點酒錢，更談不上國家利益。要是資金雄厚的商人把大部分心思花在這裡，那麼利潤之高也就可想而知了。但是想要達成這個目的原本就不是

一朝一夕能夠做到的事，更不是小額資本能夠勝任的。因此首先應該打好在香港的基礎，再讓有經驗的人帶著商品樣本到有市場需求的地方去考察，並且要勿失良機，及時向香港總部彙報情況，而香港總部則立即著手進貨。至於為何將香港作為據點，正如我前文所述，香港是世界各地商船往來的必經之處，同時裝貨上船也無須繳納稅金，更沒有接受貨物檢查的麻煩。最後再提一下有關煤炭的事情，去年，也就是明治二十一年全年香港進口的煤炭總額是 348,660 噸，其中從我們日本進口的數量達到 299,300 噸，大約佔了進口總額的八成。而上文所述從我國進口的煤炭則幾乎都經由我們日本商人之手進入香港的，這也是我國在香港市場中佔有最大利潤的一項。我們之所以能夠當仁不讓地佔據煤炭進口業、獨享利潤，原因在於我們佔領了這個行業並且資本雄厚，有能力左右整個產業。換做是其他資本同樣雄厚的商人佔領了這個行業，很明顯商權也將自然而然地為其所得。

鈴木領事的建議書雖然有些長，但簡而言之就是日本每年出口到香港的商品價值超過三四百萬日元，然而卻幾乎都通過支那商人之手進口到香港並出售。在港日本商人之所以如此弱勢，鈴木指出了三個原因，其一是支那商人團結一致、目光長遠並經商有道。其二是日本商人資金薄弱，即使獲利，最終也不敵支那商人。其三是製造商不信任日本商人，一直以來都以較低的價格向支那商人批發貨物。因此，為了能夠在香港更好地發展，鈴木強調在港日本商人一定要改正上文所列出的缺點。最後鈴木以煤炭為例子，這毫無疑問是在指三井物業在香港的分店。鈴木似乎認為，日本商人若想要在香港發展，最好採用和三井物業相同的策略。有關三井物業從事煤炭進口的事情，我在明治十一年一章中已有提及，很明顯在煤炭進口這一產業上，三井物產佔有絕對的壓倒性。總之，日本人

就是不習商事，同時這種性格也妨礙了國人在香港的發展。時至今日，很多麻煩仍是因為這種性格而起。

三、領事館的遷移

正如我在明治十一年一章所提起過的，領事館從亞歷山大台三號搬遷後就一直位於堅道七號（第一百單元）了。當初搬遷的時候，安藤領事原本只是打算在找到合適的房子之前暫作歇腳之用，沒想到住下之後便遲遲動不了身，結果在此定居了十餘年。直到明治二十二年七月一日這一天才搬遷到堅道二十一號（同樣也是第一百單元），而房子的主人也同樣是沙遜洋行，月租 125 元。

堅道七號要是現在還存在並且門牌號沒有變的話，那應該是位於與植物園西側相鄰的天主教總堂正下方。只是現在已經被拆除，就剩下一片空地了。同時，堅道七號也位於當時日本人聚居地的最高處，位於其正下方亞畢諾道對面的廉未地士台是三井公司職員的住宅區。而位於堅道北部的堅道二十一號則位於堅道七號往西大約半條街的位置。雖然月租是 125 元，但是地方卻相當寬敞，這一個單元裡有辦公場所、領事館官員住所以及工作人員住所。領事館附近的兩三所房子同樣都是沙遜洋行所有。堅道二十一號領事館的合約是明治二十二年七月一日開始算起兩年後到期，所以到明治二十四年六月最後一天合約期滿。此次遷移領事館，不由得讓人想起過去，最初在明治六年（1873 年）四月二十日開設的日本駐香港領事館，是位於中西區。地方處於高處，交通不方便，1875年 2 月，領事館遷移到百姓商業區域內，靠近以前的亞歷山大台，

門號是三號。因為房子處於地勢優越之地，房主要求提高房租價格。安藤領事因此發急，再次遷移到原來處於高處地段的地方，堅道七號。因為與原來的地方相同，正處於熱門地段下方，不容易找到房子，而且房租也很貴，再加上交通不方便，最後在 1889 年 7 月遷移到堅道二十一號。因此，這個二十一號的房子是到 1891 年 6 月末才期滿。因為沒有找到其他適合的房子，所以結果將租借契約延長到 1895 年 6 月末。關於這個房子就像下面說明的一樣：

在這樣一個小島內，有二十多萬的人居住，地價很貴，因為連接海岸，一坪七百多元，租金也很貴。以前搬遷去尋找其他的房子很容易。現在，希望租到比較廉價的房子，好像是一件完全不可能的事了。另外，想改變以前的情況，租房子的一部分來設立事務所，然而就像在倫敦其他的事務所一樣，房子處於沿海岸的繁華街道，其租金不下一百二三十元。

在堅道的領事館是事務所和官邸在同一所房子內的，如果另外設立事務所必須另行支付昂貴的房租。也就是說，以目前的房租移租到其他地方是不可能的，所以只能繼續租這所房子了。

四、領事館員的變動及其他

如上所述，鈴木領事是在明治二十二年二月二十四日從東京出發前去赴任，三月四日到達香港。鈴木領事與齋藤書記官交接工作後，在七月初讓夫人來香港同住。

關於齋藤書記官沒有特別提及的地方。另外，一邊在領事館工作，一邊學習粵語的豐島語言留學生，接受了回國的命令，馬上

就要離開香港了。聘用的英籍人——丹尼爾・沃・史密斯仍舊每天下午只上兩個小時班。此外，外務省的三名留學生——大河平、山崎、高洲，如前年一樣接受每個月25元的學費補助，在中央學校學習。此外，農商務省七等技師巖瀨彌四郎雖然不是領事館職員，於明治二十二年八月受命進駐香港日本領事館。同年九月十日，該技師從東京出發，途中在上海逗留，於九月二十七日抵達香港。該技術員駐香港的目的主要是為了進行對安南、東京地區的煤炭調查，同時身負調查以香港為中心的我國出口貿易情況的重任。

順便提一下，當時領事館擁有一艘小船。雖然不清楚這艘小船從什麼時候購買、使用的，但是每逢出迎送行時會用到。當時，僱傭一個支那人看管船，每次使用時僱傭五個苦力共搖六根櫓。明治二十年左右，領事館曾向外務省提出購買專用汽艇申請，但是未得到許可，取而代之的是購買了這艘小船。

五、之後的駐香港日本領事館

明治二十三年初，領事館裡有鈴木領事、齋藤書記官、外聘英國人史密斯以及中央學校在校生高洲、山崎、大河平三位留學生等人。明治二十三年一月末，鈴木領事突然接到回國的命令，於是暫時由在廣東任職的宮川副領事接管香港事務。鈴木領事於前一年的三月四日到任，任期不足一年。他把館內事務交給齋藤書記官之後，於三月二十五日從香港出發踏上了歸國之途。不久，中央學校在讀生高洲如前所述以出類拔萃的成績於三月份畢業了，很快就被任命到煙台領事館工作，離開香港赴往任地。之後，只剩下山崎、

大河平。不料山崎四月以來一直生病，離開香港住在長崎醫院。同年四月，齋藤書記官被任命去新加坡工作，由田邊書記官接任他的職位。鈴木領事離任之後到宮川副領事就任期間，齋藤書記官是館內唯一的人員，因此一時還不能去新加坡赴任。宮川副領事五月十二日到任，五月十七日齋藤才從香港出發，同月二十三日抵達新加坡。齋藤到新加坡就任一年之後，升為二等領事。香港領事館方面，兩個月後，即六月七日田邊書記官到任了。

同年年末廣東領事館閉館，唯一一個在該領事館內工作的豐島書記官被調任去香港，因此香港領事館就有兩名書記官了。而且，那時正在北京留學的天野恭太郎被任命轉學到香港，十二月十五日抵達了香港。也就是說，明治二十三年裡，不論是鈴木領事還是齋藤書記官都離開了香港，而且留學生也有調動。之後，宮川副領事升為領事，工作到明治二十七年一月二十日為止，由中川恆次郎接任香港領事職位，中川一直工作到明治二十九年二月一日清水精三郎到任為止。

在此期間值得一提的是，根據外務省發出的明治二十四年以後解僱外國人的命令，同年九月三十日解僱了英籍外國人史密斯先生。有人認為，不僅沒有必要僱傭外國人作為文秘，而且難以確保外國人不會給本國帶來危害，因此解僱史密斯之後就不再僱傭外國人了。史密斯辭職的時候，表示理解這種想法，欣然離開。在之後發生的濃美大地震募捐活動中，史密斯表示了非常的善意，此乃後話。

說到之後的領事和領事館員，要將其一一敘述顯然不可能。因此以下根據外務省年鑑只羅列了歷任香港領事館領事，館員的調動一併省略。

在香港的日本領事官

就職月日	官名	姓名
明治六年		
四月二十日	副領事	林道三郎
九月十二日	事務代理外務三等書記官	尾崎逸足
十月三日	事務代理外務一等書記官	樋野順一
明治七年		
七月三日	副領事	安藤太郎
明治八年		
四月十一日	事務代理外務三等書記官	小林端一
七月一日	副領事	安藤太郎
明治十年		
十月二十五日	領事	安藤太郎
明治十一年		
三月二十一日	事務代理外務二等書記官	寺田一郎
八月二十八日	領事	安藤太郎
明治十二年		
五月三十一日	事務代理書記一等見習	大沼讓
十月十二日	領事	安藤太郎
明治十四年		
六月十日	事務代理外務二等書記官	寺田一郎
十一月七日	領事	安藤太郎
明治十六年		
四月二十四日	事務代理外務書記官	平部二郎
十二月十六日	代理領事准奏任御用員	町田實一
明治十八年		

就職月日	官名	姓名
八月二日	事務代理外務書記官	田邊貞雅
八月二十九日	領事	南貞助
明治二十年		
三月二十一日	事務代理外務書記官	齋藤幹
九月三日	領事	南貞助
明治二十一年		
七月十二日	事務代理外務書記官	齋藤幹
明治二十二年		
三月四日	領事	鈴木充實
明治二十三年		
二月二十八日	事務代理外務書記官	齋藤幹
五月十三日	代理領事副領事	宮川久次郎
明治二十七年		
一月二十日	一等領事	中川恆次郎
明治二十九年		
二月一日	事務代理領事官補	清水精三郎
二月十日	二等領事	清水精三郎
明治三十年		
九月九日	事務代理外務書記官	高木澄三郎
明治三十一年		
一月二十五日	二等領事	上野季三郎
明治三十三年		
十二月一日	領事	加藤本四郎
明治三十四年		
十一月二十四日	領事	野間政一

就職月日	官名	姓名
明治三十五年		
十一月四日	事務代理外務書記官	桐野弘
明治三十六年		
九月三日	領事	野間政一
明治三十九年		
四月三日	事務代理外務書記官	隈部軍藏
十一月三十日	領事	田中都吉
明治四十年		
七月十日	事務代理外務書記官	益子齊造
明治四十一年		
五月五日	副領事	船津辰一郎
明治四十二年		
四月二十四日	事務代理領事官補	渡邊省三
六月九日	副領事	船津辰一郎
六月三十日	領事	船津辰一郎
(明治四十二年十月升級為總領事館)		
十月一日	總代理領事	船津辰一郎
明治四十五年		
二月二十七	總領事	今井忍郎
大正二年		
八月二十七	事務代理外務書記官	田中莊太郎
十月二十日	總領事	今井忍郎
大正五年		
六月十五日	總代理領事	高橋新治
(大正六年五月二十三日在任地逝世)		

就職月日	官名	姓名
大正六年		
五月二十四日	總代理領事官補	加來美知雄
九月十七日	總領事	鈴木榮作
大正九年		
八月十四日	總代理領事官補	大森元一郎
大正十年		
二月二十三日	總領事	鈴木榮作
七月一日	總代理領事官補	大森元一郎
八月三日	總代理領事	坪上貞二
大正十一年		
四月五日	總代理領事官補	郡司喜一
九月二十八日	總領事	高橋清一
大正十四年		
二月二十五日	事務代理外務書記官	山崎恆四郎
五月二十二日	總領事	村上義温
大正十五年		
八月一日	事務代理外務書記官	池宮末吉
十一月六日	總領事	村上義温
昭和二年		
六月十七日	事務代理外務書記官	野野村雅二
九月九日	總領事	村上義温
昭和四年		
七月十九日	總代理副領事	野野村雅二
昭和五年		
一月十八日	總代理領事	吉田丹一郎

就職月日	官名	姓名
昭和七年		
七月十三日	總代理副領事	桑折鐵次郎
十二月二十六日	總代理領事	蘆野弘
昭和九年		
九月十二日	總代理副領事	桑折鐵次郎
昭和十年		
二月十五日	總領事	水澤孝策

六、濃美大地震中來自香港的募捐款

明治二十四年十月二十八日發生了濃美大地震，襲擊了愛知縣和岐阜縣。報道之後消息立即傳到香港，在港日僑和外國人皆感到震驚。因為天災，房屋倒塌七萬，死者六千，受傷者達到九千。[2]

2　此處所指的「濃美大地震」，即 1891 年 10 月 28 日發生於日本美濃和尾張等地方的地震，又通稱「濃尾大地震」。此震的極震區位於伊勢灣以北的廣大平原地區，從福井市的東南延伸到名古屋市。是次地震斷層規模很大，據當時估計，主斷層可能長達 80 千米左右。通往岐阜城的大路被斷層崖切斷，斷層東側的地面升高約 6 米，並向北滑動約 4 米。按照日本後來估定的震級，最高為 8.4 級。濃尾大地震在日本政界和學術界引起震動，促成日本成立了世界上最早的震害預防研究機構。由於震區地裂嚴重，噴沙、湧水、山崩、滑坡 1,000 餘處，平移斷裂最大的水平位移 8 米，垂直移距 5.4 米，鐵道、公路破壞嚴重，房屋破壞 94%，同時引起火災。粗略統計，死亡人數 7,200 餘人（美濃：4,889 人，尾張：2,331 人），受傷人數 17,000 餘人（美濃：12,311 人，尾張：4,550 人），房屋全部毀壞的約 140,000 間（美濃：70,048，尾張：67,771），比文中描述的受災數字更為最重。

香港日僑一眾當即協商之後展開了以宮川副領事為中心的募捐計劃。日僑募捐者陸陸續續出現，募捐開始不到 10 天絕大部分日僑都捐出了最高 7 元到最低 20 錢的款項。其中募捐者男 55 名，女 102 名，總計 157 名，金額為 119 元 60 錢。後來加上住在廣東的越智兼五郎 5 元，總計 124 元 60 錢的金額，於十一月中旬左右通過東京時事新報社送往災區。

　　在此特別要提的是不僅日僑著手募捐一事，香港的一般市民中也有籌款計劃。這個計劃的倡議者是香港聯合電信公司分店經理波維士・查德。他說服了當時任代理總督的陸軍司令官喬治・迪古比・巴卡少將、審判長及其他民間權威人士，從十一月十日左右開始將計劃具體化，組織成立了日本地震救災募捐委員會，查德親自擔任幹事，宮川副領事也應邀加入該委員會。該委員會的陣容後述。第一次會議在十一月十三日召開，代理總督親自擔任主席，討論了關於募捐金的籌措方法和寄錢的方法，決定由香港上海銀行處理募捐事務，寄錢由駐東京的英國公使來負責。會議上，代理總督首先捐出 150 元，其他委員也陸續捐了 30 到 50 元不等。緊接著就開始了一般民間的募捐活動。

　　一般民間募捐倡議方法主要是依靠報紙的通告，特別是加入到前面提到的委員會中的三名支那人，他們約定致力於募捐活動，並印刷了宣傳單派發到各處，文字如下：

賑恤日本地震災難啟

　　近聞東瀛之國日本不幸遭受地震天災，慘遭不測。為三千餘年以來之悲劇，慘遭萬億以上損失。據報道，上月二十六日因日本地震倒塌民房七萬零五間，死者愈六千，傷者九千餘人，現有十五萬人流離失所，慘狀萬分。現以委員會為首，大家發起捐款倡議活

動，捐款金可以交具香港上海銀行波維士先生或大北電報公司節先生，抑或委託東華醫院轉交給波維士先生，然後一併寄往災區，救人一命勝造七級浮屠。

辛卯年十月十五日
香港賑恤日本地震災難同仁謹啟

於是委員會各方面開始籌備捐款活動，捐款人士陸陸續續出現，募捐開始不久就彙集了兩千元。之後，募捐活動一直持續到第二年明治二十五年三月最後一天，在此期間多次由英國公使將募捐金寄往外務省。此次委員會募捐金額突破五千元，具體金額如下所示：

日本賑災義捐金額總數　5,346 元 13 分
明細
明治二十四年十一月二十三日寄給英國公使　2,000 元
同年十一月二十七日寄給英國公使　1,000 元
同年十二月五日寄給英國公使　1,000 元
明治二十五年一月十一日寄給英國公使　1,000 元
同年三月二十二日寄給英國公使　339 元 03 分
印刷紙及印刷費用（支出）　7 元 10 分

以上

正如以上所述在香港的外國人和支那人對於此次日本的天災表現了極大的同情，在此期間流傳了一些特別值得我們感謝的佳話。

1. 前面提到的明治二十四年九月末離開領事館的史密斯依然在《香港日報》工作，聽說了日本地震的事情以後立即給宮川副領事寫了封信，寫道曾在貴館工作的他願捐款 25 元。雖然數目不大，請加入到日本僑民的捐款內。不久之後，委員會組織起來了，

宮川副領事問史密斯把他的捐款放入委員會裡如何，他回答道：地震災害救濟，時間最重要。香港的募捐進程很慢，希望放入到日本僑民的義捐金中，儘快送到災區。

2. 進駐香港的英國陸軍為了籌集捐款，十一月十九日星期三傍晚在公眾花園舉行室外演出，入場費為 25 分。這些收入全部作為義金捐給災區。宮川副領事受委託邀請日僑前往觀看，其中有 50 名出席觀看。

3. 曾受聘於大阪造幣局、當時在廣東造幣局做技師的英國人愛華德·懷恩寄給宮川副領事 10 元，而且在書信中寫到：數額不多且不懂把錢寄到哪裡，所以只好麻煩您了。鄙人過去多年以來承蒙貴國人的關照，這次日本人遭受災難，如果不表示同情的話就真是不懂人情禮儀了。可以說是以前日本人的好意現在得到了回報。

4. 當時香港還沒有日本郵船公司的分店，喬治·史蒂芬斯商會為其在香港做代理。該商會當時也有代理明治火災保險和東京海上保險公司。香港舉行了地震救災捐款活動，該商會給當時悉尼的日本郵船公司代理店邦士·菲利普商會發了如下電報：日本大地震生命遭受巨大損害開始募捐意下如何。他們或許擔心邦士·菲利普商會可能對地震一事不知情，特意發了電報倡議捐款。菲利普商會的回答極具商人氣質且有趣，說：不景氣時期，雖然可能幫不上大忙，但現墊付 20 英鎊。這哪裡是沒幫什麼忙，他們的捐款是比香港日僑總額還多的 20 英鎊。雖然他們僅是遠離日本災區的海外代理商，但他們特意發電報商量捐款一事真可謂仁慈至極。

類似以上的佳話還可列舉二三，鑒於篇幅，在此就不一一贅述。最後列舉在香港募捐委員會的成員，再次表示感謝。

審判長拉塞爾（委員長）

（以下委員）

香港警備艦長邱吉上校

總督隨從斯託拉上校

總督隨從馬克丹奈爾上校

總督隨從切特中校

印度商人貝雷利奧斯

渣甸洋行分店副經理貝爾阿維谷

香上銀行代理經理鮑勃斯（本委員會會計）

立法議員切特

法國郵船公司分店經理夏目柏

道格拉斯輪船公司經理迪維斯

法國肯特威爾‧德斯孔特銀行經理古列那

德國禪臣洋行分店經理赫次匹斯

實業家罕弗里斯

立法議員渣甸銀行分店經理蓋茨以克

代理檢察長里奇

戶籍局長洛克哈特

清商合興行經理劉蔭泉

保良局局長梁培芝

中華匯理銀行經理瑪金

商業會議所長、太古洋行分店經理馬金託斯

德國商業者洋行經理、俄羅斯領事米河路仙

宮川久次郎

香上銀行副董事長毛澤斯

德商瑞吉洋行分店經理兼奧匈帝國領事波爾斯聶卡

國際保險公司經理瑞

新東洋銀行分店經理拉特

立法議員拉伊里

印度商人薩斯

日本郵船公司代理店史蒂布斯

太平洋郵船公司經理兼荷蘭總領事比爾連

立法議員、渣打銀行經理懷特赫德

英商劫公司分店經理伍德

聯合電信公司分店經理查德（幹事）

德商泰和洋行分店經理古雷

立法議員何啟

實業家惠特

以上

七、香港的支那領事館設置問題

明治二十四年，駐香港的支那領事館設置一時成為問題。這個問題和香港日本人沒有任何關係，好像有點脫離主題，但筆者對此問題相當感興趣因此安排在此章述說。

說起明治二十四年，剛好是香港被割讓後的第五十年。這一年的一月二十一日舉行了頗為盛大的五十週年慶。

這一年，香港的人口是 22 萬，其中有 21 萬多是支那人。也就是說，這五十年間從香港初期的 2,000 人增長到 20 萬以上。隨著支那人住民的增長，支那方面希望在香港設立支那官員以及領事館。明治元年，香港人口約為七萬，那時香港支那之間的走私極為興盛，北京政府曾經向英國公使提出取締走私的必要，且交涉過在香港進駐支那官員一事。也就是說，雖然此時支那政府還沒有提及派遣領事的事情，但進駐支那官員的要求成為了本節的支那領事和後面敘述的支那海關設置問題的開端。因為當時沒有徵收關稅，所以英國公使對這個要求並不同意，不過在香港和支那之間的走私行

為確實存在，我認為和其他同盟國一樣，支那政府在此地進駐領事，享有同樣的權利和管轄權來監督香港的支那人是無妨的。但是，在派駐領事這點上，支那政府從來沒有提出過要求，而且英國政府也沒有給支那政府行使過這個權力，因此英國政府提議該問題暫且擱置，在即將進行的 1858 年條約修改協商的時候再提上議程。此時英國公使的回答口吻已經是承認了支那進駐領事了，此事立即在香港引起了反響。

英國公使似乎承認在香港進駐支那官員一事傳到香港，住在香港的英國人非常反對。而且有報道說，有關這事英國公使是事先和英國政府溝通過的，當地英國人更加開始攻擊英國政府的認識膚淺，該反對論調導致了不久之後於明治三年（1870 年）一月香港商會向英國政府殖民大臣提交建議書一事，建議書的內容大致如下：

最近（1870 年）聽聞在即將召開的 1858 年《天津條約》修改交涉問題上同意在香港進駐支那領事一事，這對我們是相當不利的。理論上說不應該排斥進駐支那領事，但是香港是特殊地區，經過英國政府多年的苦心經營，香港從一個孤島變成現在東洋貿易中心，支那對於香港的繁榮感到羨慕和嫉妒，因此想要加以干擾。一方面，支那自身還沒達到文明國的稱號，還不足以保護其領土上的內外國人的生命財產。至今為止，和支那締結條約的各個外國都視支那為實行治外法權，這不正是把支那當成近世文明國範圍以外的證據嗎？而且現在香港根本不需要支那領事保護支那，香港政府已經有華民政署在擔任此任務。如果允許領事進駐的話將會怎樣？領事只會和上層富豪階層勾結，謀取利益，或者是和廣東支那官員勾結貪污。也就是說，在支那進駐領事不僅沒有必要，而且只會帶來弊害。

之後，這個提議暫時被取消，過了二十一年（1891年），五月二十一日香港政府收到了來自英國政府殖民大臣的書信。書信內容如下：

這次英國政府同意駐倫敦支那公使要求在香港進駐支那領事一事，但是如果在香港政府的支那領事不受好評的話，將在一年之後廢止該領事，在了解以上要求之後暫定任命現進駐新加坡的支那領事左秉隆在今後的一年間進駐香港，擔任領事。

接到以上通告的總督於七月三日立法會議上提到該通知，並聽取立法議員的意見。

實際上，香港政府並不是突然接到上述書信，關於這個問題在同年三月二十六日，殖民大臣有向總督徵求過意見。總督明察這個問題的反對論調，並傳達了具體的反對意見。這個消息傳到在港的普通英國人耳裡後，依然是和二十多年前一樣的反對意見。他們看到這個通知，感到非常驚訝。當地英國人的輿論突然沸騰起來。立法議員站起來表示反對，特別是代表商會的議員述說了強烈反對的意見，而且逼迫總督公示本年三月二十六日殖民大臣的來信及對此信的回答內容。而且，普通英國人也激烈抗議，上述立法會議一結束，於七月二十三日在市政會堂召開公開會議，發表決議並向英國政府提交。內容說：

1. 本會顧及到香港商民的輿論，對於容許進駐支那領事的英國政府外務省的決策表示遺憾。

2. 進駐支那領事不僅有害而且危險，我們已經在1870年公開言論中提及，堅決反對設立支那領事一事。

3. 進駐支那領事嚴重損壞了英國政府在支那人中的威嚴。

4. 支那各地嫌棄外國人的情緒愈演愈烈，不可在此時建立以領事為首的支那人群體。

5. 本會根據以上理由堅決反對支那領事進駐香港。

在七月二十三日召開公開會議之前的七月十八日，總督突然收到如下英國政府的電報：

暫不承諾支那領事任命事件，詳細內容請參照七月七日信函，但無需向立法會議提交。

這無疑是英國政府對由總督報告的立法議員要求提交有關公函及其相關反對意見作出的回答。理所當然的，七月二十三日本應該召開的大會被取消了。

不過，英國政府所說的暫不承諾實際上並不是顧及住港英國人的激烈反對論調，而是支那政府方對一年期限的暫定條件感到不滿，假如一年之後領事被廢除的話會損壞支那政府的名譽。因此，支那公使提出了不設置此要求，而是當領事本人的行為有不妥之處時才收繳其領事任命證，但還是要賦予領事進駐權的意見。但是英國政府堅持不答應，最終只好中止談判。也就是說支那政府認為一年臨時承認、有條件的領事進駐對支那來說是影響名譽的事情，支那方面主動提中止，由此香港進駐支那領事一事自此中止，直至現在。但是其間，基於明治十八年（1885 年）九月十一日在香港取締鴉片交易的英中協議，1898 年起暫時在香港進駐了支那海關官員。最初是由支那提出取締走私的緣由，支那官員最終在香港進駐下來了。現存的九龍海關就是這個。

八、再次採用日本圓銀作為香港法定貨幣問題

　　明治十一年發生了要求將我國貿易銀幣認可為香港法定貨幣的問題，當時安藤領事做了很大的努力，結果還是沒有得到英國政府的認可。雖然作為法定貨幣未得到認可，但是實際上我國貿易銀幣在當地市場的流通相當繁盛。其中的詳情在明治十一、十二、十三年篇已提及。現在，替代貿易銀幣的圓銀也繼續和墨西哥元並駕齊驅在香港流通。明治二十六年再次發起了將日本圓銀確定為香港法定貨幣的問題。不過這次情形和上次不同，上次是日本方面主動要求得到認可，而這次是香港商會主動向政府提出了採用的建議。

　　正值明治二十五年左右，銀價非常低迷而且價格沒有浮動，讓銀本位的國家費了不少神。在這種情況下銀本位國如印度乾脆放棄了銀本位制度而採用金本位制。結果是使銀價進一步低落，同樣將大量的墨西哥元流通到東亞國家的銀本位國墨西哥也開始限制墨西哥元的鑄造。其影響馬上波及到香港，香港市場中缺乏墨西哥元，為了彌補缺口，應該使用什麼方法，一時成為問題。

　　重新制定香港通用的法幣並在倫敦鑄造的方案，以及從上海引進紋銀的方案，或者在廣東鑄幣局鑄造支那圓銀然後引進香港的方案，抑或像印度一樣果斷地採用金本位制度等等方案，討論了很多種，但是不論哪個方案都不能馬上得以實施。於是有人向政府提出了不如將已經在香港流通的日本圓銀確定為法定貨幣，和墨西哥元並行流通的建議。

　　明治二十六年七月十二日，為了討論該問題召開了商會的總會。會議上會長蓋茨以克（立法議員、渣甸洋行經理）就日本圓銀

作為法定貨幣是上策一事作了如下說明：

日本圓銀擁有和墨西哥銀幣一樣的比價，一直以來深受支那人的喜愛，且造型精美無比。自發行以來歷經十數年，期間得到了充分的認可。從這點來看，我個人贊同將其作為法定貨幣。十多年前在香港也曾經有把日本貿易銀幣作為法定貨幣的建議，當時最終沒有得到採用，其中的理由我也不明白，也許是在當時沒有被認可它的必要性。

如上所述，會長對日本圓銀大大表示讚美並贊成其為法幣使用。其次，曾經在明治十一年日本貿易銀幣的採用問題上發表過贊同意見的香上銀行經理傑克遜氏也起來說道：

我是十多年前研究是否可以採用日本貿易銀幣作為法定貨幣的成員之一，當時我是贊同採用的，並且向政府提出了建議，但是最終沒有得到採用。其中的理由我不得而知，現在也還不清楚。日本圓銀的純度、比價的準確度，以及鑄造的精巧度是大家公認的，而且我還親自詢問了鑄造銀幣的人。

這又是對於日本圓銀的讚美之詞。就這樣其他會員也發表了贊成意見，討論結束後會長宣佈，本會建議將日本圓銀法定化，得到全場一致認可。

香港商會如上所述全場一致地表明同意採用日本圓銀法定化後，緊接著香港的英文報紙上也發表了同意的意見。某一份英文報紙在社論上這樣寫道：

日本圓銀多年來和墨西哥元一樣在香港和新加坡兩地流通，而且在貿易各方面的支付上沒有任何不便。現在該圓銀的流通依然

沒有任何阻礙。另一方面，從這兩個地方的有關貨幣的法律來看，新加坡在認可墨西哥元的同時，有規定將日本圓銀作為同等貨幣的規定，日本圓銀在其法律上是被認可的。在香港，只有墨西哥元得到了認可，日本圓銀還沒在法律上得到認可。只是作為權宜之計在流通而已。但是，既然墨西哥元如此缺乏，即便是解決一時之需，將日本圓銀法定化也不失為良策。

如上所述，香港商會向總督提了將日本圓銀法定化的建議，香港政府經過再三研究，結果還是沒有採用，而是讓廣東鑄幣局鑄造支那圓銀。關於日本圓銀法定化不成功的理由，據說政府對實際問題做了種種研究，認為如果把本地的白銀送到大阪鑄造之後再運回香港，從運費方面看很不划算。當然這只是當時的推測，政府真正的理由不得而知。就這樣日本圓銀法定化問題以失敗告終。之後日本採用金本位制度，圓銀在香港漸漸消失了身影。

九、香港娼妓制度和日本娘子軍

香港的公娼制度在去年即 1935 年 6 月末被禁止，也就是說從此沒有公娼。娼妓制度在東西方國家都有很長的歷史。香港也是如此。

香港被割讓給英國是在 1841 年，當時香港島上的住民僅有 2,000 人。這 2,000 人中是否有娼妓不值一提。

但是被英國佔領以後，香港的移民顯著增加，賣笑婦和妓女也漸漸增多。1845 年發生了一件官員收取娼妓賄賂被告發的事件，當時的次月即四月份強制性地把娼妓驅逐到島外。但是就像驅

趕蒼蠅似的根本無效。被驅逐出去的人很快又重返，新的娼妓源源不斷進來，數量漸漸增加。

當局認為與其使用驅逐這樣的積極手段還不如消極取締，1845 年 6 月起認可了娼妓的存在並收取每個青樓每月 5 元，娼妓一人每月 1 元 50 分的稅金。當時共有 31 家青樓，娼妓 100 多人。不過關於徵收稅金一事英國本國政府加以干涉，1847 年被廢除了。

之後娼妓的數量不斷增加，船員以及英國水兵患花柳病現象嚴重，海軍當局向政府提建議，公佈了 1857 年第 12 號條例《花柳病檢查條例》。之後 1864 年 1 月 19 日西角建立了塞拉斯療養院，患花柳病的船員被收容在這裡。

在那之後英國本政府殖民省更加顧慮駐港軍人的健康，1867 年向政府建議修改 1857 年條例。

香港政府根據同年條例第十號修改了上述條例，嚴格限制賣淫現象以及娼妓的登陸，並實施身體檢查。另外，香港政府根據 1879 年 11 月 18 日立法會議的決議，向青樓的娼妓徵收營業稅，由此娼妓制度被公認了。所謂公娼和私娼的區別就是這樣而來的。

這些公娼通過繳付營業稅可以公開營業，政府為她們提供場所。有公娼的地方多少會有變動，不過一般來說外國公娼在中環的荷李活道一帶和灣仔的春園街，日本人公娼最初是在中環，後來轉移到灣仔的舢板街（海傍或者是「海傍東部」East Praya），支那方面的公娼在香港島和九龍一側的油麻地，香港方面的公娼當初在上環水坑口一帶，1903 年移到西角（石塘咀）。同時所謂的酒家或酒樓這些擁有大型建築的支那料理店遍佈那裡，昔日的僻靜之處現在成了歌舞昇平的花街。支那人所謂的「石塘風月」就是由此而

來的。

經過幾次變遷，1932 年香港政府下了廢止令，日本人及外國人公娼於同年 6 月 30 日被禁止營業，支那人公娼經過了三年的暫緩期之後，於 1935 年 6 月 30 日也被正式禁止了。

就這樣，秦樓楚館、女閭三百、金迷紙醉、車水馬龍的「石塘風月」景象一下變成了門可羅雀的蕭條景象。

另外，我國娘子軍過去在香港的歷史頗難考究，只是可以肯定的是，我國向外發展的先驅者是娘子軍這一常識也同樣適用於香港。

實際上筆者從明治六年篇起筆的時候，關於日僑的記載還極少。當時是否存在娘子軍不得而知。之後明治十三年，同年的日僑中有男 26 名、女 60 名。這 60 名女性到底是否為男性的家屬我們無法知道，但是有人說這些女性中一定有十多名娘子軍。明治十三年如上所推測的有十多名娘子軍，到明治十九年就明確了數量，即同年篇裡顯示的香港日僑名單裡，當時的日僑約 147 名，其中所謂的娼妓業有 8 家，娼妓有 44 名。另外，值得關注的是這 147 名日僑中正經經商的，除三井物產分店以外個人商店形式的只有一個雜貨商、一個陶瓷商、一個綢緞商而已。除了有幾間飲食店或理髮店，其他都是色情行業或者與之相關的商人。換言之，說大部分日僑是以娘子軍為中心維持著生計也不過分。也就是說，在明治十九年，娘子軍作為國人海外發展的先驅者有一定的分量。

明治十九年日僑和娘子軍的狀態如上所述，日僑難以從這個群體中脫離出來。之後日僑的數量年年遞增，同時娘子軍的數量也不斷增加。明治十九年增加到 44 名，明治三十四年青樓有 13 家，娼妓的數量也增加到 132 名。根據更舊的說法，娼妓數量達

到最高時有 200 名。這恐怕是明治四十年左右的事了。即到明治末期為止我國娘子軍的數量呈現遞增的趨勢，將娼妓的數量進行比較的話，大致是佔了三分之一或四分之一。這裡提到的是公娼，如果把私娼和有直接或間接關係的人包括在內的話其總數佔了日僑的一半，有時甚至達到 60% 或 70%。

香港日僑的歷史一半是娘子軍的歷史。香港日僑開始形成健康正常的群體大概是進入大正時期以後的事了，距今不過是二十多年前。

這些事實絕對不是胡言亂語，而是已經居住在香港二三十年的老前輩們所認同的事情，特別是這期間從事正業的人們正在一步一步地前進，不久之後建立了一定的勢力，逐步構成正面的香港日僑的群體。所謂的群體正面化的事情也要特別提一下。例如三井物產會社香港分店在明治十九年剛開業的時候只有四名員工，到明治三十四年人數達到五十多名。這些從事正當職業的人們的發展史將在別處再細說。

不管怎樣，娘子軍的華麗時代還是持續了相當長的時間，從明治二十年左右開始到明治末期總共二十多年。再次探討一下在那期間以娘子軍為中心的日本僑民群體狀況。可以說明治三十年以前的個人商店幾乎以失敗告終，唯獨盈利的是所謂的色情業。換言之，這種榨取自女性的血淚和肉體的報酬，滋潤了飲食店、旅館、各種個人商店。進一步進入這個群體觀察，娼妓業主、旅館主人以及其他業主把船員、流氓也加入其中，施行欺詐、奸言、拐騙、暴行、鬥毆。而且城外的不少前途有為的青年時而也被捲入這個漩渦之中，誤了一生。關於這一點老一輩印象非常深刻，筆者在這裡略去詳述。不過依照該形勢，領事館不可能袖手旁觀。領事著力在考

慮要如何矯正這種風氣並試圖實行日本人正面化的健康發展。前面提到的鈴木領事對關於國人發展的意見書正是其中一例。明治十八年左右有人開始提議限制娼妓的數量，當時的南領事得到同年外務省的訓令之後，向香港政府說明了我國政府的意願，希望香港政府能對日本人色情行業的數量加以限制。對此，香港政府也明白我國政府的用意所在，將青樓數量限制到 8 間，娼妓的數量限制到 52 名，承諾就算有申請也不再批准並設置了相關規定。

實際上，此時公娼制度已經確立，作為香港政府，只要繳納營業稅，誰都可以當公娼，無限制地准許其存在。

總之，香港政府聽取了南領事的請求之後，僅對日本人公娼做了如上限制。之後也一直堅守這個約定，即使有開業的申請也不給與批准。就這樣 10 年左右維持著青樓 8 間、日本人公娼 52 名的固定數量。但是相反地，知道不能當公娼後反而出現了私娼。可以得知旅館、飲食店和這些人是有關係的。在明治二十四年，曾有公娼業者向政府投訴說有私娼在日本旅館秘密賣淫的行為，香港政府立即派警察前往旅館並調查所有出入人員的事情發生。有人認為正因為香港政府對日本公娼數量加以限制，私娼才會出現，雖然這是日方的要求，但懷疑香港政府這樣做是否得當。正巧同年被日本人咖啡館僱傭的某個女性在國家醫院被查出得了花柳病。當時的衛生局對戶籍局長建議，因為限制日本公娼之後會導致日本私娼的出現，所以該限制令應該撤銷以防止病毒的進一步蔓延。緊接著香港政府向宮川副領事提出，香港政府持上述意見，而這個限制令是應日本方的要求而設置的，如果日方不再堅持的話將撤銷。對此，宮川副領事回覆說衛生問題確實是很重要，但是只因為一個病毒患者就破壞日本政府的計劃實屬遺憾，希望能繼續實行原來的方針。因

此，香港政府其後數年間一直在實行這個限制令，不過香港政府的意見也有一定道理，於是從限制絕對數量改成限制到適當的數量。就這樣，明治三十四年達到 13 間青樓，132 名娼妓。

如上所述領事館對於日本人公娼人數的增加從未放鬆警惕。

另一方面，不論是當公娼還是私娼，蛇頭用盡各種策略把婦女輸送到香港。特別明顯的是不顧香港政府和日本政府的嚴格取締而秘密偷渡的情況越來越多了。

續 篇

　　本稿的記述由明治六年開始，現在已經記到明治二十二年。
這 17 年的歷史花了一年半時間撰寫。筆者當時的想法是完成明治
十五年篇後暫且擱筆的，因為最初的題目是「明治初年」。然而，
到了明治十五年一章將近完成，當筆者透漏自己打算擱筆的時候，
多位同仁提出和我共同寫下去。筆者面對再繼續往下寫這個要求多
少有點猶豫。但作為在港日本人中度過了壯年時代的筆者，既然開
始了歷史的記述，而且各方面都真的希望能夠繼續寫下去，對筆者
而言也算是命中注定的責任。於是，記述便延長 5 年即至明治二十
年。原本計劃明治二十年這一章於今年（昭和十一年）完成的，然
而接近完成階段時，又接到來自各方面的要求。要求說是希望筆者
至少撰寫到明治二十八年為止，即日清戰爭（編者按：即中日甲午
戰爭）結束為止。筆者面對再次的要求，不得不猶豫很久。因為這
類記述，每一年都會涉及多方面內容，以筆者目前的速度估計還需
半年或一年才能完成。因為寫作的事，已經缺少閒暇並且多少有點
身心疲憊，所以筆者不得不重新審度。但有人說文章寫到這就中斷
的話，就會失去點睛之筆並以此鼓勵筆者寫下去。於是筆者鼓起勇
氣繼續寫了下去。就這樣寫到了明治二十二年這一章。但此時筆者
感覺到以以往的狀態來寫作已經是不可能的事了。因此，筆者決定
以明治二十二年為止的內容作為這篇關於明治初期僑居香港的日本
人的本論，而以下內容作為本論的續篇。這多少有些點睛之意，會
繼續記述關於明治二十二年後的應該提及的事項以及僑居香港的日

本人的情況。不過其中的記敘可能會不按照年代順序來進行。

　　為密謀偷渡，妓院從業者、旅館、船員、無業遊民等聯手合作，在日本安置眾多聯絡人員，以花言巧語騙婦女上當，聲稱她們去到香港成為女傭人或孩子保姆能賺取大額工資。通過船員的接頭工作，這些上當的婦女夜間乘上輪船，躲在煤炭艙裡，九死一生才得以到達香港，登陸灣仔地區。在煤炭艙裡窒息而死的婦女也不在少數。上陸之前她們頭髮蓬亂，臉上塗滿了黑炭，到港後立即被帶到妓院或旅館強制從事公娼或私娼。婦女們在這些地方遭受暴打，處境可謂慘不忍睹。

　　這種偷渡多是一次幾個人，有時候一次也有二十餘人。明治二十五年春季的偷渡事件例舉如下：

　　明治二十五年二月十一日德國船「澤呢納路本阿達號」從長崎裝載五名偷渡人員到港。

　　三月十日德國船「俄哈瑟號」從神戶裝載二名偷渡人員到港。

　　三月十四日英國船「拉朵羅莎號」從門司裝載四名偷渡人員到港。

　　四月四日有十三名偷渡人員隨「伏木丸」前行，但有八人窒息而死，五人倖存。

　　「伏木丸」八名婦女窒息而死的事件是何等悲慘。筆者手頭儘管有大量關於日本娘子軍的資料，但是實在不忍心詳述。不管怎麼說，娘子軍的風華時代持續了很長時間，進入大正年代後才逐漸衰落。到 1932 年 6 月末，隨著公娼的廢止，營業也隨著中斷，日本人在香港的公娼行為也在此時銷聲匿跡。

其後的香港日本僑民

明治二十四年間的日本僑民

明治二十三年末香港及廣東日本僑民的資料表記如下。該資料來自於領事館。

海外居留人員　明治二十三年十二月末

香港
公務：男性 3 人，女性 0
留學商務及其他：男性 85 人，女性 160 人
總計：男性 88 人，女性 160 人

廣東
公務：男性 0，女性 0
留學商務及其他：男性 4 人，女性 8 人
總計：男性 4 人，女性 8 人

上述數字統計可得知，在香港居留日本人人數為 248 人，女性比男性多 72 人。明治二十二年末香港日本僑民人數為 243 人，其中女性 142 人，男性 101 人。對比這兩組資料，可知明治二十三年末日本僑民男性比前年度少 13 人，女性少 18 人，總數減少 31 人。也就是說，日本僑民人數年年增加，在此時卻意外地有所減少。

明治二十四年間主要的日本人商社列舉如下：

店名	四開樓	大高佐市	柳川分店	菅沼淺吉	戶田熊藏	西山由造	三井物產分店
業務內容	料理店	旅館	雜貨	雜貨	旅館	旅館及陶瓷	進出口
從業男性	3名	3名	2名	2名	4名	6名	6名
店名	日下部平二郎	惠良彥三郎	森田佐市	岡村留三郎	桑原長介	安藤公平	宮野芳次郎
業務內容	委託買賣	攝影師	理髮，咖啡館	檯球，咖啡館	檯球，咖啡	旅館	和服業
從業男性	2名	2名	1名	8名	2名	4名	5名

上述商社均是明治二十四年的，其中菅沼商店與柳川分店則是明治二十三年一月開業，四開樓是同年二月份開業的。

明治二十四年末日本業務內容男子的資料如下表所示。當然其中不免有遺漏。男子在總數 88 人中佔 60 人，所以即使有遺漏，也應該是極少數的。何況這 88 人中還包含有孩子。

旅館	裁縫店	旅館	旅館	旅館及陶瓷商	雜貨商	日下部商店	日下部商店	攝影學習人員	攝影學習人員	三井公司職員	三井辦事處主任	外務省留學生	外務書記員	副領事
大高佐市	戶田熊三	澤田清太郎	安藤公平	西山由造	菅沼淺吉	轟由治郎	北村安之助	中川圓次	山田嘉三郎	岡田玄良	福原榮太郎	天野恭太郎	豐島捨松	宮川久次郎

職業	姓名
三井公司職員	林昌雄
三井公司職員	拜司文之助
三井公司職員	辻子卯三郎
三井公司職員	檀勝三郎
攝影師	惠良彥太郎
理髮師	西山虎吉
理髮師	草野格馬
醫生	中原富三郎
旗昌洋行僱員	大橋忠基
和服料商人	大塚煉藏
和服料商人	小西常七
出租會場業	柳居長一郎
出租會場業	石橋益太郎
大高佐市弟	高野宇三郎
和服商	松原次三郎

職業	姓名	姓名
元旅館主	橫瀨要吉	高梨峰吉
料理店四開樓	田中伯三郎	阿部梅吉
檯球‧咖啡館	桑原長介	加藤征太郎
咖啡館	本田忠太郎	藤井市兵衛
烏冬麵店	西川宇之輔	早川初二郎
理髮店及咖啡館	森田佐市	金子常吉
理髮師	森元治郎	杉木德三
		平野專三郎
		西津真一
		松本高之助
		高間森之助
		進藤豐吉

　　兩年之後，即明治二十六年十月底主要的日本人商社列舉如
下：

　　三井物產　　福原榮太郎
　　日下部商店　北村安之助
　　惠良照相館　惠良彥太郎

筑紫洋行	世古樸介
宮野商店	宮野芳次郎
大高旅店	大高佐市
東洋館	橫瀨要吉
西山旅館	西山由造
福山咖啡	福山
桑島咖啡	桑原長介
片山咖啡	片山力造
四開樓	阿部
澤田飲食店	澤田清太郎
越智飲食店	越智

三井分店的店員還有岡田玄良、遠藤藤郎、檀勝三郎、田沼義三郎、內田精5人。築紫洋行的世古樸介是明治二十四年末從上海搬遷而來的，最初的名字為世古商店，明治二十六年改名為築紫洋行。

橫瀨要吉的東洋館於明治二十三年三月一日閉館，明治二十六年春再次開始營業。自明治二十三年以來在住的醫生中，中原富太郎因明治二十七年感染鼠疫而暴斃。其他如菅沼商店，加藤旅館，小西吳服店，戶田裁縫店等也都在此時關店停止營業。上述資料也可以清楚看出甲午戰爭之前在港日本人的地位很低，只有娘子軍發展勢力極強。當時在港日本人從事的正規商業活動中，能維持營業且保持發展的，除三井分店以外也僅有日下部商店一家。其他商店均好景不長，以失敗告終。惠良照相館一直延續到大正初年，經營了二十餘年。東洋館則營業至今。

三井分店與東洋館儘管期間有過中斷，但它們是現存日本人商社中最為古老的，擁有五十七八年的歷史。

明治三十四年的日本僑民

　　香港日本僑民的發展史大體也分為三個時期。第一期是甲午戰爭之前，第二期是甲午戰爭至明治末年，第三期為大正以後。第一期是創業時代，個體商店經營失敗；第二期為基礎時期，初現發展勢頭；第三期為鼎盛時期。明治三十四年，日本僑民活動逐步活躍，僅從人數上看，也比明治二十七年增多一倍，男性 197 人，女性 224 人，總計 421 人。

　　日本僑民按職業分類表記如下：

一、銀行公司貿易商

三井物產公司分社：男 41 人，女 2 人

日本郵船公司分社：男 9 人，女 6 人

橫濱正金銀行分行：男 9 人，女 6 人

東洋汽船公司辦事處：男 3 人，女 1 人

大阪商船公司辦事處：男 5 人，女 5 人

日下部商店（日森洋行）：男 3 人

二、攝影師

梅谷正人：男 10 人，女 3 人

惠良彥太郎：男 5 人，女 1 人

三、雜貨商

荒川忠昭：擺花街十八號

鄉原琴次郎：荷李活道二十號

鳴海莊作：灣仔海傍十四號

中澤吉太郎：柏洪行街市十一號（編者按：柏洪行街市即

Beaconfield market[1])

平田忠一：德忌利士街九號

四、雜貨行商

田中榮太郎：擺花街十八號

鹽古新三郎：擺花街十五號

石井音松：擺花街十五號

五、和服商

高野卯三郎：結志街十一號

大津萬藏：灣仔海傍十六號

六、點心商

安達寅太郎：洋船街十五號

1　文中提到的 Beaconfield market，現在已經不存在，不過從字面上乃可知道它是因柏洪行的位置而衍生的市場名稱。時人對柏洪行已不甚知曉，唯知拱北行（ Beaconsfield House）是位於香港中環皇后大道中 4 號，香港匯豐銀行總行大廈後面，是香港政府建築物，曾為政府新聞處辦公室所在地。其實柏拱行就是拱北行的前後倒置稱呼，也就是「比更士菲樓」（Beaconsfield House）的字源所在。19 世紀時期位於柏拱行以南的莊士敦樓（前法國外方傳道會大樓前身）於 1890 年更名為「比更士菲樓」後，華人一般將其稱為「拱北樓」，直至 1915 年被法國外方傳道會購入重建為止。1960 年代柏拱行重建為拱北行後，英文名稱由 Beaconsfield Arcade 改用 Beaconsfield House，與昔日的「比更士菲樓」同名。拱北行（Beaconsfield House），是在 1960 年 4 月 1 日，把舊柏拱行（Beaconsfield Arcade）拆卸後改建而成的。這座樓高 6 層的香港政府建築物，地下有皇家香港軍團（義勇軍）[The Royal Hong Kong Regiment（The Volunteers）] 的辦公室、舊花園道郵政局、油站及公廁等設施。樓上設有 3 個食堂，在 4 樓西部後面築有一天橋連接炮台裡。1963 年 6 月 8 日，政府新聞處由中區政府合署西座遷入拱北行，佔用最高兩層。1995 年 12 月，它與位於其東面的香港希爾頓酒店及花園道政府多層停車場一同被拆卸，重建成長江集團中心。

七、旅館

（兼糧食店）東洋館

橫瀨要吉：中環德輔道

（兼料理店）田中清造　擺花街十五號

澤田屋：澤田屋太郎　砵甸乍街三十二號

鶴屋：石崎增次郎　中環德輔道

四開樓：田中伯三郎　結志街十一號

八、料理店

（兼旅店）田中清造　擺花街十五號

清風樓　近藤富　德輔道五十五號

野村五郎：史丹利街四十四號

（西餐）石田盛泰　黃泥涌

九、刺青師

野間傳：皇后大道六十號

尾台良卿：皇后大道東五十四號

河原田力松：甲袋街六號

生田幸吉：皇后大道五十六號

十、理髮師

西山寅吉：荷李活道二十一號

北島久次郎：中環德輔道

黑木泰順：香港酒店內

德巖源之十：香港酒店內

巖崎要吉：擺花街十五號

增田利一郎：海傍十五號

十一、女梳頭匠

東 Yusu：洋船街十九號

蛭田 Kachi：澤田屋內

坊媼 縫紉店
今里　Tei：史丹頓街二十八號
酒井舍次郎：洋船街十七號
佐藤井　Kume：洋船街五號
田中井　Kane：海傍十四號
野崎□次郎：海傍十四號

十二、洗滌及漿洗
松崎甚三郎：擺花街十五號
森本當九郎：皇后大道東十八號

十三、色情業
中村　Shika（催女 11 人）結志街五號
山本　Hisa（催女 12 人）結志街七號
松本　Sada（催女 13 人）洋船街一號
矢田運造（催女 6 人）洋船街三號
奧田　Teru（催女 11 人）洋船街五號
今福　Hatsu（催女 8 人）洋船街九號
福永　Kiwa（催女 11 人）洋船街十一號
森　Kichi（催女 13 人）洋船街十三號
濱崎　Tomo（催女 8 人）洋船街十七號
池崎　Moto（催女 13 人）洋船街十九號
森田　Ie　　（催女 8 人）洋船街二十三號
稻本　Kikuno（催女 10 人）洋船街二十五號
出口（催女 8 人）洋船街二十七號
合計　13　催女 132 人

十四、其他
按摩　酒井音吉　山頂醫院內
口譯　大橋煉臟　威靈頓街五十一號
留學生　遠藤隆夫　砵甸乍街四十三號

留學生　原口聞一　田中旅館內

香港疫害最大的黑死病流行和北里、青山兩博士的功績

明治二十七年（1894 年）五月開始鼠疫肆虐香港，僅香港政府公佈的死於鼠疫的人數就達兩千多人。

令人恐懼的鼠疫於明治二十七年初開始在雲南、貴州、兩廣地區蔓延，五月份傳到香港。五六月份是香港鼠疫最為猖獗的時候，在這期間整個香港酷似一個活地獄。

明治二十九年香港再度發生鼠疫，不過程度不及明治二十七年的嚴重。明治三十四年的鼠疫卻比任何一次都要猛烈，根據政府方面的公佈，在這次鼠疫中死亡的人數達三千多人。

明治二十七年鼠疫初發的時候，大家還不了解什麼是鼠疫，只知道它是一種極為恐怖的病，一旦感染上就沒得救治。鼠疫的性質都沒弄清楚，就更不用說治療方法了。一度甚至連病名都無法確定，當時香港只稱其為 plague。

鼠疫在支那南部爆發初期，一般認為這種病疫是突發性的，但北里博士認為這種病原在很早以前就存在於亞洲與歐洲，只不過後來有段時間銷聲匿跡。因此很多人並不知曉這種疾病的存在，相關的研究就更不用說了。實際上，支那雲南地區每年都爆發這種疾病，而在明治二十七年，這種病原偶然蔓延到其他地方並在最後傳入香港。[2] 明治二十七年六月二十日香港總督寫給英國殖民大臣的病

2　鼠疫為一古老世界性瘟疫，本病病原菌為瘟疫耶氏桿菌（Yersinia pestis，簡稱鼠疫桿菌），屬於腸內菌科（Enterobacteriaceae），在有氧環境下可普遍滋生，亦可透過血液或其他血液製劑來促進生長。第一次鼠疫發生在六世

疫報告書中也是這樣描述這場鼠疫的。這份報告書也是北里博士來香港提出以上觀點之後寫出來的。很明顯，這份報告糾正了上一份報告關於鼠疫是突然襲來的說法。

正是在這個充滿恐怖的時候，北里與青山兩位博士來到香港，致力於鼠疫研究並完成了發現鼠疫的源頭這一項偉大的事業。

據推測，香港發現首例鼠疫病患是在明治二十七年五月的六日或是七日。此時廣東方面的鼠疫已經猖狂至極，香港廣東兩地交通頻繁，因此香港也難逃鼠疫肆虐的命運。市民們也因此惶惶不可終日。到五月六日、七日，病魔已經悄然而至。此時太平社的支那街已經有一些支那人死得十分蹊蹺。但是不知知情與否，當地支那人並沒有將這種情況上報給政府。兩三天後鼠疫登陸香港，但是政府與一般市民都不知道這件事的實情。

到了五月九日，太平社又出現蹊蹺死亡事件，人們競相奔走傳告，最後傳入英國報紙記者的耳朵裡。翌日五月十日的《每日日報》上就赫然刊登著支那方面鼠疫流行的實況。據報紙記載，支那人為向天祈福，禁止殺生，以祈求這場瘟疫早日退去。報紙還登載

紀由東羅馬帝國（埃及）開始，第二次鼠疫發生在十四世紀，造成歐洲近四分之一人口的死亡，第三次鼠疫陸續在 1860 年流行於中國，且在 1890 年傳播至香港，之後透過船上的老鼠將本病傳播至北美洲、南美洲、非洲與亞洲其他地區。鼠疫經由囓齒類動物身上跳蚤的叮咬而傳播給人或其他動物，人屬於偶然宿主與本病在自然界的循環無關。東方（印度）鼠蚤 Xenopsylla cheopis 被認為為傳統的病媒，人蚤（Pulex irritans）也可能帶菌。最常發生的傳播途徑為被帶菌的跳蚤咬，亦可藉由吸入肺鼠疫患者散播含有鼠疫桿菌的霧狀氣懸膠而感染，但是很少經由直接接觸病患（皮膚、黏膜傷口等）而感染。鼠疫的潛伏期通常少於一週，然而帶菌跳蚤的感染力可持續數天、數週甚至數個月。人類鼠疫的流行通常因為鼠類大量死亡後，造成鼠蚤離開鼠體到處尋找其他宿主所引起。

了當地棺材已不夠用，儘管人們已聽聞太平社也受到病魔的侵略，但政府方面仍不知情等內容。這恐怕是香港關於鼠疫的首例報導。報導如下：

　　廣東地區的鼠疫日發猖獗，目前其傳染路徑正從河南向佛山進發。

　　廣東地區已禁止殺生，前段時間是不允許殺豬，五月七日又向市民們下達了禁止殺魚的通告。

　　大街上行人手持香火沿路祈禱，晚上也照例，且家家戶戶均上香禱告。

　　當地的棺材已不夠用，從事葬禮的商家晝夜兼行辦理喪事。

　　香港也人心惶惶。據記者所知，這兩天內，太平社已有 40 人感染，其中還有一戶全家死去的慘事。

　　記者得知這個消息後速與政府戶籍局長見面，想確認實情，但局長說至今未接到類似的報告。

　　這篇報導刊登之後，政府立即著手調查，警員也全體出動，果然發現太平社有人患病，且正是鼠疫。政府馬上實施防疫措施，當日就頒佈了防疫條例。從五月十一日開始，香港就依據防疫條例採取了緊急防疫方法。

　　此時，休假八週正在日本旅遊的羅便臣總督也於五月十五日勿忙返回香港。

　　這一年的氣候也十分少見，從上年十月開始就沒下過雨，鼠疫就起因於這種不良氣候。市民每日向天祈雨，天氣卻遲遲不見好轉。五月十三日至十五日，羅馬天主教會舉行了為期三天的傍晚祈雨活動。到五月十六日，奇跡發生了，大雨驟然而下。市民們以為鼠疫應該會退去了，但其實這場雨水更加劇了患者的增加。

政府最先採取的措施是完善醫院設施。當時已經有國家醫院和東華醫院，但感染人數過多，一家醫院根本收容不下，因此增加了以下措施：

一、起用流動性的醫院船隻，這些船隻原本停靠在西點的近海面上，也僅能收容 70—80 人；

二、將堅尼地城員警署設置為國家醫院分院（後來北里、青山兩位博士進行研究的地方）；

三、堅尼地填埋地西端的獵颯灣建立大量棚屋；

四、後堅尼地城西部支那人經營的玻璃工廠用地上建臨時醫院。（最初屬於東華醫院管轄，後歸雅麗氏醫院管理）；

五、六月中旬開始在繩纜製造廠後面的屠宰場建醫院。

政府採取的第二條措施是防疫手段。警員在軍隊以及民間志士的配合下，每家每戶檢查支那人家庭，一旦發現病患不論病人意願如何全部送進醫院。另外用水泵從海裡抽水上來，疏通太平社的排水溝並進行大規模清掃。但支那人大多害怕被送進醫院。因為有傳聞說只要一進醫院就會被英國醫生用刀殺死。這無疑是當時對醫生進行解剖的誤解。支那人抵抗例行檢查的警員，甚至在政府部門工作的支那人都受到襲擊，但政府還是堅決實行其防疫手段。

病疫發生以來，病患一直在增加，到五月十二、十三日，每天患病人數為 15—20 名，五月末則增加到 70—80 名，六月五日前後甚至增加到 100 名。患病者的 80%—90% 死亡。資料表記如下：

日期	六月四日	六月五日	六月六日	六月七日
新患者	111	109	112	104
死亡人數	92	93	83	107

日期	六月八日	六月九日	六月十日	六月十一日
新患者	94	99	104	109
死亡人數	91	76	89	93

死者由汽艇「查理斯・梅」號（編者按：Charles May，即「渣路士咩」小輪船）運送到摩星嶺（Mount Davis）處埋葬。

死者起初全部是葬於山腳下，但隨著死亡人數增多，人們不得不將死者埋葬到山上去。苦工們要求提高運費，因此發起了罷工。運送的人手也不夠，英國人巡警也來幫手，將變黑發臭的屍體搬到汽艇上。病疫起初是發生在太平社這一塊，五月下旬迅速擴散到中環。甚至有支那人走著走著就應聲倒地死去。有些地方，例行檢查的巡查員起初以為是空房，走進去一看，一家五口正苦苦掙扎於病魔的侵襲之下。有些人早上還是好好的，傍晚也沒有一點病痛，但到晚上十點就突然死去。[3] 很多支那人認為纜車的使用破壞了山裡的清淨，鼠疫侵襲正是一種報應。當時在港支那人為 235,000 人，其中 1/3 的支那人慢慢逃回廣東避難。其中徒步走到汕頭卻不

3　文中對感染鼠疫者的徵象描述不多，其實患腺鼠疫（bubonic plague）的潛伏期為 2—7 天，通常病人皆有被跳蚤咬的病史。臨床症狀主要有發燒、肌肉痛、關節痛、頭痛、腹痛和虛弱，伴有疼痛性腹股溝淋巴結腫大。同時侵犯腋窩、頸部淋巴結，或幾個淋巴結鏈。周圍組織也會變成腫脹、皮膚表面常有明顯發熱、發紅。而被跳蚤咬的位置會以皮疹、膿或潰瘍呈現。有時潰瘍可能被焦痂（eschar）涵蓋。原發性敗血性鼠疫（septicemic plague）是無淋巴結腫大，敗血症進展快速，有寒顫、發燒、嚴重頭痛、噁心、嘔吐、譫妄，可能造成出血、休克、器官衰竭，嚴重時會在 48 小時內死亡。原發性肺鼠疫（pneumonic plague）的潛伏期通常 3—5 天，病患痰中常含大量鼠疫桿菌，具傳染性。其病程發展快速，並具高致命率。臨床表徵有寒冷、發燒、頭痛、肌肉痛、頭昏、眼花、咳嗽、胸痛、咳血、呼吸困難、呼吸衰竭。肺部變化程度輕重不一。

幸於途中發病死亡的人也不少。支那的炮艦開到西角，欲將支那人運到廣東，由此引發了大問題。外國人也試圖逃往日本。目的地方面極其恐懼鼠疫，因此對人及貨物的控制也極其嚴格。支那人越來越反感英國人。像《電台報》那樣，英文報紙也曾嘗試抨擊政府，但是羅便臣總督責令必須嚴格執行發佈的防疫措施。

如前所述，當時人們對鼠疫的性質以及治療方法都是認識甚少的。

五月二十八日的《每日日報》甚至報導鼠疫是不會傳染的。住進醫院的患者也僅有半數接受過治療。支那人排斥西醫，希望能用中醫方法治療。這其中肯定也有害怕解剖的原因，另一個方面也是因為經常傳聞說廣東方面的哪種藥物有效，某位名醫又醫治好了數千人。那時的支那人認為西醫很可笑，根本不把它放在眼裡。

連《電台報》也報導得救的患者人數達數千人等等，並大篇幅地介紹中藥。可見當時治療該病的難度很大。

香港政府允許採用中醫中藥進行治療，據《每日日報》報導，廣東方面極有成效的中醫治療法其實不過是煎煮某種草根，病人分時間段飲用這種草根水，同時對腹股溝部進行閹割處理。

由此可見香港正猶如活地獄一般。

香港鼠疫猖狂的消息傳到日本後不久，日本中央衛生會便派遣從事傳染病研究的北里博士，東京大學醫學部教授青山博士，以及海軍大軍醫石神博士（現大阪石神醫院院長的祖父）前往香港進行病理研究，隨行的還有木下、宮本兩名醫生及岡田秘書。一行準備妥當，六月五日搭乘橫濱出發的太平洋郵輪，六月十二日平安到達香港。

一行人到達香港的翌日，死亡人數已經達到 1,486 人。這是

政府方面發佈的資料。

　　到達香港後，北里博士等人迅速前往領事館訪問中川恆次郎領事，中川領事把他們介紹給香港政府後，香港政府委託他們援助病疫研究。

　　輔政司洛克哈特和衛生局長埃魯斯馬上接待了一行人，高度讚揚了他們不顧生命安全，遠道而來繼續研究的精神，強調了該項研究必將給香港政府以及市民帶來莫大的福音。國家醫院代理副院長勞森當時承擔著治療、病理研究以及政府防疫指揮的重任，他對北里一行的到來表示歡迎並對他們的研究項目予以了高度的期待。

　　一行人下榻於溫莎酒店。住在這家酒店的還有先於北里一行到香港，於越南西貢從事病理研究的巴斯德研究所（Pasteur Institute）的耶爾森博士。一行人自六月十四日開始，與耶爾森博士一道在堅尼地城國家醫院著手病理研究。北里一行一直在這個分院活動，耶爾森博士之後轉移到雅麗氏紀念分院（前述建於玻璃工廠上的醫院）

　　在此需提及的是，但是並沒有媒體報導一行人到香港，著手研究後的兩三日後，報紙上也僅有兩三行文字簡單提到來自日本的醫學家正在香港從事研究。與此相對，耶爾森博士則被大幅報導，英文報紙的記者甚至還訪問耶爾森博士，觀看了顯微鏡裡的內容並分次報導了他的研究成果。由此可見，北里一行剛到香港時並沒有引起足夠的注意，人們也並不關心。六月二十八日《電台報》簡單地介紹了北里博士的研究。

　　一行人每天從溫莎酒店到國家醫院分院默默埋頭研究。明治二十三年，在香港開業的中原富三郎醫師也加入研究小組，由此得力不少。六月十七日一行人從溫莎酒店搬到香港酒店。

六月二十三日青山博士例行解剖分析，手指不慎被手術刀劃傷。之後迅速消毒總算沒有生命危險，但誰也沒想到這後來成為青山博士的致命傷口。之後不久石神博士的手指也受了傷。

六月二十四日，國家醫院代理副院長勞森，私立醫院院長康得利，海軍軍醫倍尼，從寧波聘請來的毛利郎以及格魯拉克等各醫學者在奧斯丁山酒店宴請午餐，邀請的賓客有北里一行及中川領事，福井三井分店店長等人，宴會現場呈現出一派久違了的和氣融融的氣氛。二十八日北里一行人還禮，也在香港酒店款待了對方。期間，青山、石神兩博士的傷口並未惡化，二十八日的宴請會上各專家同志談笑風生，並約定各醫學者的研究發表會定於三十日在國家醫院召開。殊不知這次宴會的過程中，已經有苦難在等候著北里博士一行。

二十九日，在香港酒店靜養的青山、石神兩位博士突然發燒，北里博士極為震驚，為其進行診治，確診為鼠疫症狀。一行人均驚愕。這日傍晚時分，兩位博士即被送往西角海面上的醫療船上。

三十日香港酒店內兩位博士的居室進行了徹底消毒。報紙上報導鼠疫只要消毒就無事，根本不會傳染。但一行人為避免給酒店帶來麻煩，遂於二十九日離開了酒店。

被送往醫療船上的青山、石神兩位博士病情時刻都在惡化。

國家醫院代理勞森博士親自給兩位博士診治，又由寧波聘請而來的毛利郎以及私立醫院院長康得利診治，政府也特別為兩位博士配備了兩名英國護士。

三十日，兩位博士的病情進一步惡化，尤其是青山博士，已經到生命綫的邊緣了。北里博士一行痛心疾首，勞森等其他醫生

也都徹夜不眠，奮力救治，功夫不負有心人，青山博士有幸逃過一劫。如前所述，三十日專家醫生原本要舉辦研究發表會，因為兩位博士突然病倒，因此勞森發佈了停止會議通知。

七月一日至二日，兩位博士身體狀況稍有好轉，但並未脫離危險。

此前青山博士危篤的消息已經傳到皇宮了。七月三日，天皇下旨賜予青山博士四等勳章，旨文放置於青山博士枕邊。

兩博士還臥病醫療船上，殊不知更大的災難又悄然降臨在這一行人身上。北里博士一行到香港之後一直協助研究的醫生中原富三郎七月一日也覺身體不適。經迅速診斷，疑似鼠疫，即刻被送往國家醫院。七月三日中原氏被確診為鼠疫，即刻被送往醫療船。之後中原氏病情不斷惡化，夜間危篤，於四日早晨與世長辭。中原醫生的犧牲以及北里博士一行人的功績是日本人不可忘記的。

青山、石神博士病危，中原醫生犧牲，之前的報紙很少對北里博士一行人進行報導，但這之後幾乎每天都對兩博士的病情予以跟蹤報導，每一篇都表露了對博士早日康復的祈禱之心與同情之意。

其後幾天，青山、石神兩博士病情並未惡化，但七月八日青山博士再次病危，北里博士等人愁眉莫展。九日病危狀況仍未解除，十日《電台報》有以下報導：

今朝聽聞青山博士已經去世，幸好這不是事實。青山博士的病情牽動著每一個市民的心。青山博士終於擺脫了第二次生命危險。

青山博士脫離生命危險之後，病情迅速好轉，石神博士也逐漸恢復。這期間北里博士接到返國的命令。剛好青山、石神兩位博

士身體有所好轉，北里博士一人七月十九日與岡田一同出行離開了香港。

在這之前，天皇也聽聞青山博士等人境況不佳，在表示深切憂慮與親切關懷之餘，派遣宮廷醫生高田博士前往救治。高田博士搭乘七月十七日從橫濱出發的「悉尼號」郵輪，於二十四日到達香港。

經高田御醫診治後，兩位博士的病情迅速好轉，到了八月份基本上已痊癒。

在這裡不得不說明一下北里博士的功績。

北里、青山博士一行自六月十四日以來，在國家醫院分院孜孜不倦地進行病理研究。北里博士主要負責細菌學方面，青山博士主要從事解剖，負責病理方面研究。

當時的報紙等並未報導一行人的研究情況，但是六月十八日《電台報》刊登了北里博士發現細菌的事跡。六月二十三日青山博士手指受傷後一行人的行動逐漸在報紙上被報導。但是可以肯定的是，直到日清戰爭之前，日本的醫學在英國人看來都是不足掛齒的。北里博士在當時的地位如何也不得而知，也沒有人想去了解。直到七月十日北里博士發表了他的研究成果，這位偉大的細菌學學家才被報紙報導。六月十八日《電台報》報導了北里博士發現細菌的事跡之後，其他如《每日日報》與《支那郵報》也未見有進一步的報導。

其後，北里博士的發現被證實，六月二十七日《電台報》就對上述兩大報紙尤其是《支那郵報》予以諷刺：

北里博士經過研究發現了病疫細菌。我報於六月十八日最早報導了這一事跡，我報也是世界上最早對此事進行報導的報紙。

一直默默鑽研的北里博士在七月十日下午打破了以往的沉默，一鳴驚人。國家醫院召開了北里博士的研究發表會。這次發表會是一次表明日本醫學偉大業績的聚會。

　　總督羅便臣親自光臨，香港的醫生也全數出席，加上政府政要以及一般聽眾，高朋滿座，對北里博士的研究發表翹首以待。

　　在眾人的期待中，短頭髮，圓臉，柔和深邃的眼睛，有著一個大腦袋的北里博士終於出現在了發表會上，聽眾鼓掌歡迎。國家醫院代理院長勞森再次向聽眾介紹博士，博士撰寫的論文也由勞森代為宣讀，且加以說明。

　　論文宣讀完畢之後，北里博士將培養的鼠疫病菌放到顯微鏡下，讓聽眾實際觀察。

　　這個時候，博士的論文已經在七月十二日的《每日日報》上發表了，並在刊登該論文時對北里博士作了這番介紹：

　　北里博士是科赫博士最得意的門生，是冠絕世界的細菌學者，同時是一位救世主。日本政府在鼠疫肆掠香港初期，就往香港派遣了偉大的北里博士與目前還受傷臥病於醫療船的青山博士等卓越的醫學者從事細菌的研究。博士這次的發表是尚未完成的，但就疫病的發生原因即病菌的發現及其性質做了有趣味性且極具意義的探討。北里博士的論文篇幅很長，內容也極為專業，其概要如下：

　　北里博士於六月十四日開始研究，根據解剖結果，在病患的腹股溝部，肺，脾，肝內發現了病菌的存在。之後迅速將這些病菌在低溫中培養，接著從患者的手指提取血液，發現其中也有病菌。然後將這些病菌接種到小家鼠、天竺鼠、家兔身上，結果這些動物全部患病而亡。解剖這些動物的屍體，發現其血液中也存在病菌。小家鼠在病菌接種幾個小時後就出現病症，兩三天後死亡，其他動物病症也相差無幾，只是死期根據動物本身大小而有所差別，且其死因都是致命性的。目前正在對鴿子進行試驗，尚未得出結果。把這類病菌置於日光下暴曬，四個小時後就全部死掉，若是80度以上的溫度病菌細胞幾分鐘內就可以死亡。

以上試驗結果可以表明這種病疫是由一種病菌而引起的傳染病。博士的研究首次發現了鼠疫病菌，北里博士的名字也因此得以不朽。但病菌是在香港被發現，且在這個過程中，中原醫生的犧牲以及青山、石神兩博士九死一生的苦難等都是不容忘記的。

不可忘記的還有與北里博士同時從事病疫研究的法國人耶爾森博士，他也發現了鼠疫病菌。

耶爾森博士比北里一行先到香港少許，同樣從事病疫研究，他與北里博士兩人誰更先發現鼠疫病菌也不得而知，這種時間上的差異不足以追究。

因此作為鼠疫病菌發現者，醫學書上赫然印著北里博士與耶爾森博士兩人的名字。[4] 但一般書籍上只可看到耶爾森博士的名字，北里博士的名字就被遺漏了。

香港政府民政長官在十一月七日寄給中川領事的書信中，對北里博士一行冒著生命危險，為防疫做出了巨大貢獻的行為表示了

4　書上所指的北里博士，全名是北里柴三郎（1853—1931 年），乃日本的醫學家和細菌學家，長期在內務省衛生局供職。他出生於肥後國北里村，前後在當地的熊本醫學校和東京帝國大學醫學部接受教育。1885 年—1891 年間，師從柏林大學原細菌學權威羅伯特・科赫（Robert Koch）教授，並在 1889 年，與德國另一細菌學家埃米爾・阿道夫・馮・貝林（Emil Adolf von Behring）一起成功完成世界上最初的破傷風病菌的純粹培養。1894 年來港之時，法籍細菌專家亞歷山大・耶爾森（Alexandre Yersin，1863—1943 年），亦受政府和法國巴斯德研究所（Pasteur Institute）任命已先赴港，對鼠疫疫情進行調查。耶爾森的最大發現是導致疾病的病原體，這與數天前已確定相同細菌的北里研究很接近。但由於北里的初次報告有不明確和矛盾之處，耶爾森對芽孢桿菌，以及存在於嚙齒動物而轉輸在人類的疾病論點，仍然視為首先發佈者而得以命名。法國科學院在同一年，刊登他的同事埃米爾・度基里斯（Emile Duclaux）的經典論文《鼠疫在香港》（La Peste Bubonique A Hong Kong）（Pasteur, 8: 662—667），後世亦肯定了視他和北里二人為成功分離出鼠疫本病病原的功績。

衷心的感謝。書信內容如下：

　　北里、青山兩位博士在香港遭受鼠疫肆虐之際，為香港盡心竭力，奉總督之命，將詳情通報給閣下與貴國政府。
　　總督深深感謝兩位博士不懼危險從事病理研究，也對兩位博士精湛的醫術深表感佩。兩位博士的研究對防止鼠疫復發是極為有益的，這點是確信無疑的。

　　信件也介紹了北里博士一行從事研究的場所。如前所述，一行人原本在國家醫院分院，即現在的傳染病醫院從事研究。這家醫院位於堅尼地城電車終點站下車後往西走的一個山坡上。當時博士一行人將桌子搬到陽台上從事研究。
　　在本稿結束之際，為給各位有志者提供參考，現將本稿的參考資料列舉如下：（括弧內為資料所在處）

1. 香港英文報紙：電台報，支那郵報，每日日報（政府圖書館）

2. 領事館紀錄（資料很少）

3. Historical and stastical, Abstract of Hong Kong（領事館）

4. Versatile anstitute 1895 年年鑒（未參考）艾路臧博士論稿

5. 1894 年鼠疫報告書（商業會議所）

6. 1896 年鼠疫報告書德國軍醫毛里斯鮑爾稿（商業會議所）

7. 1903 年鼠疫報告書政府醫務官稿（商務會議所）

8. 1903 年西門博士香港鼠疫報告書（醫務局）

9. 1894 年鼠疫國家醫院代理勞森博士稿（醫務局）

10. 病疫報告書，政府醫務官威廉漢達稿（醫務局）

11. 政府議事錄（民政長官署）

結語

明治六年開始記述的本文，終於到明治二十二年的論述而完成。其後幾年主要僅記述了一些主要事項，而這些主要事項的論述也到明治二十七年為止。

至今為止，香港日本人的發展史大體可分為三個階段，第一階段截止到甲午中日戰爭爆發的明治二十七年。這是我寫至明治二十七年篇便擱筆的原因。

本稿講述的只是香港日本人發展史的第一個階段，第二階段、第三階段的歷史只有靠後人的努力來記述了。

之所以執筆此稿，只緣於領事館紀錄保存不妥善，數年之後只怕很多資料都無法判斷，因此出於保全資料的目的，集中收錄了明治初年香港日本僑民的相關紀錄。

本稿雖說收錄了香港日本人發展史第一階段的資料，但其內容也不見得齊全，還有很多亟待完善的地方。

我非常期待後人努力整理出第二期、第三期的資料，若本稿能在他們整理資料時有所幫助，將是我莫大的欣喜。

附 錄

明治十五、十六年的香港

老香港座談會（第 1 回）

出席者：木村修三氏（明治十五年來港）
櫻井鐵次郎氏（明治三十四年來港）
主持人：奧田乙治郎氏
紀錄者：野津記者

奧田：聽說木村先生在香港生活的時間最長，我想問一下
　　　當時香港的模樣，因為大概的紀錄都在我手頭上，所
　　　以想請木村先生講述一下在紀錄中留下深刻記憶的故
　　　事、以及紀錄以外關於當時所見所聞的有趣的故事。
　　　不好意思，請問木村先生今年貴庚？

木村：我是文久二年（1862 年）出生，今年 75 歲，剛好經過
　　　了文久、元治、慶應、明治、大正、昭和這六個年號。

櫻井：現在說起來還挺好笑的，木村先生七十幾歲的時候就
　　　說「大約從去年開始白頭髮就出來了，真失望呢」，真
　　　驚訝他如此有精神呢。

奧田：實在是太精神了，而且還來了香港呢。

木村：第一次來香港是明治十五年，還是尚較冷的春天的時

候，估算一下剛好是 54 年前，我 21 歲的時候。不用說是我一個人，坐著三菱的定期班輪「隅田丸」從神戶來的。當時三菱的定期輪班只有「新潟丸」和「隅田丸」這兩艘。

櫻井：您到香港幹什麼呢？

木村：我來到香港之後就在廣業商會工作。其實一開始沒有打算要來廣業商會，我本來是考慮從香港去美國的，只是在船上認識了日下部先生。雖然是個莽撞的傢伙也沒辦法，因為他問我說「加入我的廣業商會怎麼樣呢」，之後我還是答應了。然後一直都供職在廣業商會，直到明治十七年的春天才回了國。

奧田：原來是這樣啊。您曾呆過廣業商會這件事我已經聽說了，這件事之後再慢慢詢問。

1、香港街市

奧田：當時香港的街道是什麼樣子的呢？

木村：當時還沒有吊橋等設施，而是利用在岸邊上港，一上岸就來到了廣業商會。店舖坐落在威靈頓街道的雕木路的左側。那個時候這邊的街道還沒有完善，領事館也只是步行過去。我已經不記得了中環警察署是不是設立在這裡。因為街道無論何時都很小，在香港酒店前面的大馬路（現在的德輔道）馬上就成為了海岸街道，中環市場也因為海岸街道的關係，在香港酒店和西西里咖啡廳之間建成了一座兩層高的樓房。現在的白色客場（日本娛樂部樓下）裡設有銷售輪船票的辦

公室。雖然德輔道和現在一樣寬度，但是皇后大道更加狹窄，只有少數的馬車、黃包車、還有轎子，當然汽車是一輛也沒有。往返於九龍也可利用汽艇，大體都是小船。

奧田：當時的灣仔是怎樣的？

木村：中環和灣仔之間完全沒有住戶，來往於灣仔如果沒有警察的許可證（通行證）的話是不讓通行的。從原來的大佛向東零零散散地坐落著少數的歐美人的住房。現在的千歲館靠山附近地方一戶人家也沒有。因為在廣業商會工作的關係，我經常要到灣仔的馬洛蓮煤炭商那裡去。

櫻井：灣仔是什麼時候才有兩支煙囱呢？

木村：嗯，說起煙囱，當時只有造紙局遺跡和太古白糖工廠的煙囱。造紙局大概在現在的太古碼頭附近。當時我來的時候香港周邊連一個碼頭也沒有，只聽說在後面的香港仔才有。

奧田：說起那個造紙局還真有趣呢。雖然是花了 40 萬元才建成的，但是由於進行得不順利，在三年後的明治元年關閉了，並把鑄造機械在同年六月用六萬元賣給了日本大阪的造紙局。我前幾天聽葡萄牙一個 75 歲的老人說現在有名的葡萄牙人布拉加氏的祖父那個時候就是帶著機械離開的。

木村：而且，郵局在現在的香港酒店前面的畢打行。前面已經說過了的德輔道變成了海岸街道，於是道路從那個時候開始就變漂亮了。但是由於警察的力量還是很薄

弱，小偷不斷橫行。整個香港市分成了幾個警察區，在劃分的每個區設立了關口，夜晚的通行形成了通過必須出示通行證的稀奇情景。

奧田：九龍周邊是怎麼樣呢？

木村：九龍當時就有很多賭場。在骯髒的小街道上，當然沒有倉庫，而現在的水警則在水邊賭博。

櫻井：您當時住在中環的哪一邊呢？

木村：大概在領事館的甘蔗樹旁邊。

2、廣業商會

奧田：您剛剛說過，同船的日下部先生邀您到他的廣業商會去工作，當時日下部先生也在廣業商會嗎？

木村：日下部先生是從上海來的廣業商會香港支行的管理人。

奧田：日下部先生從明治十二年開始在香港就擁有自己的店了吧。

木村：是啊。當時日下部只是暫時待在上海，來到香港之後就有了自己的店。雖然廣業商會和買賣是不一樣的，但他看成是一樣的。

奧田：廣業商會裡還有宮川忠三郎和大石兩三兩個人吧。

木村：是的。宮川總是往返於內地（北海道），經常不在。大石兩三（鹿兒島縣人）主要待在店裡料理事情。女人的話，店裡一個也沒有。

奧田：聽說廣業商會還出售海產品呢。

木村：一個叫做笠野的人在經營海產品 —— 主要是北海道的鱈魚、海帶、鮭魚。

奧田：在剛才的話中，您是沒想過要去廣業商會的，明治十五年八月七號搬到海邊二十一號對吧。

木村：這個我記得。

奧田：紀錄寫著決定停止營業是明治十五年十月，不過十六年三月就重新營業了。

木村：重新營業是大石和日下部兩個人，之後我也暫時留下來了。廣業商會停止營業後日下部接收了這家店。因為是自己經營，所以就設立了日下部商店，也就是日森洋行。日下部死後這家店被安宅商會接收，店名還是日森洋行，之後變成了鈴木商店。關於日下部有一個有趣故事。雖然他是作為廣業商會的管理人來到香港，但是聽說他年輕的時候從大阪的和服店店主那裡偷拿了兩千塊逃到了上海，在上海學習英語等，之後才從上海來到香港的。在廣業商會事業有成的時候，他還特意把錢還給大阪。對方很高興他的成功沒有收他的錢。果然成功人士都有某些了不起的地方呢。

3、日本僑民

奧田：當時領事館在市民路七號，安藤領事和平部書記應該都在吧。

木村：領事館在現在的意大利教堂附近 —— 在上坡的左側的建築物相當壯觀。領事是安藤太郎氏和他的兒子謙太郎。對於平部書記沒什麼記憶，因為經常看到安藤領事，所以對他很熟悉。

奧田：三菱輪船在哪一邊呢？

木村：三菱輪船比起廣業商會在偏下手邊，是原來的辦事
　　　處。雖然我總是因為買賣的關係要來回奔走，可就是
　　　不記得那間小店的管理人是誰，還有是誰住在那裡。

奧田：紀錄裡寫著當時留在香港的日本人大約有一百人呢。

木村：是嘛？我記得最多也就七八十位吧。好像當時洋人和
　　　支那人的妾侍相當多呢。說起洋人的妾，俄羅斯的海
　　　軍提督的妻妾中有一位很有名的人，她就是稻佐的阿
　　　榮，當時就住在香港。

櫻井：阿榮就是那個在日俄戰爭中曾被懷疑是間諜被捕的
　　　人。她是一個比唐人阿吉還要有勢力，在九州享有盛
　　　名的綿羊（對給外國人做妾的女性的蔑稱）。

木村：阿榮和法國海軍士官的妾侍一起在現在的香上銀行
　　　對面的山崖上結婚成家，兩個人當時大概是二十六七
　　　歲。因為很漂亮，所以我們經常一有出去玩就順便去
　　　那裡。

奧田：我想請您說一下當時活躍在香港的所謂的娘子軍的樣
　　　子。

木村：說起娘子軍，就我所知只有兩間妓院，一間西式酒
　　　館 —— 位置大約在現在的史丹利街 —— 一間妓院有
　　　六七個女人，咖啡店也只有五六個人。我記得一個晚
　　　上是七元，但是她們不招待日本人，只招待洋人和印
　　　度人。如果是上等的日本人顧客也會秘密接待的，可
　　　對所有船員都不會接待的。有一間妓院的老闆似乎是
　　　一個叫做阿竹的人，另一間就不記得了。那個時候連
　　　一間像樣的旅館也沒有，就像那些船員旅館一樣還沒

有廚房。剛才說到的咖啡店也不是喝咖啡的地方，而是專門提供女人出賣自己的場所。沒有一個日本人住在灣仔。至於支那人，我記得在現在的中央劇院的太平山一帶都是穿著白色衣服的支那妓女。

奧田：當時的日本人過著什麼樣的生活？

木村：那個時候男的穿的都是西服，女的穿的都是和服。日本人當時在平常的生活也沒有什麼樂趣，只是無聊地過著日子，最多就是待在家裡下圍棋或是打花紙牌等。

奧田：那個時候日本的一元銀幣可以用嗎？

木村：相當多的一元銀幣都可以通用，當時香港的貨幣全部都是墨西哥元。物價很便宜，不過當時的支那餐館沒有現在這麼多，倒是有很多西餐店。吃快餐花上 25 仙就能吃得很飽。但是工資比起現在也是相當的少啊！

櫻井：支那料理店有哪些呢？

木村：有一家杏花樓，日本人一有什麼事就會聚集在那裡。

奧田：現在說起陶陶仙、金龍這樣的地方，在我所知的紀錄裡，寫著大山元帥明治十七年二月來香港的時候，就是在杏花樓裡吃的支那料理。而且，現在也在皇后大道的那家叫做洛興號的大傢具店，好像從那個時候就有了。有栖川宮親王在那裡買了一張紫檀的桌子。

櫻井：是嘛，真遺憾呢！住在那裡的父親最近去世了，他對於當時的事情很是了解呢。

奧田：當時的日本僑民好像住在三井分店、三菱輪船、廣業商會、日下部商店呢。除此之外，您記得有住在北村、增田雜貨店的嗎？

木村：我不記得了。

奧田：奧平、長崗佐助，還有綢布店的松內呢？

木村：我不知道。我不記得有在管理綢布店的人 —— 當時的店舖就只有剛剛說到的廣業、日下部、三菱、三井這幾家，連三井也只有店小夥計。其他的連一家像樣的店舖也沒有。

奧田：大橋忠基先生應該在的。這個人跟大琢煉藏是不是同一個人啊？

木村：如果紀錄寫著這個叫做大橋忠基曾經在旗昌洋行工作過的話，那跟大琢煉藏就是同一個人，可能是因為什麼事情把名字給改了吧。

奧田：您記得伊藤博文公在十五年三月二十一日到二十七日這一整個星期都在香港這件事嗎？

木村：不記得了。

奧田：那有栖川宮親王在去俄羅斯的途中來到香港，從二十五日一直待到二十九日這件事呢？

木村：這個我也不知道。

奧田：那您記得之前95歲高齡的錢野長勳侯作為意大利公使上東京向天皇請安，上任途中在明治十五年六月二十四日來到香港、還有在同年的三月十八日軍艦「筑波號」來到香港並在這住了九天、連閑院宮親王也在禮佛的途中從十月二十日到十四日都在香港遊玩。

木村：我真的是不記得了。

奧田：中法戰爭呢？

木村：這個我記得。據說當時還有福建的支那艦隊相當混亂

的評論出來呢。

櫻井：木村先生是什麼時候離開香港的呢？

木村：廣業商會關閉之後我就跟其他四個人一起留在了日下部商會。但是因為父親生病了就馬上回去了，大概在十七年的四月還是五月，天氣變熱之後我才回來的。一瞬間就滿兩年了，可能那個時候我就不想回去了，一直呆到今天。

奧田：回國的船呢？

木村：乘坐的是三菱的煤船，很有趣哦！從香港到家鄉的青森只花了 70 錢就到了。因為有來自香港的介紹信，坐三菱的煤船不用錢，而且從長崎到橫濱的「名古屋丸」、從橫濱到函館的「高千惠丸」也都是免費的。只有坐渡船從函館到青森這一程花了 70 錢。

奧田：真是謝謝您講了這麼多稀奇的事情給我們聽啊！

明治中期的香港

老香港座談會（第 2 回）

理髮店　草野格馬氏遺孀（明治二十七年來港）宮島德太郎氏（同年十二月）

野間 Hide 氏（同年）《香港日報》總經理　井手元一氏（四十一年三月）

櫻花商行　櫻井鐵次郎氏（三十四年來港）千歲館　關伊勢吉氏（四十二年四月六日）

竹田西服店　竹田直藏氏（同年五月二十五日）天祥洋行
守山　政吉氏（同年）

　　田中照相館　田中　富吉氏（四十年五月）主持人　奧田乙
治郎氏

　　平岡貞商店　平岡　貞氏（同年十一年十月）速記　野津記者

1、在港日僑陣容尚未完整

　奧田：真的很抱歉，在這麼炎熱的天氣裡讓大家跑這一趟。
　　　　其實把大家聚集在這裡主要是想了解一下過去香港的
　　　　樣子。因為接下來的計劃是根據我所提出的順序來講
　　　　述情況，所以想請大家參照當時的紀錄來講述以及紀
　　　　錄上沒有記載的各種有趣的往事。首先我想了解一下
　　　　最初來到香港那個年代的樣子。

　奧田：因為野間先生和草野先生是最早來到香港的，我想問
　　　　除了香港街道您們對明治二十七年到三十七八年的其
　　　　他事情還有沒有什麼印象？

　草野：我是二十七年到香港，大概住了三年就回日本了，所
　　　　以回到日本之後的事情我是不知道的。記得我最初來
　　　　的時候，日本人主要都是住在擺花街，不住在灣仔。
　　　　雖然香港酒店在現在的位置，但是前面都是海，而且
　　　　明治三十年香港的上海銀行的後面，就是現在銅像立
　　　　著的附近的正金銀行還是平房。當時的銀行只有正
　　　　金，我倒是不怎麼記得三井在哪一邊。有一間叫做日
　　　　下部的店，就是不記得它的位置。

　田中：日下部商店在包租銀行附近的老樓房裡面呢。

奧田：是啊，在皇后大道九號。

草野：我記得其他的連一家像樣的公司都沒有。之前說過我
　　　在這住了三年就回日本了，明治十七年後才回香港，
　　　第二次來了之後就在這住了二十年。阿豐（第二個兒
　　　子）8 歲的時候來的，現在已經 29 歲呢。

奧田：野間先生您記得嗎？

野間：當時只有十歲，不太記得。

奧田：那您記得明治二十四年的惠良先生、一名叫做天野的
　　　留學生、早崎 Kiku、轟由治良嗎？（讀出紀錄上的人
　　　名）

草野：轟是荒川雜貨店前身的前身。前身叫做高野。聽說
　　　Kiku 從香港去了新加坡。

櫻井：她家有一個很漂亮的女兒。（笑聲）野村經常帶我去她
　　　家，受到了很好的款待。

平岡：你受到什麼款待啊。（笑聲）

2、盡是田地和竹林的九龍

草野：戶田宿屋是長崎人，安藤也住在旅館。我想大高是松
　　　本（十郎）先生的姑母。小西常七是大阪人，他以前
　　　在新加坡賣過衣料。中原富三郎是醫生，中村雪小姐
　　　在經營妓院。柳長一郎在經營檯球店，本田忠八郎是
　　　長崎人，高野宇三郎就是剛才所說的荒川雜貨店的老
　　　闆，接手了轟先生的店。西川宇之輔先生在經營烏冬
　　　麵店——沒有牙齒，住在威靈頓街的。石橋益太郎好
　　　像是在三井做事的。森元次郎先生是理髮師，聽說他

之後去了西貢。

奧田：（繼續讀著紀錄上的人名）草野格馬先生呢？

野津：那個人是草野先生的主人呢。

關：所以對他應該很了解吧。（笑聲）

草野：不知道草野格馬可不行啊。（笑聲）

奧田：草野先生的老闆是什麼時候來香港呢？

草野：我記得是日清（甲午）戰爭之前的明治二十三年的時候。當時在香港酒店工作。

奧田：接下來想請竹田先生和櫻井先生講述一下明治三十四年、三十五年香港的模樣。櫻井先生明治三十四年第一次來香港，您能儘量說一下當時的街道的模樣嗎？

櫻井：我是最早來到九龍的。比起九龍現在的紅磡——在九龍碼頭的一邊，當時在田地和竹林裡稀稀落落的坐落著三四十間支那人的平房，從很遠的地方就可以看到水警署坐落在一座略高的山上。九龍碼頭在草地的中心，看到的時候我不禁想這真的是碼頭嗎？那裡有兩三輛黃包車，坐上黃包車經過九龍，沿著田間小道前進大約一公里就看見了日本玻璃工場的那一支煙囪。往右手邊，邊看平房邊走了幾十米，到處都是竹林，連一家住戶也沒有。在草屋旁邊拴著幾匹馬，這是印度兵營的一部分。再過去一公里，走過黃包車好不容易才通過的凹凸道路後，接著是現在的海防道。一邊望著林立的印度兵營和警察教堂，一邊左拐，所看到的那一帶都是海邊。周圍都是森林，水警署剛好就在海邊。那裡停著通向港島的渡船。渡船就像現在郵船

公司的小艇「鳩丸」那樣的大小，在船頭掛著寫著
「九龍碼頭」、染成黑色條紋的白旗。在船頭的兩端都
擺著一張四五個人坐的長凳，加上我一起的乘客也只
有三四個人，從碼頭回望九龍，連一個像家的房子都
沒有，只不過是坐落在山丘上的小棚子而已。而且海
岸邊的九龍倉庫就在現在的位置，全部都是平房，只
能看到兩條吊橋。因為我沒去過油麻地以及裡面的地
方，所以對那邊的事情不太清楚，但是好像連一條像
樣的路也沒有。當然外國人當時是不住在那裡的。[1]

3、港內當時也很是繁華

櫻井：在油麻地看到了一個大桶 —— 我想那個是瓦斯氣
罐 —— 在它的稍前邊有船塢，有兩個巨大的平台，一
問才知道這個是國際大船塢。而且從渡船上看香港的

1　九龍的最初碼頭，本為連接九龍寨城至龍津亭的龍津石橋，這條由花崗
石砌成的棧橋建於 1873 年，1875 年完工落成，全長 200 米，寬 2.6 米，分
為南、北兩段，可謂當時全港最長和最堅固的石碼頭。其橋柱共 21 條，後
因海泥淤積，1892 年以木材加建至 300 米，橋頭作丁字形。1898 年，中英
兩國簽訂《展拓香港界址專條》，英國租借新界九十九年，清國官員仍駐守
九龍寨城，而龍津橋則留與清國官民使用。是年 5 月 16 日，英軍旋即以新
界鄉民抗英為由，出兵攻佔深圳墟及九龍寨城，將大鵬協副將、九龍巡檢及
大鵬協左營部隊趕出九龍寨城，清國官員和兵船從此失去龍津石橋的使用
權。踏入 20 世紀初，石橋因九龍寨城荒廢而失修破毀，而在紅磡九龍倉的
新興碼頭，隨著港島商行貿易的推拓，加上 1887 年廣東道的初成而得以發
展迅速。九龍倉碼頭是香港開埠初期的貨倉碼頭，由保羅．遮打先生成立的
香港九龍碼頭及貨倉有限公司 (今九龍倉集團) 與怡和洋行於 1886 年設立，
位於九龍尖沙咀西部海旁，為當時九龍規模最大的碼頭。文中所描述的九龍
碼頭，應為初置的情況，碼頭與道路配套還有待改善。

樣子，大約只能看見現在的四分之一的住戶。旗艦「添馬號」上飄揚著司令官旗，停泊在灣仔海面上，之後才聽說這艘軍艦是明治維新以前，炮擊鹿兒島後丟棄錨逃出來的軍艦。在港內停泊著許多的遠洋航船，數量我不太記得，但還是沒有現在這麼多。而且還有很多舢板和漁船，油麻地的海岸邊也有很多住戶。聽說那裡的數目至少也有接近一萬，小蒸汽機船也很少，在油麻地的海面上三支桅杆、四支桅杆的大型帆船有四五艘卸了錨，各國小型的軍艦從那時開始就已經停泊在那裡了。我不太記得當時渡船到海岸邊的是不是現在的郵局附近。那一帶都是填海地，所以都是草地。香港酒店在正面的左邊，然後從那裡朝山那邊筆直走過去，路上兩邊種著榕樹，那條路叫畢打街，路盡頭處有一個很大的鐘台，支那人把它叫作大鐘樓。右手邊是郵局，然後是法院，法院對面的雲咸街是一條花街，大概在街中間的兩旁有人在賣花。領事館在雲咸街和威靈頓街的角落，也就是在現在的支那郵報對面的二樓。

奧田：政府大樓在哪一邊呢？

櫻井：我不記得了。野間你記得嗎？

野間：我也不太記得了。

櫻井：而且拐過威靈頓街來到砵甸乍街，然後就走進了野村料理店。（笑聲）

草野：然後就被脫光了！（笑聲）

櫻井：那間店在角落裡，真的是一間很小的料理店。剛進去

一看，只有兩張榻榻米。雖然被帶進了連頭都快要碰到天花板的中間二樓，但是不可思議的是，即使是那麼小的一間料理店卻沒有把我們和公司的總經理差別對待，能讓我們愉快地度過，還讓我們盡情玩耍。除了那裡也沒有別的像樣的料理店，只能在那裡得到滿足了。那裡經常有很多美女出入。她們是居住在史丹利街、閣麟街、結志街的支那人、日本人和歐美人妓女的其中一部分。雖然我不記得有多少家，但是大概有十家左右。當時在結志街六號和七號的日本人就有兩間。我們把她們叫作香檳女郎。比起灣仔，這裡的女人屬於高級的，之後相對於灣仔那裡，把她們稱為「貴族院」和「會社員」等等。因為我還很年輕，所以很受兩邊的寵愛。（笑聲）

奧田：那個時候您幾歲啊？

櫻井：24 歲吧。

眾人同聲：那肯定很受歡迎。

4、扣著枷鎖的囚犯暴曬在大道上

櫻井：而且料理店裡什麼也沒有。一家叫作西川的烏冬麵在威靈頓街，招牌沒有掛出來，從支那人式的門可以看出這不是日本人的店。也有六七個女的，我在那裡有試過連喝了三箱啤酒。比利街有一家叫作佐伯的咖啡店，這裡也住著一個女人。

草野：在那樣的地方是不能開咖啡店之類的店的，那段時間引得議論紛紛，後來就被趕走了。

櫻井：而且只是招待外國人，不招待日本人，進不去的。拐過彎後就是荷李活道警察局角落的十二號，令人吃驚的是看到一個法國女人站在警察局的門前 —— 因為警察可以從後面很清楚地看見。雜貨店的話是富士由洋行，在現在的德忌利士街的平岡商店的下面。鄉原先生也住在荷李活道。

草野：鄉原先生已經從閣麟街往上搬了。我至今仍記得有一天久先生（東京庵栖原氏）邊走邊從樓下往上看，我便問他是不是要找日本人，他說我沒有問你就跑了。

櫻井：我聽說過高野先生曾住過那裡，但是那個時候都在找女人所以不記得了。中澤先生在現在的香上銀行前面經營一家店，那裡還有惠良照相館。

平岡：那個時候惠良在灣仔吧。

櫻井：是啊。梅谷照相館在皇后大道八號。野間的店在皇后大道六十號。門前掛著漂亮的雕刻招牌，因為很多日本人都沒有家所以大家都受到了野間店的照顧，成為很多日本人常去的地方。日本的店舖也就大概那個樣子。支那餐館的杏花樓在皇后大道，就是現在的上環街的稍前面，已經變成了日本人的所去之地。水坑口有支那人的妓院，從那裡再走過去就是太平山公園，我去過那裡玩過，但是往西邊走就沒去過了。聽說灣仔有兩間日本人經營的妓院，可是我沒去過。住戶大都是石砌的平房，看到過鴉片等東西被放入大鍋裡面，然後用大勺子攪拌。賽馬場也從那個時候就有了，就是沒有像現在這麼氣派，到了賽馬的當天，就

會有用竹柱搭建起來賣馬券的攤位出現，所有的支那人的賭博都是公開進行的。交通工具除了黃包車和轎子也沒有其他的了。在路旁可以看到暴曬在太陽底下扣著枷鎖的囚犯。那個囚犯坐了下來，頭上掛著大約兩呎的木板，木板上寫著他的罪狀，他被暴曬在犯罪場所附近，旁邊有警察巡邏。支那婦女往來都是坐轎子，轎子的四面都用竹簾包圍著看不到外面，即使是好天氣也肯定會打傘之後才走，年輕的特別是上流階級的婦女絕不會一人獨行。

5、當時的物價是現在的一半以下

櫻井：記得當時的物價還沒到現在的一半。香蕉是一仙七根左右，從海岸坐轎子到中央警察署是十仙，到博恩路散步也不用超過二十仙，苦力也只要二十仙就很滿足了，收據的印花稅也只要兩仙，開始我在擺花街的樓下租的房子是三十元，二樓是十六元，現在已經漲到它的兩倍以上了。

草野：牛肉等是十幾仙，剛好是現在的三分之一。

櫻井：女人有三元、五元、十元之分，因為不知道這個每次都付了五元。——有五個醫生在羅便臣道和堅道之間的西摩台開業行醫。大澤商會的秋本開始經營日本洗衣店，現在這家店留下來了，是僅有的紀念物。

守山：薄扶林的前面有清澈的水流過，就是用那個水洗衣服的吧。

平岡：我們來的那會水還是很充沛的，現在已經很少了。

櫻井：從現在的灣仔街市到 Methodist 教堂，往山上的方向去
都有流水。山上有觀音供人拜祭，很多日本人都去那
裡祭拜，那裡當時是洗衣服的地方。另外，賽馬場後
面和馬禮遜大樓附近都有洗衣服的地方。這個時候如
果有中澤和松本兩位前輩在場，肯定能聽到很多有趣
的故事，真是太遺憾了。

草野：中澤先生真厲害呢。他是自己做飯吃，從英語學校畢
業的。

奧田：當時藝妓怎麼樣呢？

櫻井：藝妓初次來香港是明治三十九年，是從門司帶來的，
當時給藝妓的酬金是我決定的。

井手：紀錄顯示，藝妓的到來已經是很久之前的事了。

關：那個時候櫻井先生對於酬金是怎樣規定的？

櫻井：酬金分兩元和一元五十仙。

關：跟現在不一樣呢。

櫻井：那個時候雖然一直有遵守規則，但後來關先生漲價了
呢。（笑聲）

竹田：我覺得沒有人像櫻井那麼努力工作。早上早起去打
水，然後洗衣服，相當努力呢。

奧田：我們換一下話題吧。那個時候有電影嗎？

田中：那個時候的電影院在英皇道（King's Road）的後面，
就像白兔的房屋一樣小，僅此一家。

奧田：平岡先生您當時是不是總是穿著中式服裝還綁辮子啊？

平岡：是啊。堀內和原喧嘩忽兵衛在櫻井店裡工作的時候，
每次我經過他們店門口，堀內就會問我是日本人還是

支那人。

草野：而且當時日清戰爭發生的時候，一旦有日本的女人在
街上走著，支那人的小孩就會突然抓住她們的胸部等
等，很不像話。

6、小學的學生只有四人

奧田：野間先生您記得明治三十五年開始到三十七八年的街
道的模樣和日常生活以及上學那段時間的事情嗎？

野間：當時還沒有日本人的小學，只是本願寺的高田先生（香
港最早的和尚）在教書。盡是教日本外史、孟子這些
很難的東西。當時的寺廟在山邊台。

奧田：小學是怎樣設立的？

竹田：落本和尚在東洋館的二樓用一張桌子和六把椅子就開
始給我們上課了。學生除了我還有東京酒店的一個人
和荒川以及另一個人，一共只有四個人。

守山：之後就搬到現在的灣仔電車公司。

櫻井：記得當時是慈善會在營運的。

守山：因為人數不夠，除了口羽先生和飯田和尚，還僱傭了
從台灣來的兼課教師，一共三個人授課。

平岡：然後地點又換到馬島醫院旁邊，之後又搬到了牛奶公
司（Dairy Farm）的附近，買了現在的堅尼地道的地塊。

奧田：您記得從明治三十七八年開始那四十年關於領事館的
事情嗎？

竹田：官舍從三十七年前開始就在東勝洋行住宅裡。

守山：然後有了一個叫做杉山常高的人，這個人是三十六年

作為農商務省第一次的實業練習生被派遣到香港和廣東的。他是三十八年監視著第三艦隊（波羅的海）從西貢進入到金蘭灣然後就回去的人。他詳細地報告了船隻的數量和煤炭的堆積的情況，直到大正五六年他跟法國的妾侍在廣東沙面同居。聽說那個女人也因為功勞得到了……，但是杉山的功勞世人卻不太清楚。[2]

竹田：那個時候野間領事是鹿兒島人，三十七年那年顯得憂心忡忡，當時我是西服學徒經常出入那裡，所以很清楚。當時德永書記官因為嚴重的神經衰弱在二月二十五六日在東洋館的二樓用刀子割喉自殺了，領事也因為戰爭很忙，連午飯也待在香港酒店。在那裡經常見面的俄羅斯領事說應該是俄國這邊贏吧，野間領事就說還不知道哪一邊會贏呢。不久波羅的海艦隊就全被消滅了，從那以後俄羅斯的領事再也沒來過了。之後為了慶祝波羅的海艦隊的消滅，全灣仔的日本僑民都借了小艇拍打石油罐和大鼓。全部人都假扮成各

2　金蘭灣是越南東南部重要軍港、海軍基地。在富慶省南部海岸。港灣深入內陸 17 公里，由兩個半島合抱成葫蘆形的內外兩個海灣，內港金蘭，面積 60 平方公里，水深 1—15 米，灣口僅寬 1,300 米，外港平巴，水深 10—22 米，灣口寬約 4,000 米，口外水深 30 米以上。水深可停泊航空母艦，被認為是世界上最好的深水港之一，它同時位於溝通太平洋和印度洋的重要水路上，具有極其重要的戰略價值。日俄戰爭爆發初期，日本攻佔俄國在中國的旅順海軍，為防止波羅的海艦隊繞過法屬印度清國向東北方面增援，並準確估計俄國艦隊下一步軍事動靜，事前派遣了日本人員於華南至越南收集敵方情報。文中提到的日本商務省實習生杉山常高，應屬於這類派遣目的來到西貢。由於日本準確掌握俄國遠東艦隊的軍情及航路，加上司令官東鄉平八郎戰術部署得宜，終於在對馬海峽全殲敵軍。

種模樣，穿著裝飾在平田等店裡的鎧甲出遊，費用都是由灣仔方面捐贈的，大家在昂船洲（Stonecutter）前面的沙灘進行了相撲和其他助興的活動。之後野間領事把官民共同的天長節慶典定在十一月三日，且租借了市民會堂舉行。野間 Hide 的父親也去了，還給振袖寫字。

7、上城區和下城區的不和

竹田：因餘興活動而引起了下城區和上城區的紛爭，鄉原從領事那裡得到了 40 元，但大家都說要還回去，還籌集了 500 元的捐助金，在名園舉行了只有灣仔僑民的慶祝會。從那個時候開始下城區上城區始終不和。下一任的田中領事時期也沒發生什麼大事，倒是船津領事任內發生了打架事件。這件事井手先生很清楚吧。

井手：我不知道啊。

竹田：下城區全體僑民聚集在一起，想要款待練習艦隊的幕僚。於是派遣為大阪朝日當通信員的慈善會書記八木作為使者去了軍艦，但是可能是因為船津領事剛剛上任不久，對事情不太了解，就告訴軍艦那邊說還是盡可能不要只接受下城區的招待。[3] 八木聽到這個之後就急

3　關於「上城區」與「下城區」之間齟齬的有趣課題，應值得日後更深入探討。香港自有「四環九約」，上環地方連接中環，與下環的灣仔、西環，在商業活動上已呈現一定的差距，地域上的社群凝聚觀念應愈形濃厚。香港開埠之初，質樸如日常的街市都分作上市（Upper Bazaar，或中市 Middle Bazaar）和下市（Lower Bazaar），上市就在今日的嘉咸街一帶，下市則位處今日蘇杭街和文咸街一帶。文中的下城區（日文原作「下町」）具體所指，

忙要大家集合，然後複述了上面的話。就在那之前，
「千歲號」軍艦入港的時候下城區已經送過慰問袋，並
已經寫在領事館的紀錄裡，所以他們商定好不再進行
招待，軍艦在港的時候不管領事館打什麼電話來都回
說不能舉行招待。當時領事館在法國銀行的二樓，領
事給我打電話之後，我就跟本田平十先生一起去看，
荒川、橫瀨和鄉原也來了。不知道發生什麼事了，井
手先生（當時領事館館員）說大家都到齊後，領事臉
色很難看並說大家如果對他有什麼誤解就請都提出
來。大家說沒有。他就說不要藏在心裡都說出來。橫
瀨就提出領事說過讓練習艦不要和下城區的人來往，
所以希望以後什麼事都不要跟我們商量。領事回答說
他沒有講過那些愚蠢的話。一聽這個，旁邊的八木就
說領事就是那樣說了。荒川也揭露說領事給軍艦送去
了香蕉，並且說青顏色的東西不可以吃，所以軍艦的
人都把它扔掉了。於是領事就只能照直說因為他是剛
來的什麼都不知道，請大家幫幫他。於是他召開了第
一次的懇談會，並在陶園舉行了成立儀式。但是當時
三浦和領事因為會議名稱的事情也發生了爭論，不過
在松島先生的和解下決定起名為「懇談會」。這是明治
四十一年的事情。成員只限於個人商店的日僑。從那

應該包括歡迎軍艦進港，兼有新妓院業務的灣仔日本僑民，此一地理概念與
下環的分野頗相接近。也就是說，前期以中上環為經營活動的日本人，因著
商業的激烈競爭，逐漸由原地擴展遷移至灣仔地區，逐漸形成了新據點，相
互之間並因時間先後，或因商業較量，須由領事館加以平衡協調。

時以來，船津先生每到年末或是新年等時候就會致力
於下城區和上城區的和睦共處。無論是誰都能跟他愉
快地合作。據說灣仔的妓院女子的形象不太好，他就
經常去妓院儘量矯正她們的衣著等等。

櫻井：迄今為止的領事當中船津先生是最親民的。

8、三十八年日本俱樂部的初次成立

奧田：日本的俱樂部是什麼時候產生的？

守山：日本俱樂部的由來是明治三十一年大谷光瑞先生來港
的時候，捐贈了 500 元的設立資金，可是沒有利用的
機會就那樣過去了，等到三十六年才組織了日本人的
網球俱樂部，並命名為大和會。這就是日本俱樂部的
起源。最初就只有軟球，到了三十七年六月購進了一
台檯球桌，還在花市場的樓上租了房子。俱樂部除了
戶外活動以外還配備有象棋、將棋和雜誌等，每個月
從各家公司得到十元的補助。第二年也就是三十八年
八月初才命名為日本俱樂部。三十九年四月一日在雪
廠街四號設立了俱樂部。當時發行了無利息的 1,290
元債券充當資金，四十年一月開始會員交納的維持會
費升至 30 元左右，而所欠的債務到三月就償還到一
半，到十一月已經全部還清。紀錄也提到，在這一年
三月首次僱傭了松原治三郎氏來管理酒吧和飯堂，
十二月還僱傭了專任的書記員。

奧田：日本俱樂部和下城區的對立關係到幾時為止？

平岡：在我的記憶裡，當時練習艦隊來了之後在銅鑼灣舉

行運動會，那時有印度人的警察，把日本人全都趕走了，所以大家都很生氣。

田中：最初加入俱樂部的個人商店是梅谷，因為大家都知道的假鈔事件令下城區的形象變得越來越糟糕了。

守山：而且公司數量的漸漸變少和經營的不善使得下城區近年也逐漸能夠加入俱樂部了。

奧田：這次想要你們對於現在日本人的墓地以外還有日本人的墓地這件事談談。

平岡：在薄扶林的東華醫院的華僑棺材安放地的上面大約到二十年前為止有很多日本人的墓，現在卻一個也沒有。原來也有日本式的墓，還刻著名字的，卻不知道被搬到哪了。在堅尼地城電車綫路的稍前方海岸邊的山上都有很多有年號和號碼的墳墓，現在好像也被拆除了。

草野：我想那裡的墓是埋葬著當時死於黑死病的人們。

櫻井：我也聽說西邊有日本人的墓，可是我沒去過。聽說死人都被丟在山裡面了。

奧田：鼠疫在明治二十七年、二十九年和三十四年發生了三次，可能是那個時候被丟棄的病死者。草野先生您記得二十七年鼠疫流行的時候北里博士和青山博士五個人從日本來港這件事嗎？

草野：我是那之後才來的。

奧田：不管怎樣如果現在的日本人墓地以外還有日本人的墓地的話，把它們找出來供奉是我們日本人的義務啊。

9、1918 年賽馬場的慘劇

奧田：我想你們就 1918 年 2 月 26 日賽馬場的慘劇說說看。

竹田：當時慈善會正在現場賣馬券，所以出現了很多日本人死傷者。

守山：從葡萄牙人小屋的廚房開始著火然後蔓延開來。

櫻井：看台也沒有現在這麼完備，而是極其簡陋的小屋。根據投標開設了日本人、支那人、葡萄牙人的馬券賣場，只有那一年不允許把柱子打入土地裡，一兩百米連續著的小屋有建成兩層三層的，最下面就是賣馬券的賣場。人多的時候根本買不到入場券。

守山：那個時候的火災一共死了 600 人，其中日本人是 22 人，這是日本人勇敢搶救才把死傷人數控制到最少的。

井手：有一個西角的藝妓，赤裸著身子從小屋跑出去了，但因感到羞恥就又投身於火海被燒死了。

奧田：《香港日報》是什麼時候開始發行的？

井手：《香港日報》是明治四十一年九月一日創刊的，那是出自船津領事的主意，趁著松島宗衛氏來港視察的機會籌辦起來的。最初是在中央市場東邊的印刷廠的三樓，就在那家印刷廠印刷報紙。

奧田：職員呢？

井手：松島氏和松田，還有我也在那裡。

奧田：井手先生是什麼時候去那裡的呢？

井手：是什麼時候呢，之後報社搬到了花市場前面的德里農場附近，然後又搬到莫里森道五十六號，之後就一直在這裡，我接受這份工作是在大正十年十月。

奧田：《南支那新報》呢？

野津：大正十年五月創刊的，不過僅過了兩年半就在十二年九
　　　月的大地震後停刊了。（草野的遺孀和野間 Hide 離席）

奧田：從明治三十四五年到四十年左右的日僑情況是怎麼樣
　　　的呢？

10、日僑的飯館、旅館、紋身師

櫻井：談到那個時候的料理店清風樓的前身，在俗話說七彎
　　　半的電車道的近山處那邊，後來又搬到海岸路。還有
　　　野村、四開樓、德島館、二見，還有灣仔的常盤亭，
　　　佐野的哥哥經營的住之家等等。野村是最大型的，其
　　　次是清風樓，好像其他的都是不起眼的店。

竹田：旅館最先是從東洋館開始的吧。

櫻井：其前身好像是咖啡店。

奧田：好像也兼營寄宿旅館的。

竹田：另外，在海岸路還有田中、鶴屋、澤田屋這些店。它
　　　們都是蛇頭的旅館，之後過了幾年直到三十八年或是
　　　三十九年作為去周四島移民的人們的旅館，出現了松
　　　原旅館。香上銀行的假幣事件發生後，鶴屋受到牽連
　　　而停業了。之後其他的蛇頭旅館業也慢慢地消失了。

守山：我是四十二年來的，那個時候只有清風樓、松原、野
　　　村這些店。

田中：那個時代灣仔有叫作和井田的。

竹田：有，那個剛開始是由開理髮店的木村在經營的。

奧田：有關旅館就談到這裡吧。根據紀錄當時的紋身店好像

很多，那紋身店的起源是什麼？

竹田：最初是日本人為了招待俄羅斯軍艦的士官顧客所設的。當時能付出三四百元的客人有很多，紋身師也沒有外國人，都是日本人。

櫻井：作為紋身師恐怕野間先生是鼻祖吧。

守山：另外還有灣仔的生田和梅本等人。

奧田：如果收取這麼高的費用，大家都相當有錢吧。

守山：對啊，大家都很有錢。

奧田：看了三十四年的名冊，裡面載有野間、尾台、河原和生田等人。

竹田：這幾個人當中，生田還在世。

奧田：這次終於要講到娘子軍的話題了。請把這方面概括一下吧。

竹田：先聊一下蛇頭這一方面吧。

11、非常之不人道的蛇頭內幕

竹田：大多數的蛇頭把女人從日本帶出來的時候都不說是去香港，而是漢口。如果說是漢口女人就一定會跟著來。因為想著如果是漢口一天就能夠到達，可是等到大家來了之後一看才知道是香港。這時可以想像那些女人抱怨的樣子。這些女人晚上首先被送到澤田或者是鶴屋，然後還叫她們換穿和服。有從西貢和海防那邊來買妓女的男人，本來是 200 元或是 150 元，好看一點是 300 元，很便宜的，可是蛇頭提價來賣。交易完成後就是賭局在等待著蛇頭們，他們的錢輸掉

之後，最終也只能落到僅拿到旅費回去日本的下場。但是，那些被捉拿到官府的女人卻是罕見的悲慘，隈部書記官那個時候發生的事情。有一次，從 Break via 號抓來的一群偷渡女人上岸，前面有四個支那人的警察，兩邊還有六個印度人的警察護衛，女人都裸著腳蒙著臉，十八個捆著細帶背著袋子的女人像珠鏈一樣被連環繫著，隈部書記也跟在後面把她們押送到了中央警署。聽說是坐著煤船從三池來的，蛇頭和船員勾結一起設法把那些原來要幫船裝煤的女人帶了過來。在我看來這是最丟人的事情。然後過了兩年左右我家裡突然跑來了一個二十六七歲的女人。她說一定要幫幫她，我問為什麼，她說她在三池的時候因為要趕去到丈夫所在的若松那裡，問了碼頭的人，碼頭的人跟她說如果是這樣的話剛好有一艘漂亮的船可以搭乘去，她就上了那艘船，沒想到剛上船就被人推進了煤倉，然後就那樣被帶到香港來，並且被賣到十四號的春江的家裡，在向女傭求助之後被告知如果想要回去就去找竹田先生，所以她就來了。我問她是否想回國，她說想並且請一定要幫忙。然後我讓她今天晚上先回去並答應對方可以當妓女以讓對方放心，然後明天早上 9 點去領事館。最後那個女人在領事館的安排下回去了日本。

竹田：還有一次是一個女的反過來騙了蛇頭的有趣的故事。她是從神戶來的，她到了安達的家，說她可以去任何地方工作請他們帶她走。但是那個女的在寫證書和蓋

印的是時候一直都很沉默，拿了錢之後卻只是給了蛇頭 70 元，把剩下的錢收起來了，還說謝謝照顧了，蛇頭說沒有那樣的做法，她卻說她這只是從主人那裡借的錢要寄到父母那裡去的，就給了蛇頭一點的謝禮，辦事很麻利。蛇頭最終也只有無可奈何，而那個女的很有人氣，後來得到了很多財富，賺了三年錢帶著四個大箱子凱旋而歸了。——就像當時貴族院的人那樣經常穿著金色的衣領，在前面綁著很大的腰帶的那個花魁的樣子。

平岡：聽說在偷渡途中也有死在煤船上的呢。

竹田：有很多呢。我問過蛇頭他們做那樣的買賣是否有意思，他們說當然很擔心，曾被神戶的水上警署叫做蚊子。他們真的是吸活血的蚊子啊。那些吸來的錢在香港就被賭局騙走了，難怪香港這麼繁榮啊。

奧田：另外，有關洋妾的有趣故事呢？

竹田：有人捶了女人的背而丟了五元哦。

櫻井：不是，是女人幫我捶了背。（笑聲）——鳴海正策的老婆濱拍了一下我的後背叫我去她家做客。剛好有警察看見，不知道怎樣把我誤會了，硬要把我拉開，我說你在幹什麼，就把警察踢開了，警察吹起了警哨。這時候鳴海來了也打了警察。最後我們被警察帶走還罰了一元。因為我連一元也不想拿出來，抗爭了很久。

奧田：就辰丸事件、在香港的暴動大家有什麼想說的？

平岡：那個事件當中，日本人沒有受到特別的損傷，倒是銷售日本商品的南北行的支那人被人打壞了耳鼻，還有

西角那裡日本的商品被燒燬了，在射擊場擺放的日本的贈品也全部被弄壞了。

守山：辰丸事件是這樣開始的，裝載著武器的第二辰丸號在澳門路環島的海面上被支那的軍艦發現，並被拖回廣東，支那軍人還卸下了日本的國旗，衝上了船，所以當時的廣東領事上野專一郎申請抗議。當時辰丸的香港代理店是日森洋行。

平岡：事件以支那方面升起太陽旗，發射 21 發禮炮來道歉才得以解決。對於那種屈辱的解決方式感到憤怒的支那人掀起了抵制日貨的運動，這就是排斥日貨的開始。

奧田：非常感謝大家花這麼長的時間參加座談。（完）